Annett Rensing

Wandern für die Seele in und um Hamburg

20 Wohlfühlwege

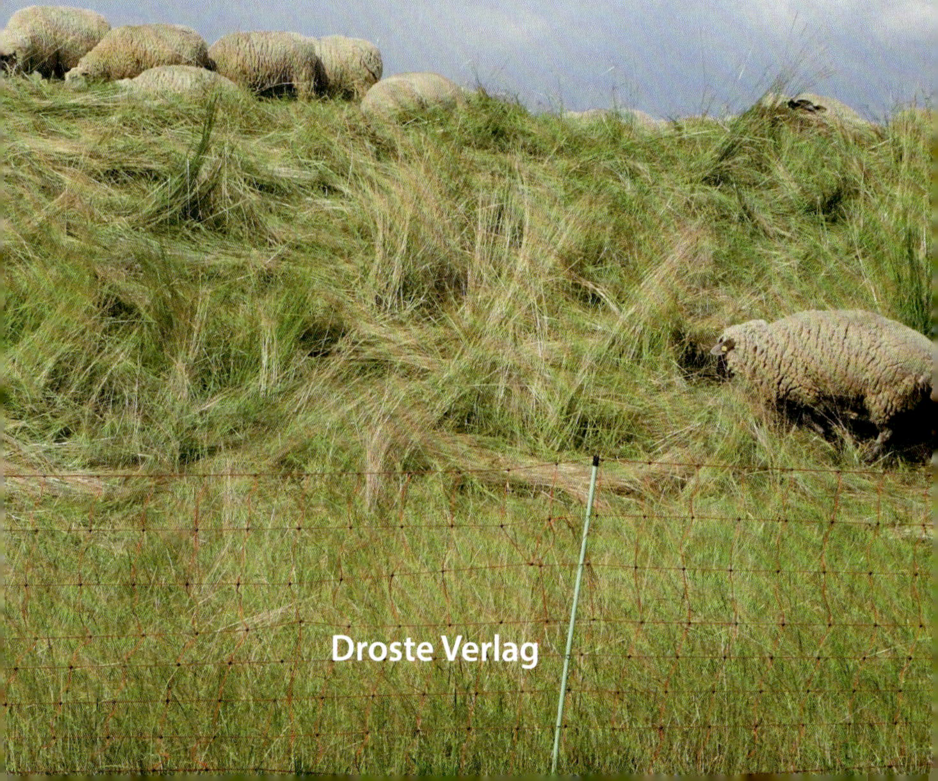

Droste Verlag

ALLE WANDERUNGEN AUF EINEN BLICK

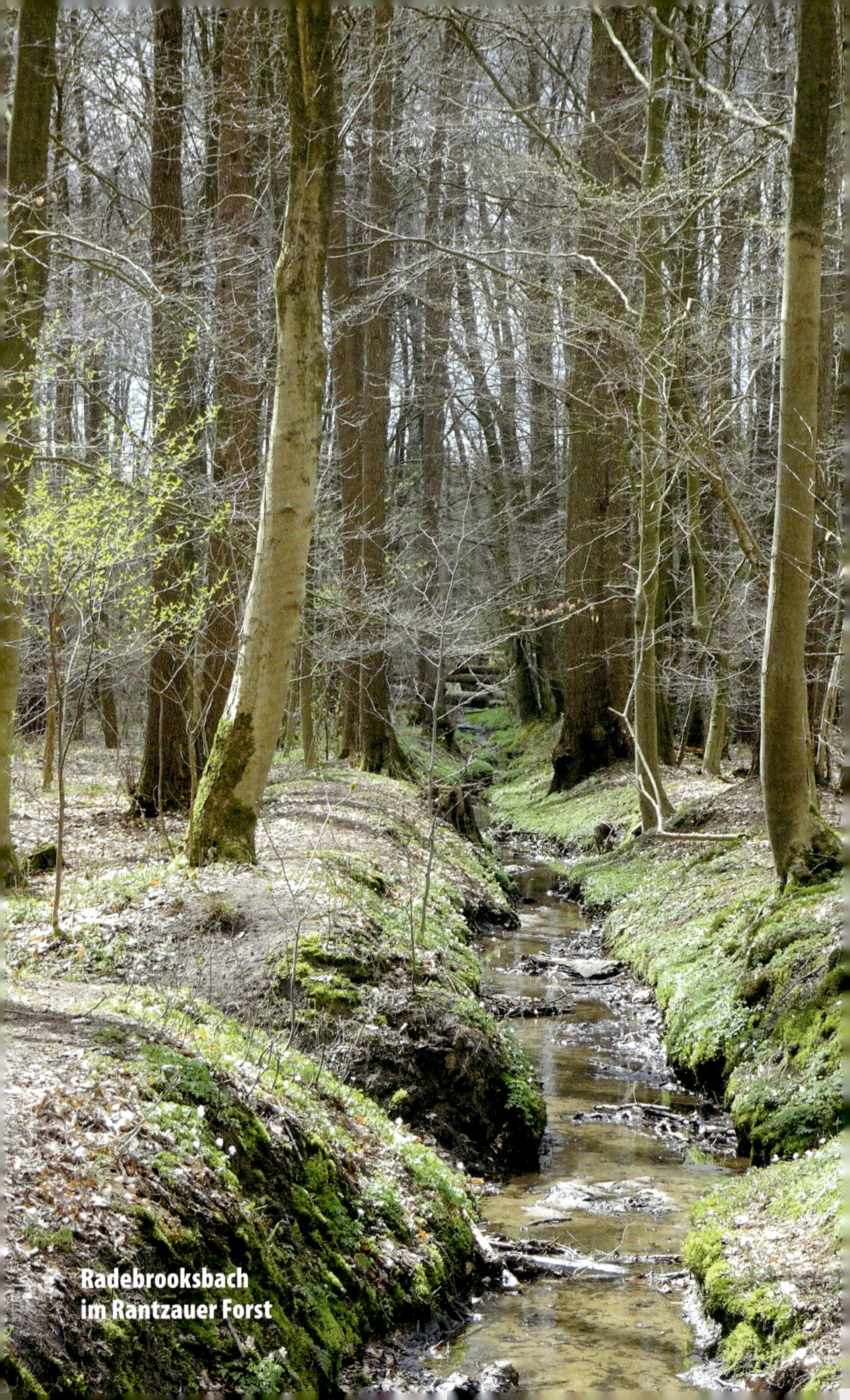

Radebrooksbach
im Rantzauer Forst

Liebe Auszeitsuchende,

„grüne Erlebnisse“, selbst kurze, haben einen eindeutig positiven Effekt auf die Stimmung: Das Plätschern eines Baches, Vogelgezwitscher oder Wind, der durch Baumkronen rauscht, wirken beruhigend. Das wusste man schon im alten Griechenland. Die Philosophenschule der Epikureer pries die Natur, die zur Seelenruhe und Gesundheit des Körpers verhelfe.

Beim Wandern kommen Körper und Geist in Bewegung, wir laufen uns sozusagen die Seele frei. Das führt zu neuen Blickwinkeln, die frische Ideen hervorbringen. Friedrich Nietzsche bemerkte: „So wenig als möglich sitzen; keinem Gedanken Glauben schenken, der nicht im Freien geboren ist …!“

Auf 20 Touren geht es urban im Herzen Hamburgs an der Alten Elbbrücke, am Blankeneser Strandweg oder durch Finkenwerder hinterm Deich entlang. Uns verführen Flusslandschaften der Bille, Alster, Saselbek oder der Dove-Elbe. Im Grenzbereich zu Schleswig-Holstein fasziniert ein Streifzug an der Beste und Trave, am Großensee, durch den Höltigbaum, durch das Jersbek des Adels oder nahe der Geesthachter Schleuse durch die Besenhorster Sandberge mit verborgenen Ruinen. An der Grenze zu Niedersachsen entdecken Sie ein verträumtes Auetal, lila blühende Heide in Sprötze und Reinsehlen, das schon der Dalai Lama besuchte.

20 gute Gründe also, Ihre ganz besonderen Seelenmomente zu finden.

Ihre Annett Rensing

NATUR-INFO

KULTUR-INFO

TOUREN-/EVENT-INFO

GENUSS-INFO

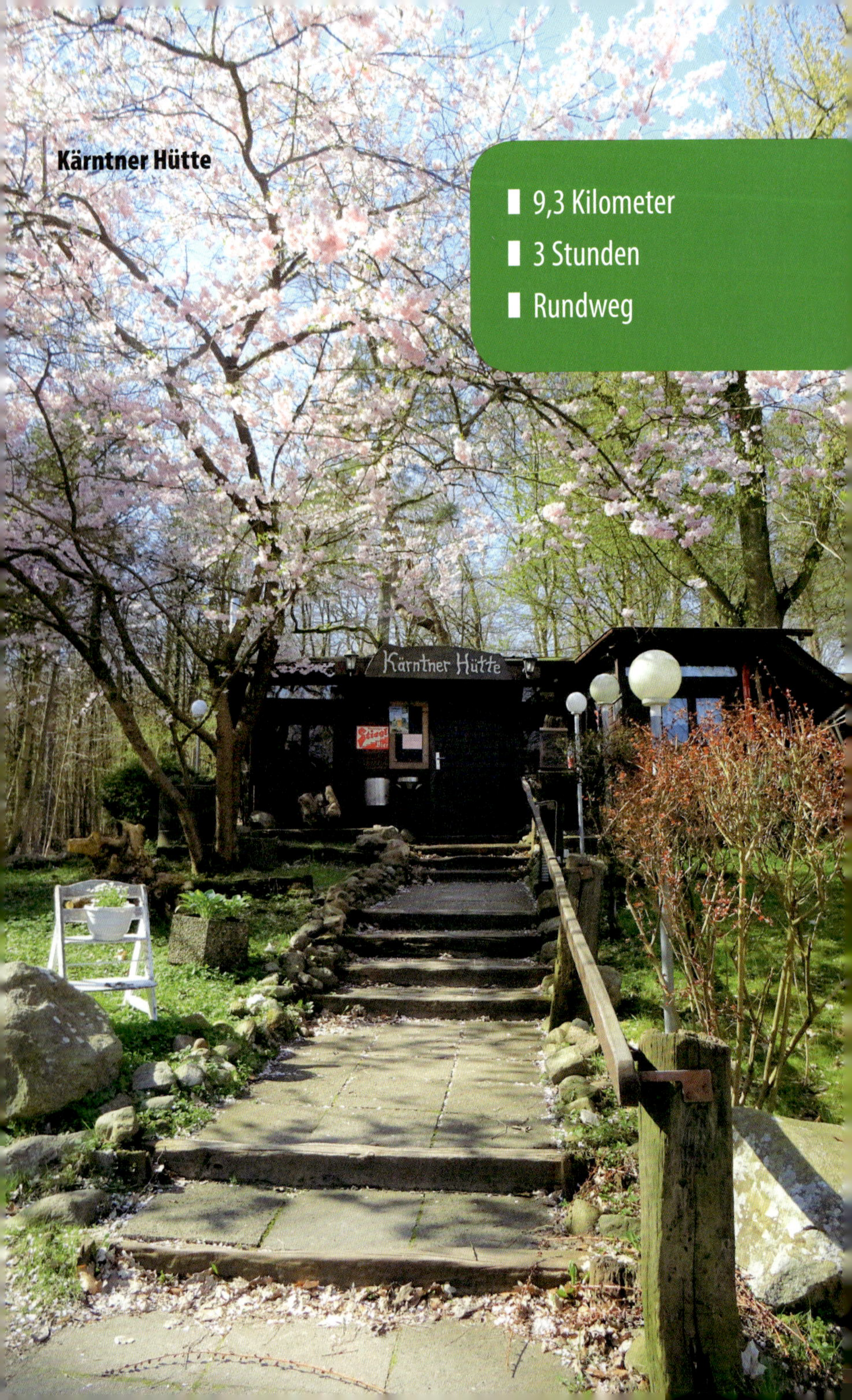

Kärntner Hütte

- 9,3 Kilometer
- 3 Stunden
- Rundweg

Gipfellust

Harburger Berge verleihen Flügel

Vom Parkplatz an der **Kärntner Hütte** gehen wir rechts den breiten Forstweg **Stadtscheide** und gleich wieder links den **Reiherbergsweg** hoch, geradeaus mitten in den alten, artenreichen Mischwald der Harburger Berge. Unsere Tour führt uns durch die großen Waldgebiete Haake und Emme. Über Berge und Kuppen werden wir fast 80 Höhenmeter erklimmen. Wir durchstreifen einen Teil des **Regionalparks Rosengarten,** der Mittelgebirgsgefühl aufkommen lässt – und in dem man abschalten kann. Der dichte Wald fängt das Brausen des Verkehrs auf der Cuxhavener Straße schon nach ein paar Metern ab.

Teil des Regionalparks Rosengarten sind die ***Harburger Berge und Schwarzen Berge****. Ihren Namen haben sie vom dunklen Nadelwaldbestand, ebenso wie der Rosengarten (rusig = schwarz). Die Harburger Berge sind ein dicht bewaldeter Höhenzug, aufgetürmt von Eiszeitgletschern.*

Wir stoßen am **Reiherberg** auf einen Platz mit Bänken und Holzkreuz. Das ist kein Gipfelkreuz, sondern das Glaubenssymbol einer Outdoorkirche, die für Waldgottesdienste genutzt wird. Der Gipfel selbst liegt etwas weiter südöstlich, gekennzeichnet durch einen Gipfelstein, den wir nun aufsuchen.

Bei der Outdoorkirche gehen wir wieder hinunter, queren den vor uns liegenden Weg und kraxeln dann uns links haltend zum **Reiherberg ①,** 79 Meter hoch – bis 1978 gab es sogar einen Skilift für Hamburgs einzige Skipiste! Auf der Kuppe verbirgt der Wald den Blick auf das Panorama, aber die Sonne kämpft sich durch die Äste und zaubert strahlend helle Streifen auf den Boden. Über uns zwitschern ein paar Meisen um die Wette – es braucht nicht viel zum Glücklichsein.

Vom Findling aus verlassen wir den Reiherberg, indem wir einen Schlenker wieder hinunter zur Kreuzung machen, über die wir heraufgekommen sind.

Auszeittour 1

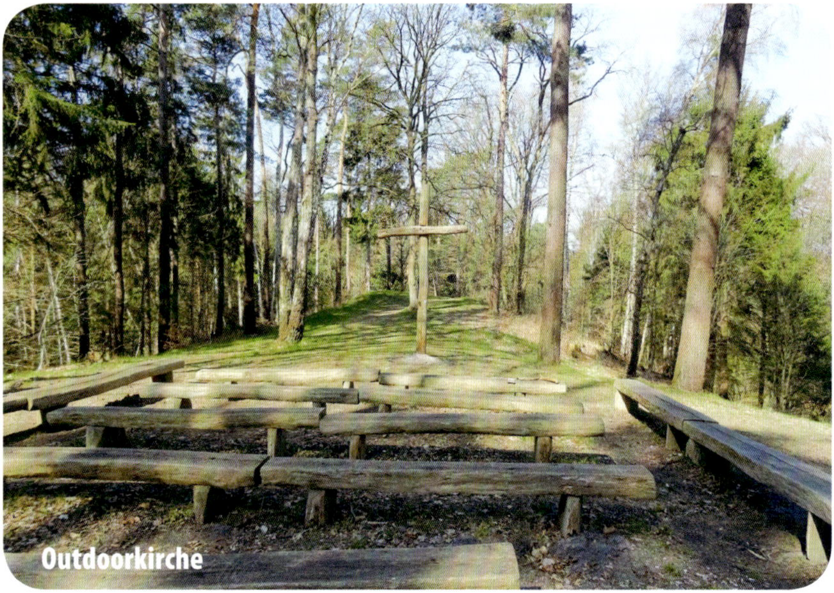

Outdoorkirche

Wir wandern ein Stück auf dem **Reiherbergsweg** bis zum Pionierweg, überqueren ihn und gehen scharf links auf einem ausgeschilderten Reitweg **(Hufeisen)** in eine Talsenke. Dann überqueren wir einen weiteren Hauptweg, den Eierstieg, und beschreiben auf dem gekennzeichneten, begehbaren Reitweg eine lang gezogene Rechtskurve. Wir folgen bei der nächsten großen Sternkreuzung scharf rechts dem **Stadtweg,** wieder mit der Reitweg-Markierung, nun leicht abwärts, dann aufwärts auf einem schönen, breiten Forstweg mit Kieselsteinbelag.

Unvermittelt erleben wir mit allen Sinnen die sanfte Kraft der Natur. Nicht erst seit der japanische Trend des Waldbadens nach Europa geschwappt ist, wissen wir, wie gut uns der Aufenthalt im kühlen Grün tut: Stille, Ruhe und die Luft im Wald sind einfach Balsam für die Seele.

Wir folgen bei der ersten Gabelung nicht mehr dem Stadtweg, sondern wandern links direkt in den

Für die Seele

Einen Berg hinauf- und wieder hinabzusteigen ist ein wenig wie das Leben selbst. Jedoch können wir uns im Wald währenddessen erholen, abkühlen und loslassen.

Forst hinein, dann wieder links auf einem romantischen kleinen Pfad einen Berg empor, neben einer Senke, um kurz danach bei der nächsten Kreuzung rechts aufwärts zu spazieren. Nun bewegen wir uns weiter zur nächsten Bergkrone und können schon Höhenluft schnuppern. Nach kurzer Zeit haben wir den **Kaiserstuhl** ❷ (65 Meter) mit Gipfelstein erreicht.

Von oben führt uns der Weg rechts mit geringem Gefälle hinunter, bis wir an einem **gelben Gaspfosten** links abbiegen. Nun wird es topografisch herausfor-

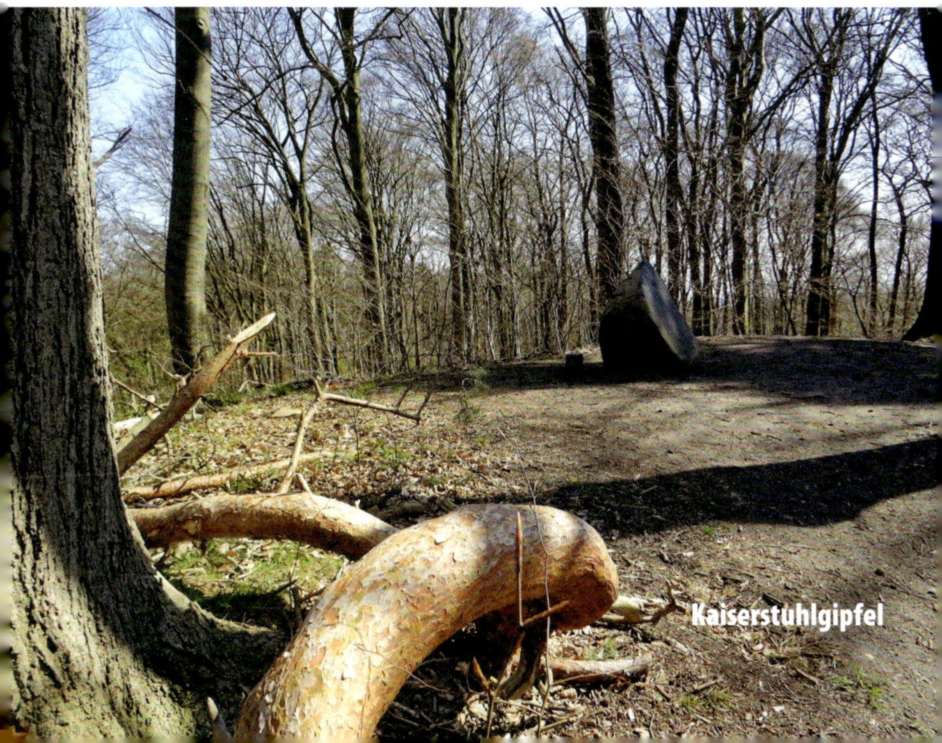

Kaiserstuhlgipfel

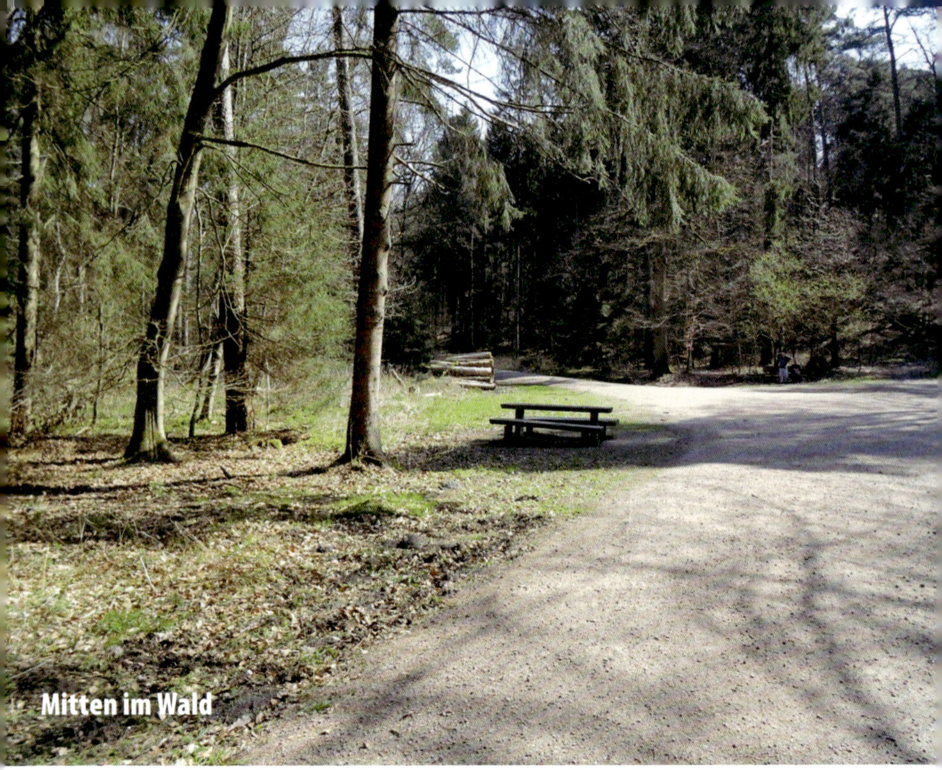

Mitten im Wald

dernd. Es geht richtig steil einen kleinen Pfad abwärts. Dann stoßen wir auf den Hauptweg **Kaiserstuhl** und folgen ihm rechts 700 Meter auf einem breiten, langsam ansteigenden Waldweg. Schönheit, Größe und wohltuende Gerüche des Waldes durchströmen uns, die Wipfel schwingen rauschend mit dem Wind, wir fühlen uns eins mit der Natur.

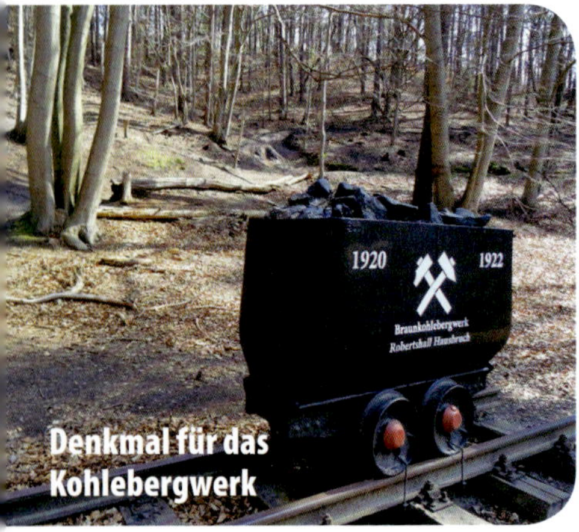

Denkmal für das Kohlebergwerk

An der folgenden T-Kreuzung sehen wir einen Findling mit etlichen Wegangaben sowie die Beschriftung **Stadtscheide** und gehen links. Kurz darauf nehmen wir rechts den **Sennhüttenweg.** Rund 300 Meter weiter stoßen wir links auf eine Mountainbike-Strecke namens **Feuerlöscher,** gekennzeichnet durch ein entsprechendes Schild. Auf schmalem Weg windet sie sich serpentinenartig abwärts und stellt unser Gleichgewichtsgefühl vor Herausforderungen. Wir halten uns leicht rechts, die Spur wird noch anspruchsvoller. Der **Kleine Feigling-Trail** führt uns hinunter zu einer Lore – einem **Denkmal für das ehemalige Braunkohlebergwerk Robertshall ❸** am Ehestorfer Heuweg. Heute, 100 Jahre später, läuft die Suche nach einsturzgefährdeten Stollen immer noch auf Hochtouren.

Als am Ehestorfer Heuweg Ende 2019 bei Straßenbauarbeiten plötzlich der Untergrund einbrach und ein 5 Meter tiefes Loch klaffte, erlangte die ***ehemalige Zeche Robertshall*** *(1919–1922) mit ihrem kilometerlangen Stollennetz unerwartet Berühmtheit.*

Wir überqueren den Ehestorfer Heuweg und schwenken in den gegenüberliegenden, kleinen, nach oben verlaufenden Asphaltweg ein. Kleine Villen säumen die Straße, und in uns keimt leise der Wunsch auf, auch einmal in solch einer verträumten Idylle zu wohnen. Ein Reh bewegt sich in einiger Entfernung durch das knackende Unterholz. Wir biegen rechts und wieder rechts in den **Wulmsberggrund.** Rings um uns ertönt Vogelgezwitscher in der nur von den male-

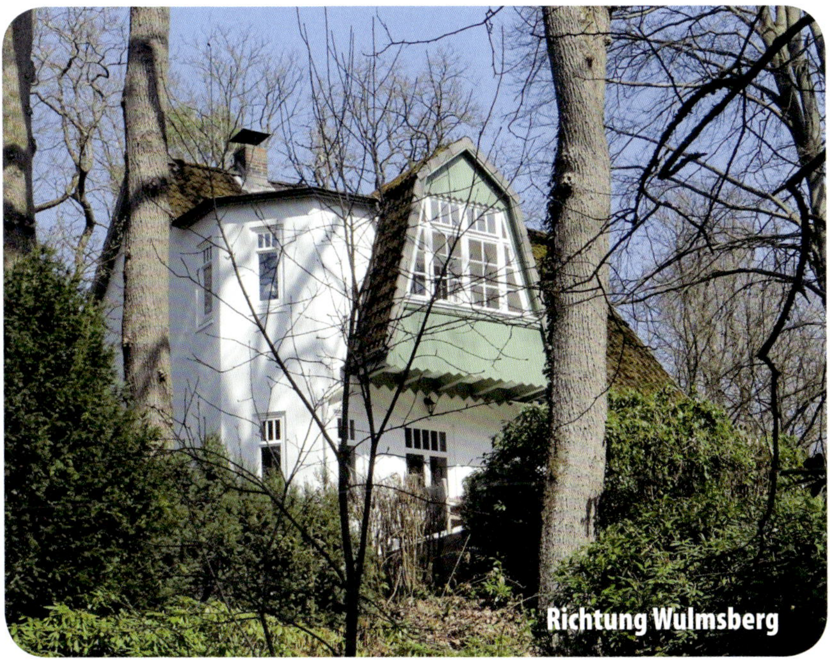

Richtung Wulmsberg

rischen Häusern unterbrochenen waldigen Umgebung. Diese „Heile Welt"-Etappe wirkt positiv auf unser Gemüt. Wir nehmen gegenüber **Haus Nummer 21** einen Pfad nach links und wandern zwischen majestätischen Bäumen dahin – in dieser Umgebung kommen wir uns mit all unseren Befindlichkeiten winzig klein vor. Dann biegen wir rechts ab und erklimmen einen Berg. Es ist wunderbar ruhig zwischen den hohen Kiefern, wir atmen tief die würzige Luft ein. Endlich haben wir den 74 Meter hohen **Wulmsberg** ④ erreicht und passieren etwas weiter das ehemalige **Berghotel Hamburg Blick** mit langer Tradition.

*Im 19. Jahrhundert war der **Wulmsberg** ein beliebtes Ausflugsziel. Die Anreise war zunächst lang: mit Dampffähren bis zum Anleger in Moorburg und dann eine Stunde Fußmarsch. Der daraufhin erbaute Bahnhof Hausbruch wurde 1984 mit Eröffnung der S 3 abgerissen.*

Unser Weg führt außen links an der terrassenartig angelegten Baumbepflanzung hinter dem Gebäude vorbei in einen hohen Buchenwald. Noch ist kein Grün gesprossen, doch die dicht gedrängten Stämme, zwischen denen grelles bläuliches Licht hervorblitzt, lassen die Szenerie wie ein kühles Gemälde wirken. Vor uns erblicken wir die **Rudolf-Steiner-Schule**

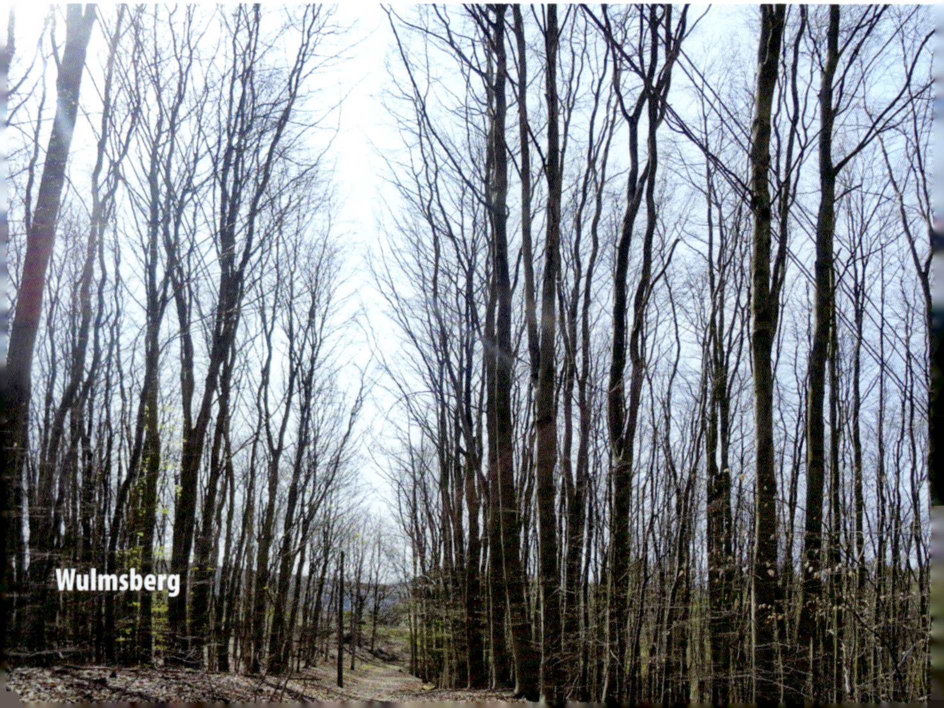

Wulmsberg

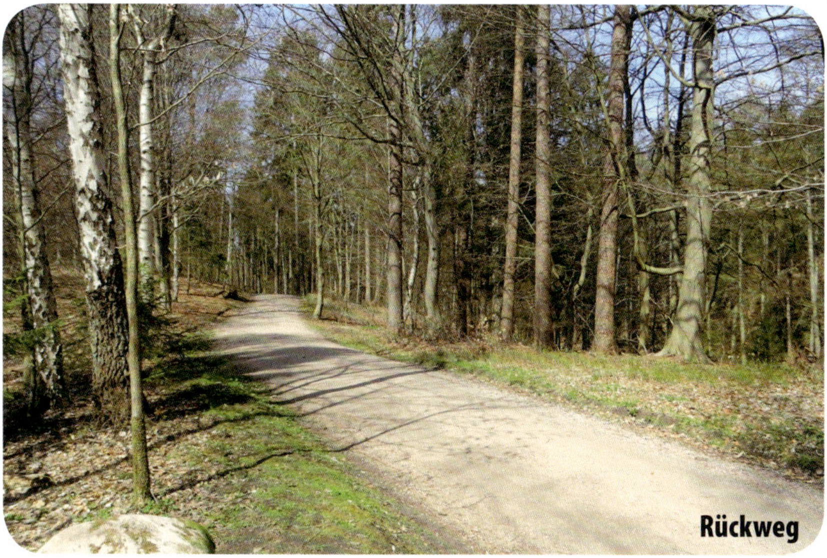

mit ihrer typischen Architektur – auf rechte Winkel wird verzichtet, denn nach Steiner entspringen der Natur nur organische Formen. Eine Treppe führt uns hinunter zum **Ehestorfer Heuweg,** den wir überqueren, um uns dann bei Haus Nummer 89 etwas weiter rechts zum **Bildhauer Erich Gerer** ❺ zu begeben. Laut Guiness-Buch der Rekorde stehen hier der größte Bär und die größte Eule der Welt aus Holz. Gleich nebenan lädt das **Grando Sukredo Steakhouse** ❻ zu einer Einkehr ein.

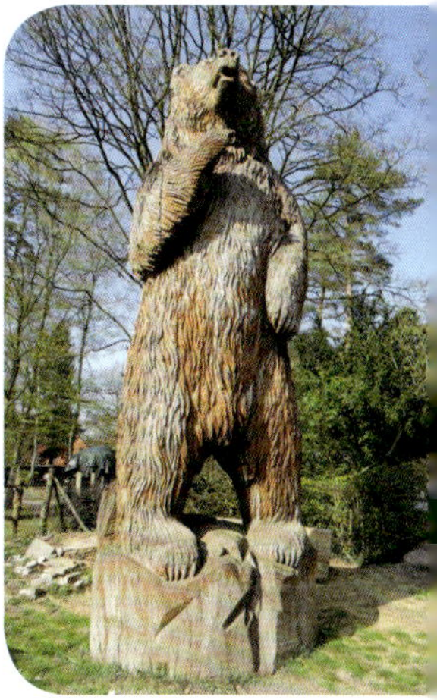

Von dort wandern wir Richtung Heimfeld in das Gehölz hinein und setzen dann rechts auf der **Eulenflucht** unsere Wanderung fort. Auf und ab schlängelt sich der breite Sandweg immer geradeaus durch die Baumriesen. Im Zuge der Waldnutzung veränderte sich im Lauf der Zeit die Mischung der Baumarten. Nadelbäume, wie Kiefer und Fichte, aber auch die aus Nordamerika stammende Douglasie wurden vermehrt angepflanzt und verdrängten Teile des ehemaligen Laubwalds.

Auszeittour 1

Wenn wir nach etwa 350 Metern eine Holzbank links an einer Kreuzung erreichen, gehen wir links hoch und immer geradeaus. An einer T-Kreuzung schwenken wir rechts nach Osten in den breiten **Mehrendieksgrund.** Es kommt eine sternförmige Kreuzung, an der wir gleich die erste Möglichkeit links wählen und am **Schäferstieg** auf einen herrlichen, erhöhten Rastplatz zusteuern.

Anschließend folgen wir dem **Schäferstieg** weiter geradeaus und wechseln später rechts auf die **Wiedenthaler Trift.** Jetzt ist es nicht mehr weit, bis wir am Parkplatz an der **Kärntner Hütte** ❼ ankommen, die uns gern zur Schlusseinkehr empfängt.

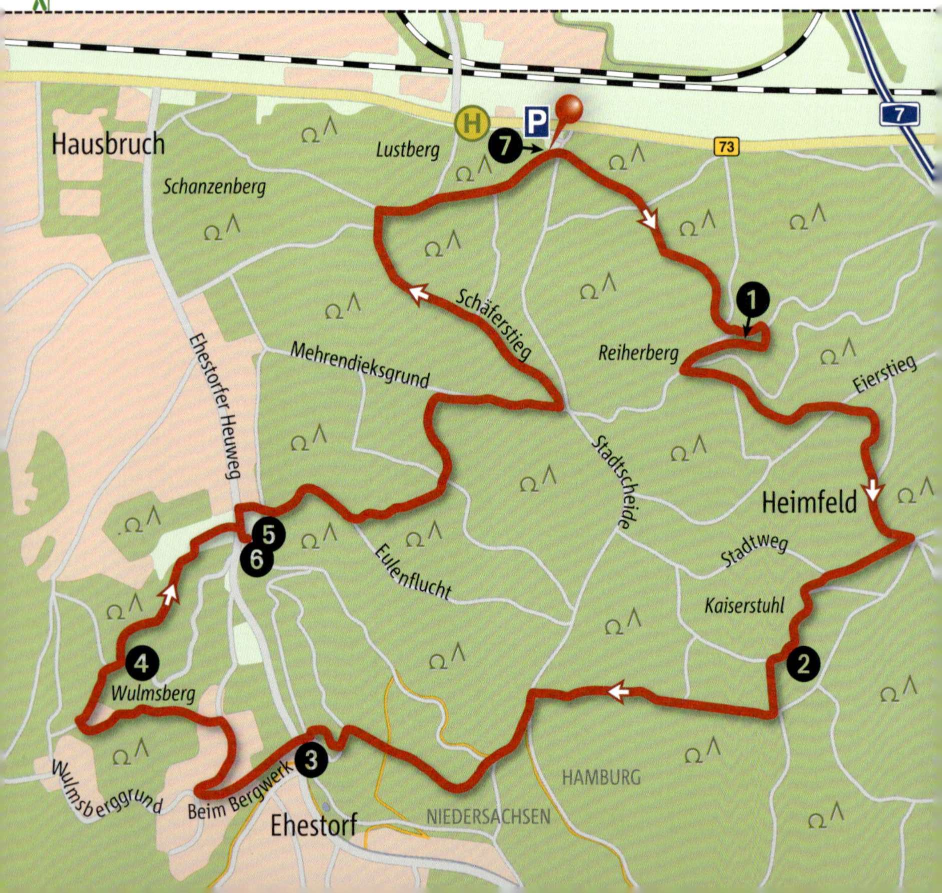

Entspannung ✱✱✱✱✱

Genuss ✱✱✱✱✱

Romantik ✱✱✱✱✱

WIE & WANN:
Schmale Pfade, breite Sandwege, befestigte Wege, kurze Asphaltstrecken; beste Wanderzeit April bis Oktober

HIN & WEG:
Auto: Parkplatz Kärntner Hütte, 21149 Hamburg (GPS: 53.47070, 9.90488)
ÖPNV: S 3, Haltestelle Neuwiedenthal (zu Fuß 1,5 km zusätzlich) oder Bus 141, Haltestelle Haake

ESSEN & ENTSPANNEN:
Grando Sukredo Steakhouse ❻ Ehestorfer Heuweg 89, 21149 Hamburg, Tel. (0 40) 61 19 36 43, www.grandosukredo.de
Kärntner Hütte ❼ Cuxhavener Straße 55, 21149 Hamburg, Tel. (0 40) 7 96 46 22, kaerntnerhuette.beepworld.de

ENTDECKEN & ERLEBEN:
Reiherberg-Gipfel ❶
Kaiserstuhl-Gipfel ❷
Denkmal für das ehemalige Braunkohlebergwerk Robertshall ❸
Wulmsberg ❹
Bildhauer Erich Gerer ❺ Ehestorfer Heuweg 89, 21149 Hamburg; Winteratelier: Cuxhavener Straße 128 B, 21149 Hamburg; www.erichgerer-bildhauer.de

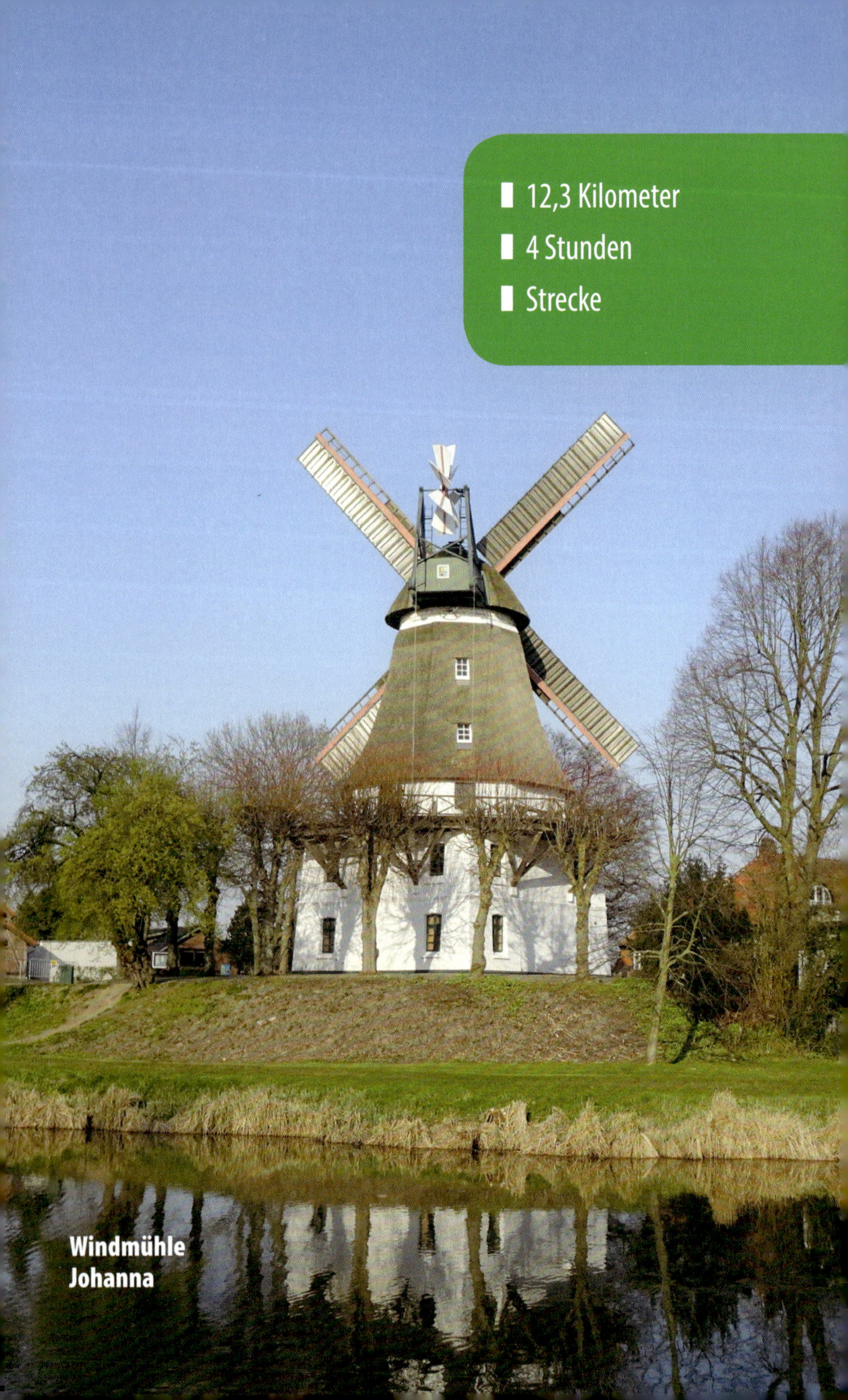

- 12,3 Kilometer
- 4 Stunden
- Strecke

Windmühle Johanna

Hamburgs Süden

Veddel, Inselpark und Harburg

Von der **S-Bahn-Station Veddel** erreichen wir Richtung Veddeler Straße über den ZOB-Busbahnhof den **Ballin-Stadt**-Komplex mit dem **Auswanderermuseum ❶.** Von hier aus folgen wir an der **Veddeler Straße** dem Schild **Energieberg,** überqueren die zweispurige Straße Georgswerder Bogen und gelangen geradeaus ins Grün. Rechts sehen wir die **Jakobsweg**-Markierung an einem Baumstamm. Wir wechseln auf einen Sandweg, den **Hövelwetternweg.** Er bringt uns unter einer Unterführung hindurch eine Weile geradeaus bis zu einer T-Kreuzung. Hier biegen wir rechts ab, eine kleine Holzbrücke führt uns über einen trüben Bach. Stille umfängt uns, unterbrochen vom Vogelgezwitscher, ab und zu lockern Wiesenflächen das sonst eher baumumsäumte Gebiet auf. Den **Ligusterweg** wandern wir so lange geradeaus, bis rechter Hand ein großes Holzschild zum Vereinshaus des Kleingartenvereins weist.

Wir biegen links ab auf einen herrlich lehmigen Pfad, der an liebevoll gepflegten Gärtchen entlangführt, und lassen uns vom Rosenduft betören. Auf angenehmer Strecke überqueren wir den **Rosenweg** und durchschreiten parkähnliche und wilde Grünflächen. Buschwerk wechselt sich mit Laubwald ab, saftiggrün leuchten zwischendurch Wiesen in der Sonne. Bei einer Gabelung gehen wir links, bei der nächsten rechts. Auf gepflastertem Untergrund steuern wir direkt auf die **Wilhelmsburger Dove-Elbe ❷** zu. Die folgenden circa 1,2 Kilometer am still und ruhig dahinfließenden Gewässer beglücken uns ungemein.

*Die **Wilhelmsburger Dove-Elbe** entstand im 17. Jahrhundert durch Zusammendeichung der Inseln Georgswerder und Stillhorn. Sie ist der Rest eines Seitenarms der Elbe, Bestandteil des Be- und Entwässerungssystems von Wilhelmsburg und mündet in den Ernst-August-Kanal.*

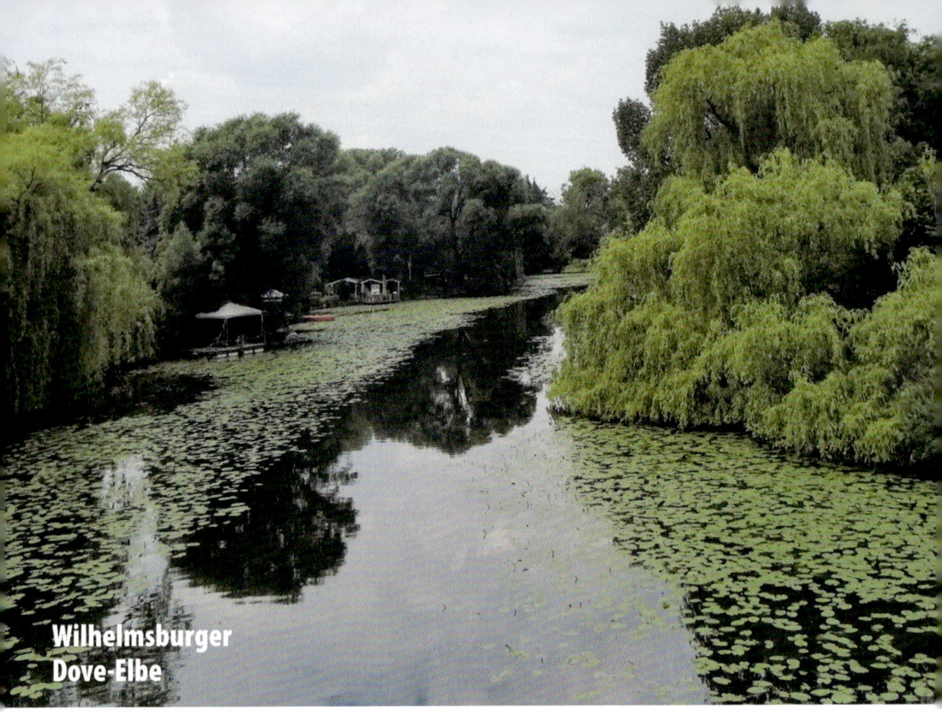

Wilhelmsburger Dove-Elbe

Wir spazieren an einem der schönsten Orte Hamburgs. Am Flussufer wiegt sich dicht gewachsenes Schilf im Wind, überwältigend große Seerosenteppiche, im Wasser liegende Pontons und malerische Kleingärten ziehen an uns vorbei. Linker Hand erstreckt sich der Grünzug Wilhelmsburger Dove-Elbe, rechts der Strom. Nach einer Weile kommen wir auf die **Hövelpromenade** (die links abgehende Straße Buschweide ignorieren wir). Von hier aus laufen wir noch 600 Meter am Wasser, dann rechts einen kleinen Patt hoch, um auf einer großen Holzbrücke die romantische Aussicht auf die Dove-Elbe zu genießen.

Nachdem wir uns sattgesehen haben, schlendern wir auf der anderen Seite links die **Schönenfelder Straße** entlang. Vor **Haus 65** biegen wir rechts und wieder links in eine Wohnsiedlung ein. Wir stoßen rechts auf den **Koornstegel,** um dann links kurz die **Christoph-Cordes-Straße** zu nehmen. Bald beglückt uns ländliche Romantik am Wegesrand: die **Windmühle Johanna ❸,** ein Galerieholländer von 1875, steht, umringt von Bäumen, erhöht auf einem Hügel vor uns. Wir erleben

Für die Seele

Sanfte Wege an der Dove-Elbe, Blumenpracht im Inselpark und ein atemberaubender Blick von der alten Elbbrücke sorgen für Hochgefühle.

eine Mühle auf dem Achtkant mit Reetdach an einem dunkelblauen See.

Wir folgen noch ein kurzes Stück dem Verlauf der **Christoph-Cordes-Straße,** um dann sofort in einen Weg neben einem Wassergraben einzubiegen, vorbei an hübschen, gepflegten Gärten und prachtvollen Obstbäumen. Dann führt uns der **Fitgerweg** links über den Graben auf die Straße **Bei der Windmühle.** Wir folgen ihr so lange nach rechts, bis wir einen Findling erblicken. Dort biegen wir links in einen Pfad ein. Bald befinden wir uns auf dem **Maximilian-Kolbe-Weg,** rechts liegt das Helmut-Schmidt-Gymnasium. Nach etwa

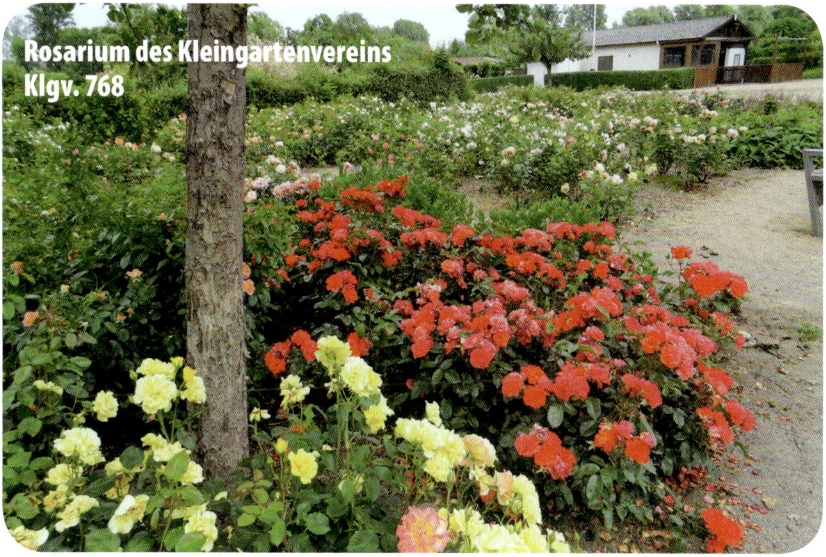

Rosarium des Kleingartenvereins Klgv. 768

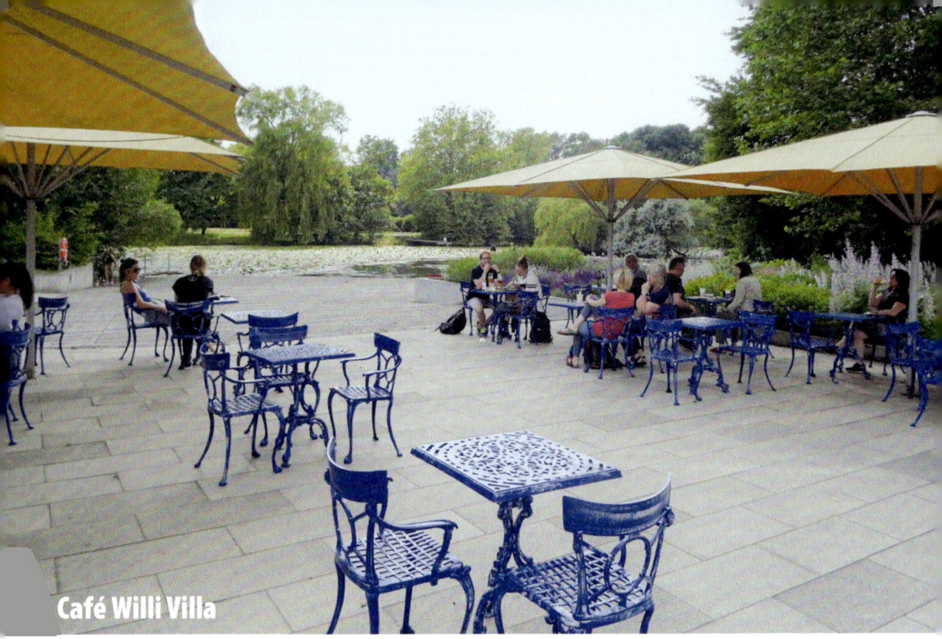

Café Willi Villa

Immer dienstags und freitags findet auf dem **Berta-Kröger-Platz** ein Wochenmarkt statt. Die Wilhelmsburger SPD-Politikerin Berta Kröger setzte sich bis zu ihrem Tod 1962 für Belange der Frauen und für das Thema Wiedergutmachung ein.

100 Metern schwenken wir links in einen Park und durchqueren ihn, vorbei an einem Volleyballplatz. Am Ende halten wir uns links und kommen auf den **Siedenfelder Weg.** Dort steuern wir nach rechts auf die **Maximilian-Kolbe-Kirche** ❹ des Architekten Jo Filke (1921–2001) zu. Sie windet sich wie eine Spirale in den Himmel und wird im Viertel „die Klopapierrolle" genannt. Wir betreten links die **Krieterstraße** und erreichen über den **Berta-Kröger-Platz** ❺ den **S-Bahnhof Wilhelmsburg.**

Dann queren wir die **Neuenfelder Straße** und steuern geradewegs auf den 2013 für die Internationale Gartenschau geschaffenen **Wilhelmsburger Inselpark** ❻ zu. Ein Rausch von Erholen, Entdecken und Erleben inmitten von Blumenschönheiten erwartet uns.

Vom **Kurt-Emmerich-Platz,** benannt nach dem NDR-Sportreporter, gelangen wir geradeaus zum **Kanal.** Auf der Promenade erblicken wir links das **Haus der Insel-Akademie,** ein nachhaltiges Holzwohngebäude, außerdem das Naturmuseum **Wälderhaus** und weiter unten die **Schwimmhalle Inselpark,** hinter der sich die Kletterwand **Nordwandhalle** erhebt. Vor dem Kanal gehen wir beim **Baumhoroskop** links, dann nach einer Weile rechts durch das Tor des **Kleingartenvereins Klgv. 768.** Wir befinden uns im **Rosarium** und erblicken englische Parkrosen und alte persische Sorten, die zum Verzehr und für Duftöle angebaut werden.

Dann flanieren wir wieder links am Kanal entlang, hier liegen Hochbeete von einem **Schulgarten,** dahinter erstreckt sich der **Kuckucksteich.** Schon bald sehen wir das **Café Willi Villa ⑦,** traumhaft im Grünen gelegen – wir haben ungefähr die Hälfte der Tour hinter uns.

Nun führt uns der Weg geradeaus bis zur dritten Rechtsabzweigung, die wir ein kurzes Stück nehmen und danach wieder links und dann erneut rechts weitergehen. Parallel zur B 75 spazieren wir an Kleingärten vorbei, bis wir nach ungefähr 1 Kilometer an ein Gewässer kommen. Wir wandern rechts und gleich danach links, unter Eisenbahnschienen hindurch, auf den **Kükenbracksweg.**

An der ersten Kreuzung, Ausgang **Kornweide,** halten wir uns links, neben uns fließt die Südliche

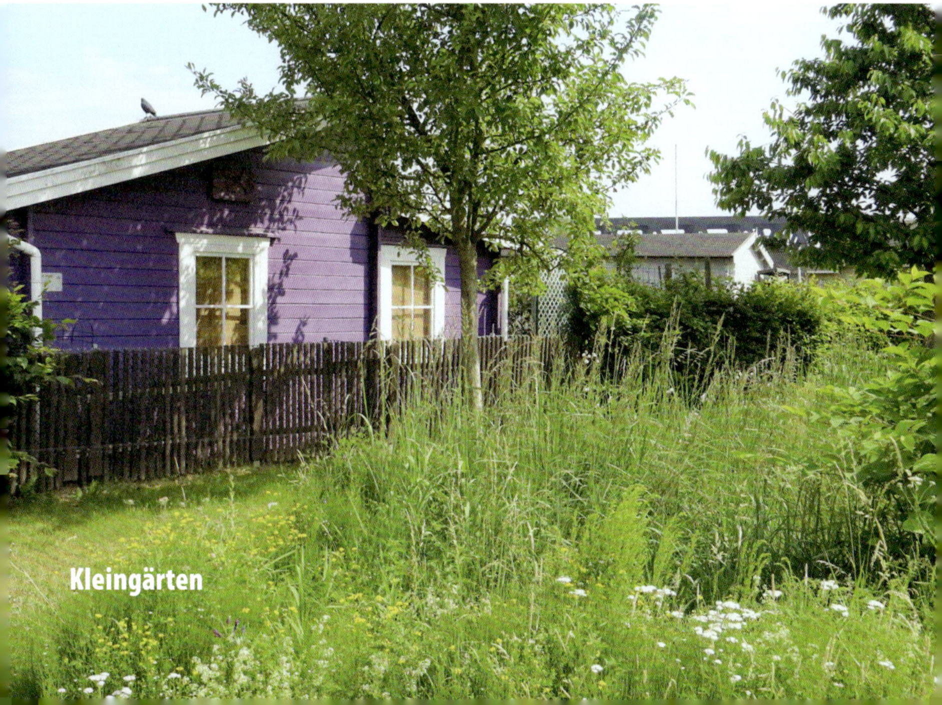
Kleingärten

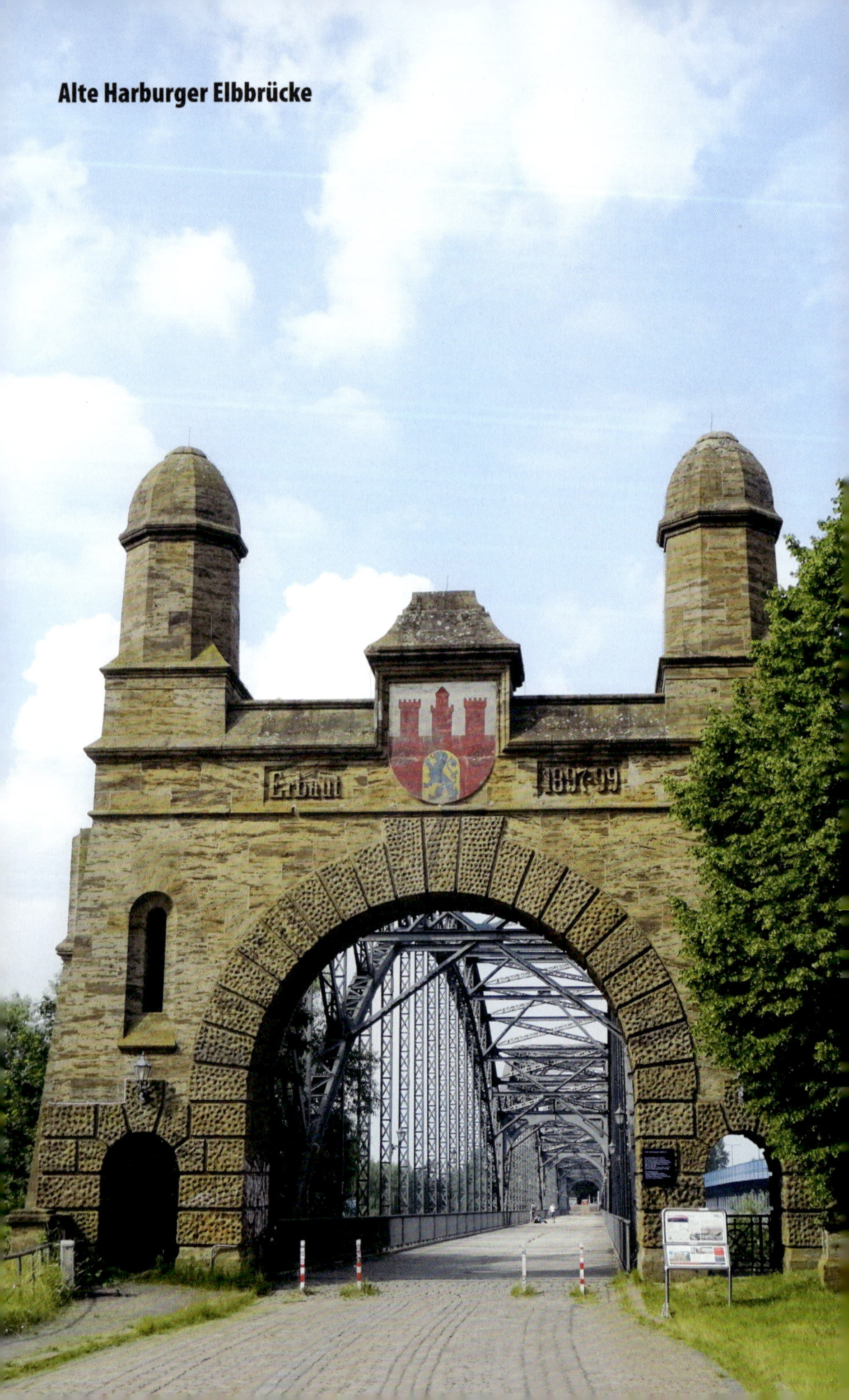

Alte Harburger Elbbrücke

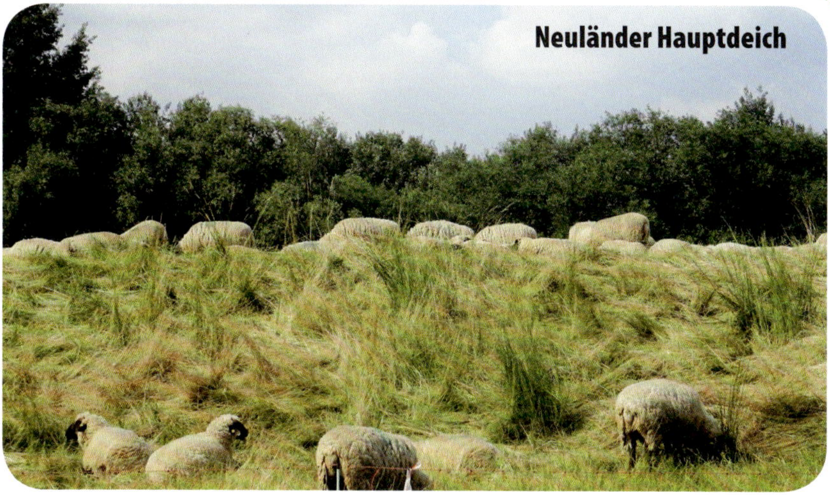

Wilhelmsburger Wettern. Wir halten uns Richtung Süden – es wird urbaner.

Am **König-Georg-Deich** geht es rechts hoch und geradeaus auf die **Alte Harburger Elbbrücke** 8 zu. Wir queren die **Brücke des 17. Juni** und betreten dahinter ehrfürchtig die Stahlbogenkonstruktion. Unbezahlbar ist die beeindruckende Sicht auf den Fluss. Wir sind tiefenentspannt mit dem Blick auf endlose Weite von glitzerndem Wasser vor uns.

Nachdem wir genug innegehalten haben, schlendern wir links unter der Autobahnbrücke in den **Neuländer Hauptdeich** hinein. Und als wären wir gar nicht im lauten Stadt- und Straßengetöse des Hamburger Hauptverkehrsnetzes, tauchen plötzlich gemütlich grasende Schafe vor uns auf. Wir freuen uns über die wolligen Vierbeiner, sie gehören einfach zum Deich wie die Tüpfelchen auf manchen Buchstaben. Beschwingt biegen wir beim Schöpfwerk rechts ab. Der **Neuländer Hauptdeich** wird nach einer Weile zum **Neuländer Elbdeich.**

Rechts wandern wir in den **Wendts Weg,** der sich bergab senkt, und gehen an idyllischen sommerlichen

*Die **Alte Harburger Elbbrücke**, 474 Meter lang, wurde 1899 für Straßenfahrzeuge gebaut. Die nostalgischen Straßenlampen sind eine Rekonstruktion. Die Sandsteinportale bilden das Wilhelmsburger und Harburger Wappen ab und sollen an die Stadttore erinnern.*

Schrebergärten vorbei. Angesichts der bunten Blumenpracht flattern überall zahlreiche Schmetterlinge auf Nahrungssuche. Nur schwer können wir uns von diesem wohltuenden Anblick lösen. Wir überqueren die **Neuländer Straße** und kommen etwas links versetzt geradeaus erneut in ein entzückendes Kleingartengelände. Wenn es nicht mehr geradeaus weitergeht, spazieren wir erst rechts, dann links und wieder rechts und bleiben etwa 500 Meter parallel zum **Großmoordamm.** Linker Hand überqueren wir die B 73 und wenden uns in einer Linkskurve auf asphaltiertem Untergrund direkt zum **Harburger Bahnhof,** von wo aus wir zu unserem Ausgangspunkt zurückfahren.

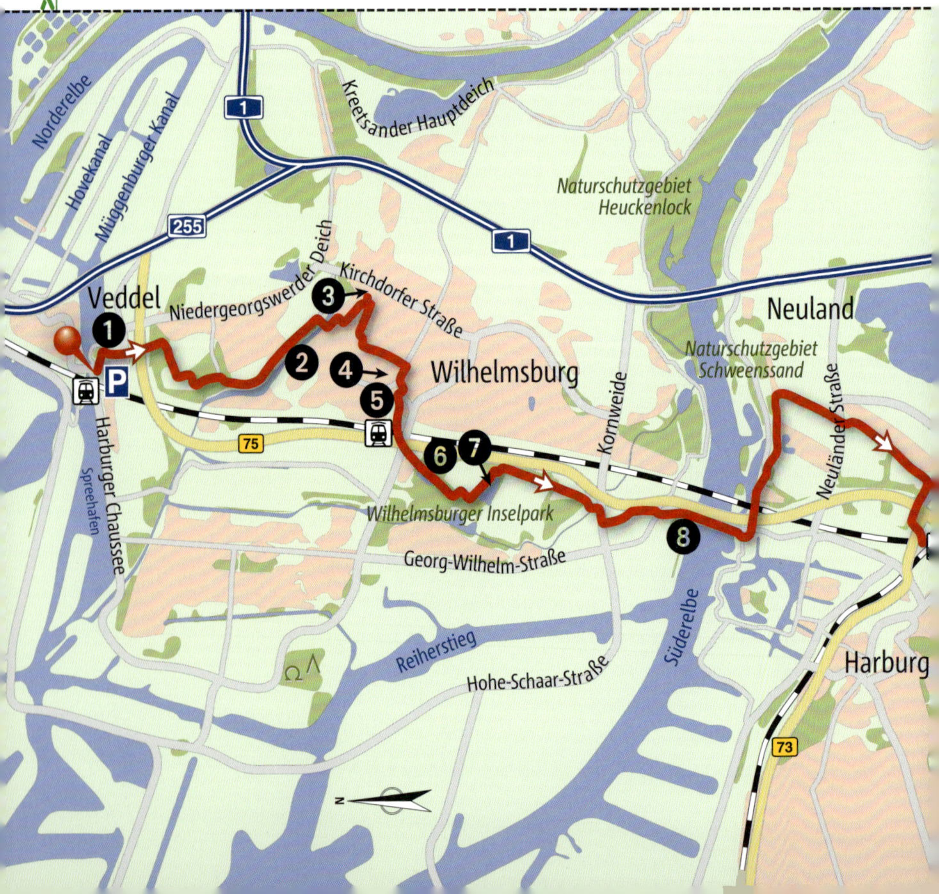

Entspannung ✱✱✱✱✱✱

Genuss ✱✱✱✱✱

Romantik ✱✱✱✱✱

WIE & WANN:
Leicht begehbare Wege, Sandwege, Asphaltstraßen; besonders schön April bis August, wenn die Blumen blühen.

HIN & WEG:
Auto: P+R Veddeler Straße, 20539 Hamburg (GPS: 53.520502, 10.013074)
ÖPNV: S 3/S 31, Haltestelle Veddel oder Fähre/Barkasse Landungsbrücken, Anleger BallinStadt, www.maritime-circle-line.de;
Rückkehr zum Ausgangspunkt: ab Harburg S 3/S 31 bis Haltestelle Veddel

ESSEN & ENTSPANNEN:
Café Willi Villa ❼ Wilhelmsburger Inselpark am Kuckucksteich, Hauland 81, 21109 Hamburg, Tel. (0 40) 86 68 77 81, www.willivilla.de

ENTDECKEN & ERLEBEN:
Auswanderermuseum BallinStadt ❶ Veddeler Bogen 2, 20539 Hamburg, Tel. (0 40) 3 19 79 16-0, www.ballinstadt.de
Wilhelmsburger Dove-Elbe ❷
Windmühle Johanna ❸ Schönenfelder Straße 99 a, 21109 Hamburg, www.windmuehle-johanna.de
Maximilian-Kolbe-Kirche ❹
Berta-Kröger-Platz ❺
Wilhelmsburger Inselpark ❻ 21109 Hamburg, mit: Wälderhaus, Am Inselpark 19, www.waelderhaus.de; Nordwandhalle, Am Inselpark 20, www.nordwandhalle.de; Schwimmhalle Inselpark, Kurt-Emmerich-Platz 12, www.baederland.de
Alte Harburger Elbbrücke ❽

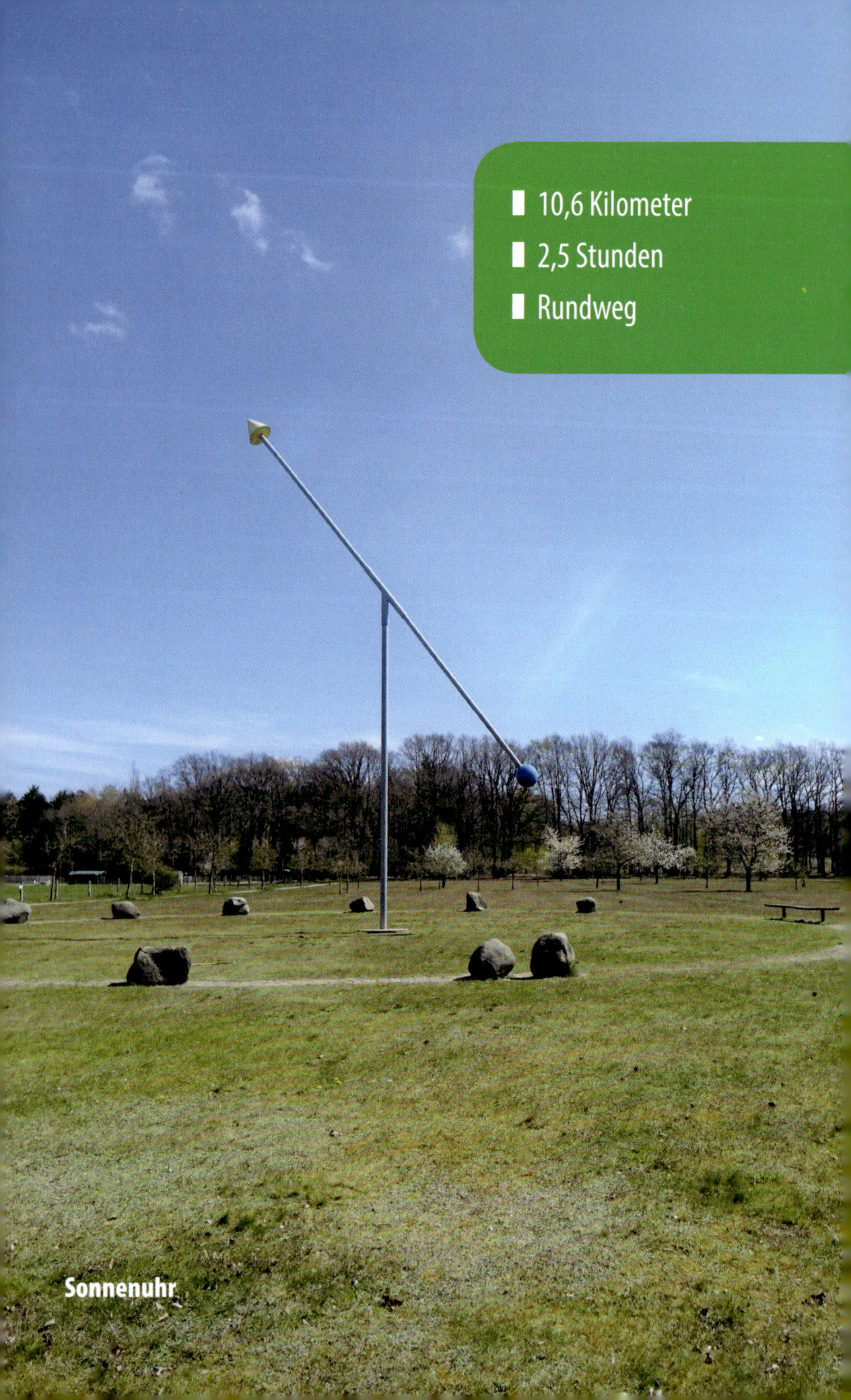

- 10,6 Kilometer
- 2,5 Stunden
- Rundweg

Sonnenuhr

Im Heiderausch

Rund ums Naturcamp Reinsehlen

Der Himmel über Schneverdingen in der Lüneburger Heide ist hoch, aber verhangen. Wir sind entweder mit dem Bus oder mit dem Auto gekommen, um über betagtes Kopfsteinpflaster das romantisch gelegene **Heimatmuseum De Theeshof** ❶ zu besuchen.

Über den herrlich naturbelassenen **Ewald-Hillermann-Weg** (benannt nach dem hier aufgewachsenen plattdeutschen Autor) schlendern wir zur Schulstraße, überqueren sie und wandern nach rechts an einer **Sonnenuhr** ❷ mit Streuobstwiese vorbei. Dann ziehen wir in einer Kurve an einem kleinen, rechts von uns liegenden Arboretum geradeaus hoch. Schließlich stoßen wir auf den **Heidegarten** ❸, der auf der höchsten Erhebung Schneverdingens liegt, dem **Höpenberg** mit 119 Metern. Hier bietet sich ein wunderbarer Fernblick, wir atmen tief durch und sind verzaubert von den vielen Lilatönen in einem terrassenförmig angelegten Parkrondell. Vom Aussichtsturm aus können wir die in Mustern angelegten Beete und verschiedenen Farbnuancen der 180 Heide-Sorten besonders gut bewundern.

*Die urige Anlage des **Theeshofs**, der noch bis 1972 bewirtschaftet wurde, gewährt einen Einblick in den Wohn- und Arbeitsbereich eines Heidjers, eines Bewohners der Lüneburger Heide, zwischen 1850 und 1950.*

Wir halten uns nördlich, etwa in gleicher Richtung, wie wir gekommen sind, biegen dann scharf rechts ein und kommen am Café im reetgedeckten **Schafstall im Heidegarten** zur Linken vorbei. Eine ausgedehnte lichte Waldfläche nimmt uns auf, über eine Kreuzung hinweg geht es geradeaus weiter. Wir wundern uns etwas über bizarr geformte, knorrig verwachsene Bäume und Sträucher. Eine Tafel erklärt uns, dass dies **Stühbüsche** sind – übrig geblieben aus der Zeit der vorindustriellen Heidebauernwirtschaft, als Bäume zur Brennholzgewinnung knapp über dem Boden abgeschnitten wurden.

Bei der folgenden Gabelung halten wir uns rechts, sehen malerische Heidelandschaft vor uns und wandern beseelt auf hellem Sandweg, bis wir uns danach wieder bei der nächsten Kreuzung nach links wenden. Der **Höpen,** in dem wir uns noch befinden, ist durch Heide-, Buchenwald- und Ackerflächen charakterisiert.

Nach 120 Metern wandern wir rechts in einen Waldweg hinein und biegen an einem Feld wieder links ein (**Camp Reinsehlen** ist ausgeschildert). Wir überqueren die Harburger Straße (L 171) und gehen geradeaus auf einem zweispurigen Sandweg der Markierung **Schaftritt** nach. Eine Brücke bringt uns über die Heidebahngleise, wir wechseln auf einen sehr breiten Sandweg.

Jetzt sind wir mittendrin in romantischer Heideidylle. Schnuckenherden grasen zufrieden zwischen Birken, Bienenkörben und Wacholder; Kutscher lenken

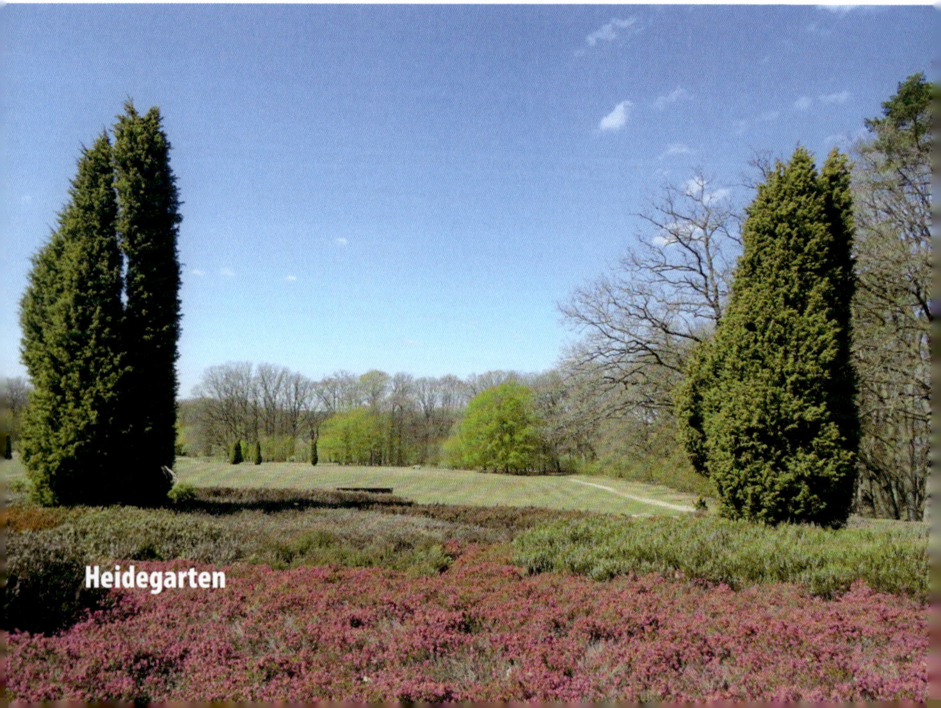

Heidegarten

Für die Seele

Heide-, Wald- und Savannenlandschaft, Kunst, Kultur und der Geist des Dalai Lama über Sandmagerrasen – fasziniert von vielen Eindrücken tanken wir Energie.

ihre Wagen sicher über sandige Wege. Viele Bänke laden zum Verweilen ein. Hier ist es so beruhigend, traumschön und seelenvoll, selbst bei weißem Himmel.

Nach einer langen Strecke immer geradeaus in östliche Richtung wählen wir vor einer Lichtung den **Barrler Kirchweg** nach links, erneut weist uns ein Schild zum **Camp Reinsehlen.** An der Kutschspur fällt uns ein schönes **Bienenhotel** auf. Der Lebensraum dieser Insekten wird immer knapper.

600 ***Wildbienenarten*** *in Deutschland sind stark bedroht, weil der einseitige Speiseplan in der modernen Agrarlandschaft ihnen zu schaffen macht. Dabei leisten sie mit ihren Bestäubungsdiensten einen wertvollen Beitrag zur biologischen Vielfalt.*

Wir treffen auf einen Linksabzweig, den wir nehmen, und spazieren noch ein Stück durch romantische Heidelandschaft. Den breiten Sandweg fasst dichter Mischwald ein. Nach einer relativ langen Strecke halten wir uns an einer Gabelung geradeaus und bleiben auf unserem Weg, bis uns diesmal eine Eisenbahnunterführung sicher unter der Heidebahn hindurchführt. Rechts erscheint ein Hinweis zum Camp Reinsehlen, 0,6 Kilometer, doch zuvor streifen wir den **Kletterpark Höhenweg Arena ❹** auf dem Gelände einer früheren Panzerwaschanlage.

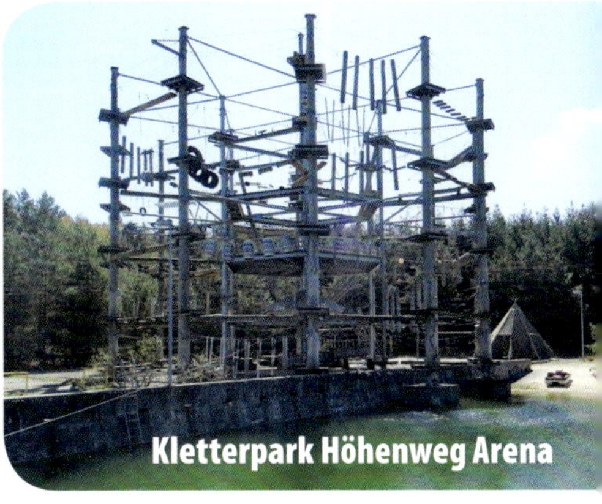
Kletterpark Höhenweg Arena

Danach halten wir uns links und erreichen das ehemalige Militärgelände, heute **Hotelcamp Reinsehlen ❺,** mit Blick über weite **Sandmagerrasenflächen,** die unter Naturschutz stehen.

In der Ferne ragt die als Kunstobjekt gestaltete **Flimmerwand Trafohaus** von Jörg-Werner Schmidt

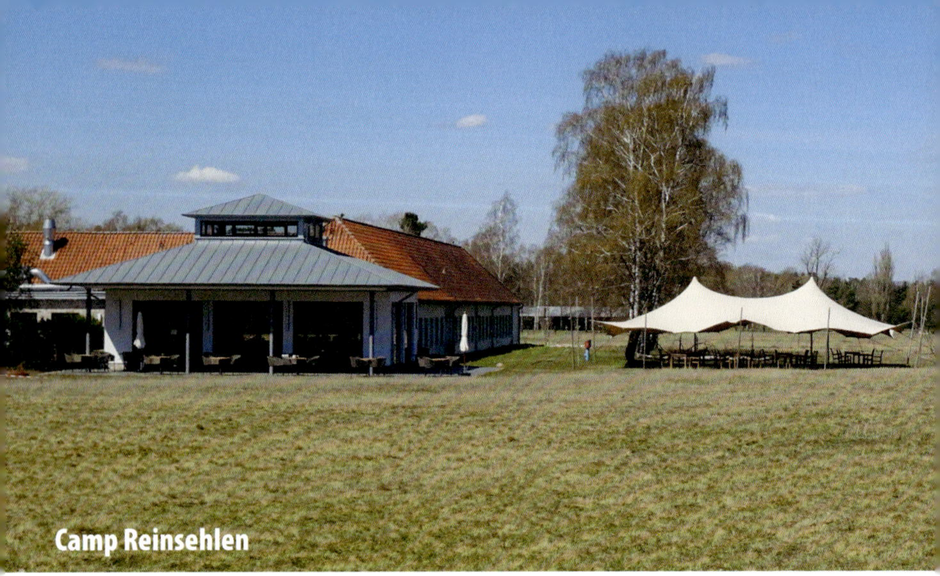

auf – es gibt auch eine **kleine Kunstmeile.** Fotos erinnern an den Besuch des Dalai Lama 1998, der zum Thema „Buddhas Weg zum Glück" mit Tausenden Besuchern meditierte. Eine riesige Zeltstadt entstand. Überlegungen, ein an die Natur angepasstes Hotel auf dem Camp-Gelände zu errichten, wurden daraufhin konkret. Nun hat die Natur ihr Terrain zurückerobert. Wer sich ein wenig Zeit nimmt und innehält, spürt die fast kontemplative Wirkung dieser einmaligen Ruhe und Abgeschiedenheit. Man kann sich der Ausstrahlung dieser Naturlandschaft schwer entziehen.

Auf ***Magerrasen-Biotopen*** *gedeihen die gefährdete Grasnelke, Sandthymian und Johanniskraut, es überwiegt der formenreiche, grasartige Schafschwingel. Mehrere Heuschreckenarten und Bodenbrüter wie Heidelerche, Feldlerche und der seltene Wiesenpieper kommen hier vor.*

Am Hotel vorbei bewundern wir die **Knickpyramide** und das **Lavendellabyrinth.** Dann passieren wir das Gästehaus und gehen links einen kleinen Pfad zum Wald hinauf. Später erblicken wir Wegweiser. Die wunderschöne Passage, die uns erst durch Wald führt und dann mit einem Heidewunder und weichen Sandwegen überrascht, verführt dazu, sich auf die erstbeste **Holzbank** ❻ fallen zu lassen, um die magischen Bilder einzusaugen. Eigentlich möchten wir uns am liebsten nie wieder von dieser Auszeit verabschieden. Doch danach, bei einem leichten Anstieg, werden wir auf der Bergkuppe schon wieder mit einer fabelhaften Sicht belohnt (Infotafel: **Blick ins Camp**). Auf unserem Pfad führen mal rechts, mal links Abzweige bergab, wir aber folgen unserem Weg durch die einladende Heidelandschaft bis zur Landstraße L 171.

Diese unterqueren wir, spazieren bei der nächsten Kreuzung links hinein, entdecken wenige Hundert Meter vor uns einen **Schafstall** mit roten **Heidschnuckenskulpturen.** Jeden Vormittag um 10.30 Uhr und jeden Abend gegen 17.00 Uhr wird die Herde aus- und eingetrieben. Wir folgen weiter dem Weg und erreichen das **Künstlerhaus, Atelier De Bruycker,** hinter dem wir rechts in den schmalen **Heideweg** einbiegen. Wir nähern uns einer **Freilichtbühne,** auf der alljährlich am letzten Sonntag im August die neue Heidekönigin gekrönt wird, und gehen den Weg links weiter. Am Ende des Weges halten wir uns scharf rechts. Strahlenförmig führen linker Hand Pfade durch die Heide, wir entscheiden uns für den vierten und kommen zu einem breiten Sandweg. Wir folgen ihm nach rechts, bis wir in einer Linkskurve auf den **Höpener Weg** stoßen. Hier sehen wir schon das einladende **Café Höpen-Idyll** ⑦ mit fantastischem Panoramablick von der Terrasse.

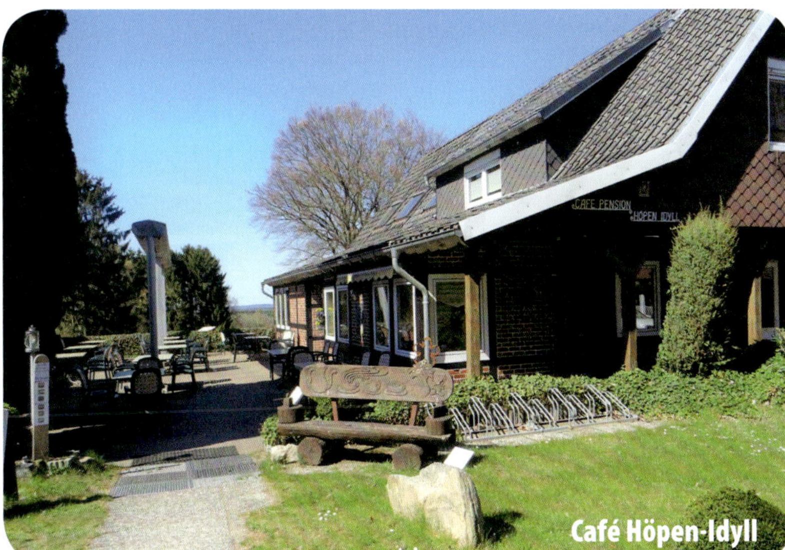

Café Höpen-Idyll

Auszeittour 3

Nachdem wir uns mit köstlichem Selbstgebackenen gestärkt haben, schlendern wir die Straße zurück, nehmen rechts einen von sehr hohen Kiefern beschatteten Pfad und befinden uns am höchsten Punkt des **Höpenbergs** (120 Meter). Immer weiter nach rechts lockt uns der wundervolle Waldweg, bis sich unsere Route wieder schließt, denn wir stehen direkt vor dem Heidegarten. Wir wenden uns dann aber die letzten 400 Meter nach rechts, längs einer großen Pferdekoppel, und gelangen direkt zum Parkplatz oder zur Busstation.

Die Sonne strahlt schon lange am blauen Himmel, wir sind tiefenentspannt und fühlen uns bereichert von herrlichen Naturerlebnissen, malerischen Aussichten und anregenden historischen Orten.

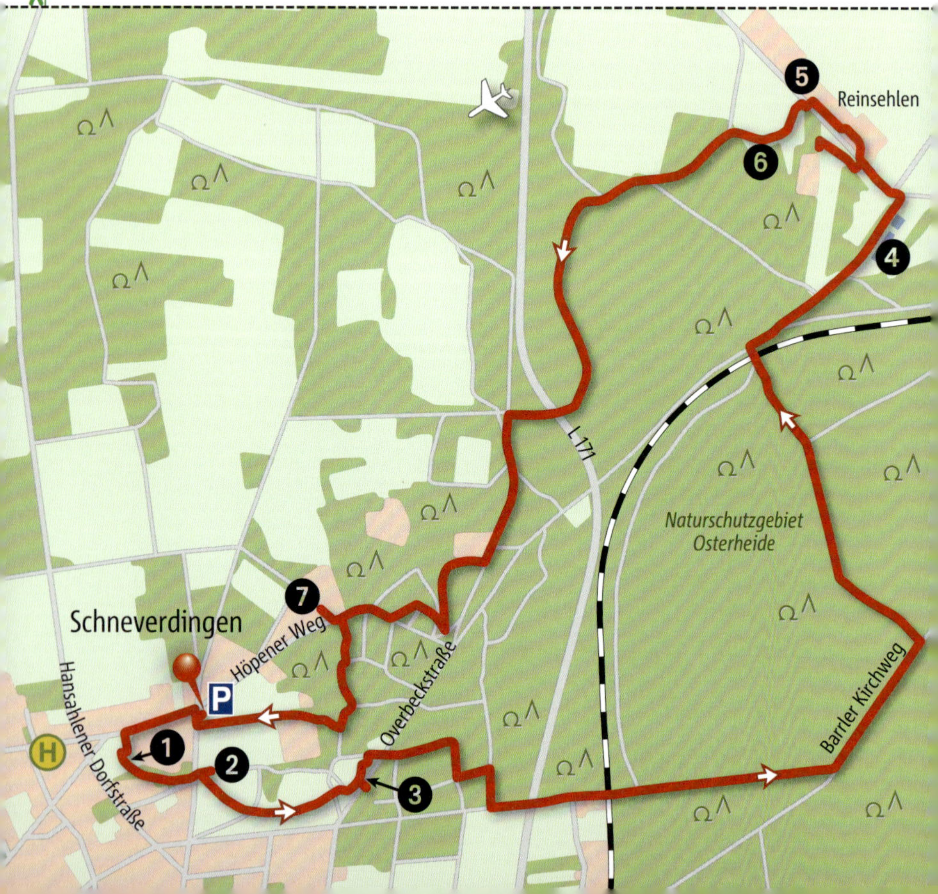

Entspannung ✱✱✱✱✱

Genuss ✱✱✱✱

Romantik ✱✱✱✱✱

WIE & WANN:
Pfade, Wald- und Sandwege, wenig asphaltierte Wege; ganzjährig schön

HIN & WEG:
Auto: Parkplatz Höpener Weg, 29640 Schneverdingen (GPS: 53.13139,9.79075)
ÖPNV: RB 38, Bahnhof Schneverdingen, von dort Bus 110, Haltestelle Schneverdingen Seekamp (Sa., So. kein Verkehr; zu Fuß vom Bahnhof bis zum Heimatmuseum De Theeshof 2,4 km); in der Sommersaison fährt außerdem der Heide-Shuttle, www.verkehrsgemeinschaft-heidekreis.de

ESSEN & ENTSPANNEN:
Schafstall im Heidegarten ❸ siehe ENTDECKEN & ERLEBEN, Overbeckstraße 65, 29640 Schneverdingen, www.schafstall-heidegarten.de
Hotelcamp Reinsehlen ❺ 29640 Schneverdingen, Tel. (0 51 98) 98 30, www.campreinsehlen.de
Café und Pension Höpen-Idyll ❼ Höpen 3, 29640 Schneverdingen, Tel. (0 51 93) 60 42, www.hoepen-idyll.de

ENTDECKEN & ERLEBEN:
Heimatmuseum De Theeshof ❶ Langelohsberg 13, 29640 Schneverdingen, Tel. (0 51 93) 21 99, www.heimatbund-schneverdingen.de
Sonnenuhr ❷
Heidegarten ❸ Overbeckstraße 57, 29640 Schneverdingen, www.erlebniswelt-lueneburger-heide.de (nach „Heidegarten" suchen)
Kletterpark Höhenweg Arena ❹ Camp Reinsehlen 20, 29640 Schneverdingen, Tel. (0 51 98) 98 73 73, www.hoehenweg.de
Holzbank ❻

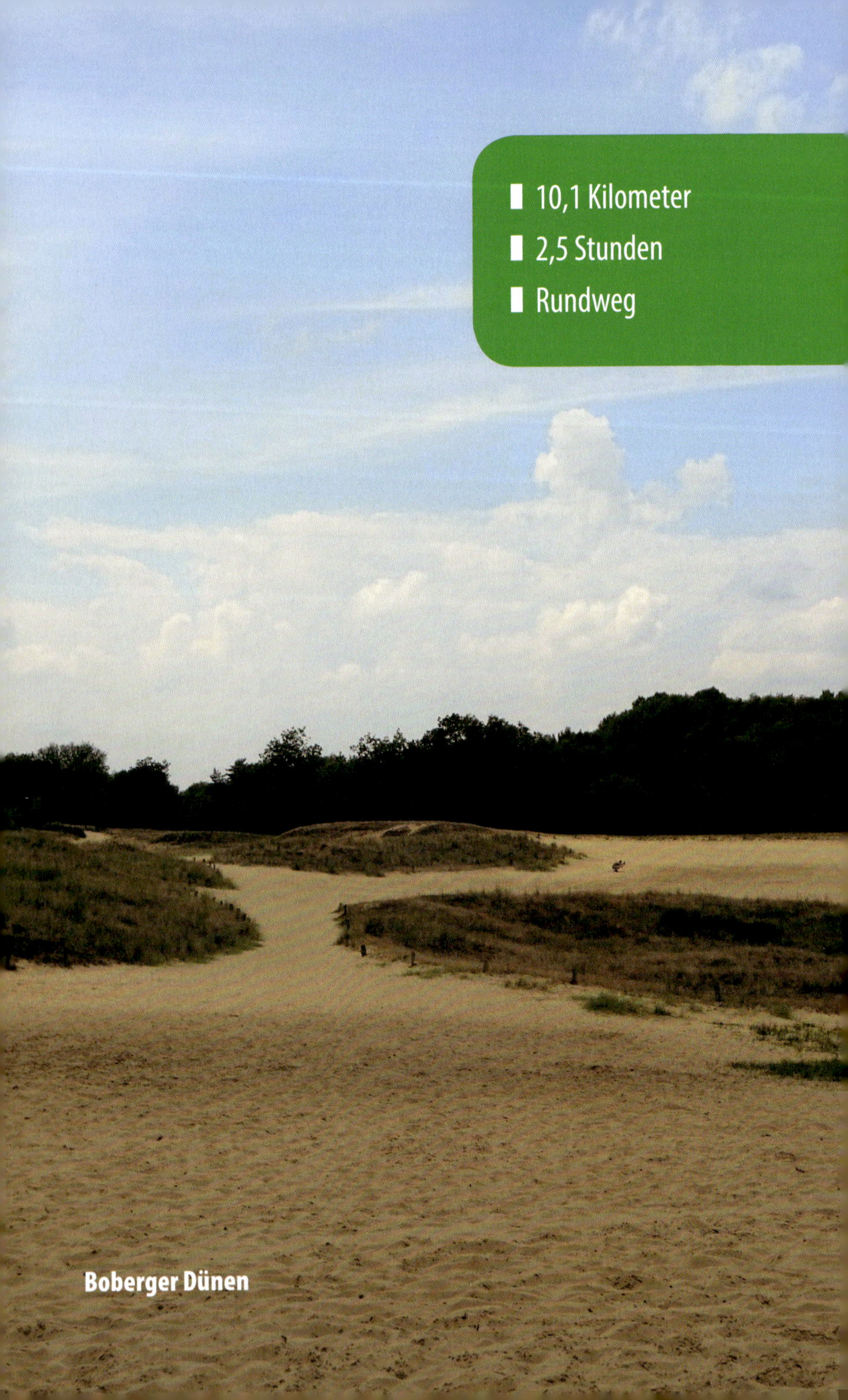

- 10,1 Kilometer
- 2,5 Stunden
- Rundweg

Boberger Dünen

Barfuß im Sand

Unterwegs in den Boberger Dünen

Wir kommen mit der S-Bahn am **Mittleren Landweg** an und gehen diese Straße nordöstlich über den Billwerder Billdeich und dann auf dem **Hans-Ulrich-Holler-Weg** bis zur Bille hoch. Endlich schlendern wir links auf befestigtem Weg mit romantischem Blick auf knorrige Bäume und den langsam fließenden Fluss. Dann erreichen wir eine große, gebogene Holzbrücke und queren sie, wobei sich uns herrliche Aussichten bieten. Wir folgen einem Weg, dessen Untergrund sandig und fest ist. Es duftet nach Wildkräutern, die in kleinen Stauden wachsen. Eine davon ist die Färberkamille. Auf ganze Weidenflächen verstreut wächst die violette **Acker-Kratzdistel.**

*150 Zentimeter hoch wird die **Acker-Kratzdistel**. Junge Wurzeln lassen sich als Gemüse dünsten, die oberen Blätter eigenen sich für leckere Smoothies und die Blüten als Dekoration. Zur Wundheilung und bei Insektenstichen hat sich ein Brei aus den frischen Blättern bewährt.*

Wir wandern bei einem abzweigenden Weg links weiter, in einen Laubwald aus Eichen und Birken

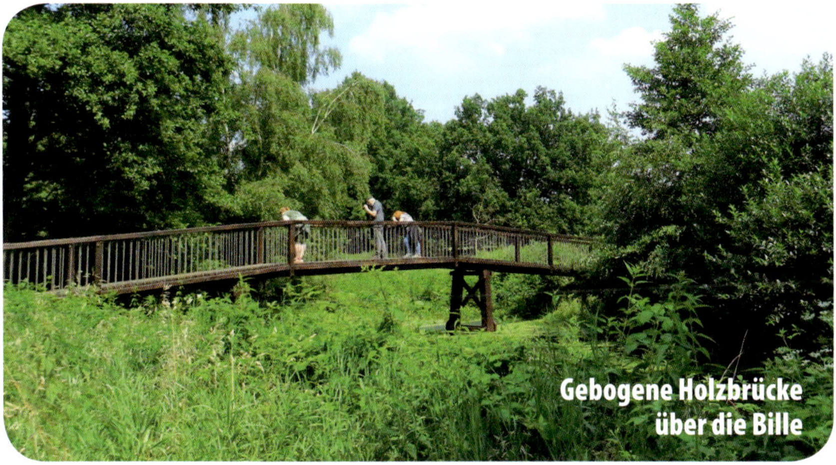

Gebogene Holzbrücke über die Bille

Auszeittour 4

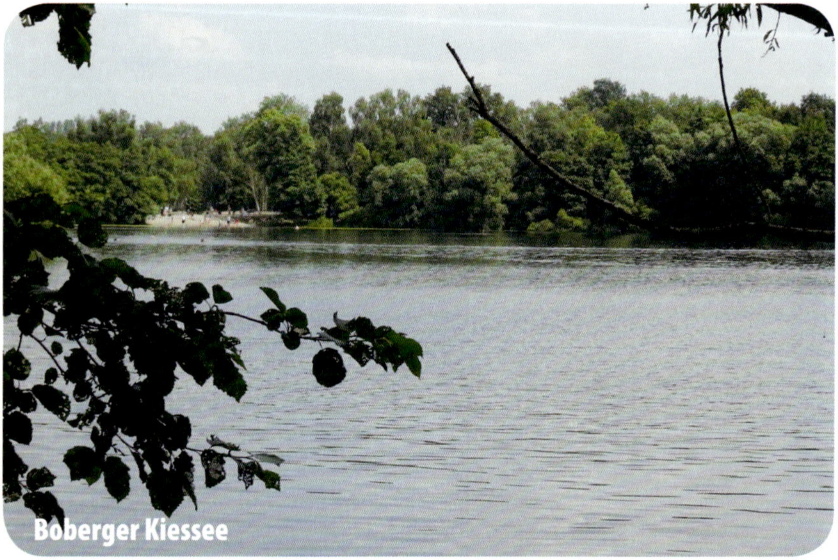

Boberger Kiessee

hinein. Bei einer Kreuzung biegen wir links ab, entdecken vor uns schon den **Boberger Kiessee** ❶ und haben nach einer scharfen Rechtskurve den See und nach links hin Marschwiesen mit bewachsenen Abzugsgräben im Blick. Wir laufen auf gut ausgebauten Wegen mitten in die etwa 350 Hektar große und 1991 unter Schutz gestellte **Boberger Niederung.** Sie umfasst Geest-, Moor- und Marschlandschaften sowie den Baggersee und gilt mit über 650 Pflanzenarten als Hotspot der Biodiversität.

Wir folgen geradeaus immer dem **Walter-Hammer-Weg** durch lichten Laubwald, rechts von uns liegt ein Segelfluggelände, das wir noch näher kennenlernen werden. Nach mehreren Hundert Metern geht der Walter-Hammer-Weg links ab, wir spazieren aber parallel zum **Korngraben** geradeaus weiter. In den Waldabschnitten inhalieren wir würzige Luft und genießen die Stille. Das Sonnenlicht spielt auf den Blättern und lässt die Seele zur Ruhe kommen. Wir durchwandern moorige Landschaftsabschnitte, die Geestrandmoore.

!

Die Boberger Niederung lässt sich auf vier ***Wanderwegen*** *erkunden, die mit verschiedenen Symbolen markiert sind: Dünenweg (Schmetterling), Moorweg (Vogel), Terrassenweg (Blume) und Wiesenweg (Hase). Unsere Tour berührt alle diese Wege auf Teilstrecken.*

Für die Seele

Beseelt sitzen wir auf Hamburgs letzter Wanderdüne und genießen außerdem ein Mosaik unterschiedlichster Biotope. So kommen wir zur Ruhe.

Rechts von uns ruht der **Boberger Torfsee.** Am **Parkplatz Achtermoor** gehen wir scharf rechts, wo auch der Moorwanderweg beginnt.

Am Torfsee geht es links weiter, zwischendurch sind kurze Abstecher tief in das Achtermoor möglich. Das Moor umfasst insgesamt circa 32 Hektar und wird in das Achtermoor im Westen – das die größten Torfmächtigkeiten mit 6 Metern unmittelbar am Geesthang erreicht –, das Schürmoor sowie das Weidenmoor im Osten unterteilt. Auf den Niedermoorböden gedeihen Erlen- und Birkenbruchwald oder Weiden-, Moor- und Sumpfgebüsch.

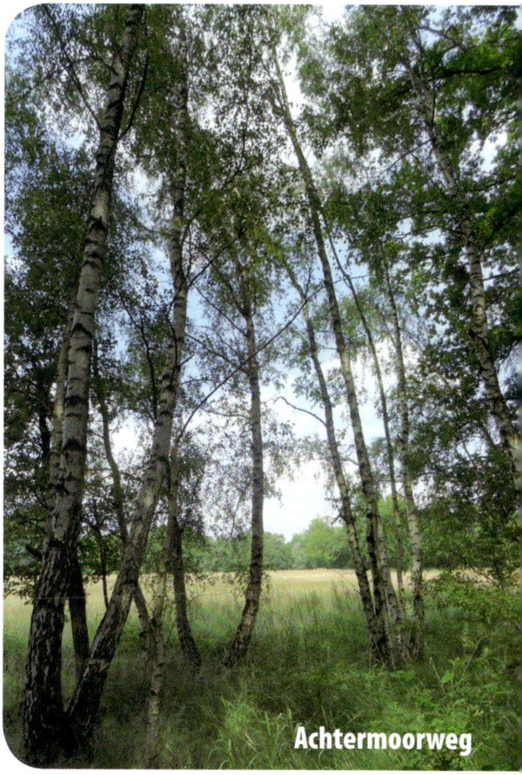

Achtermoorweg

Die Straße **An der Kreisbahn** verläuft parallel zum Bahngleis der Südstormarnschen Kreisbahn. Alsbald kommt links und rechts von uns eine Abzweigung. Wir folgen dem Weg etwa 550 Meter geradeaus und gehen dann ein kurzes Stück auf der Straße **Unterberg,** um schließlich rechts in den **Doppelweg** abzubiegen. Rechts von uns liegt nun das **Schürmoor** und links von uns das **Weidenmoor,** hier verläuft der mit einem

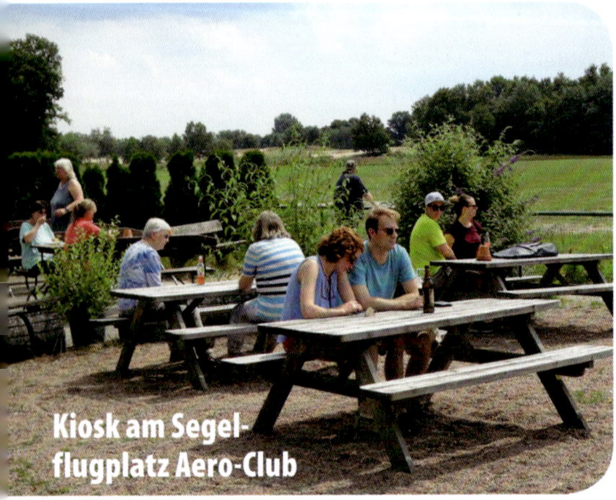

Kiosk am Segelflugplatz Aero-Club

Vogel-Symbol ausgezeichnete **Moorweg,** der überaus verwunschen ist. Zur einen Seite des Weges entdecken wir Wasserflächen, aus denen vor blauem Himmel Gräser und Schilf wachsen, zur anderen erblicken wir grundlose Sümpfe, in denen sich verkrüppelte Birken mit prächtigen Baumpilzen im Wind wiegen: Niedermoorflächen zwischen Bruchwäldern und Kleingewässern. Ein wilder Trampelpfad windet sich an gespenstisch erscheinenden, knorrigen Wurzelarmen vorbei durch den Morast. Nach einer Weile queren wir einen ganz kleinen, absolut klaren Bach. Wir sind versucht, daraus zu trinken, doch erst 2018 ist in der Nähe mit Dioxin belasteter Boden entdeckt worden.

Bei der ersten Möglichkeit wenden wir uns nach links zur Start- und Landebahn des Segelflugvereins Hamburger Aero-Club und spazieren auf dem **Rundweg Segelfluggelände** lange geradeaus. Links sehen wir eine erste Düne, die es wegen zu geringer Schartenhöhe nicht so richtig zur Düne, sondern eher zum Boberger Trockenrasen geschafft hat. Idyllisch liegt dann der Kiosk mit Terrasse am **Segelflugplatz des Hamburger Aero-Clubs Boberg ❷** direkt vor uns. Hier lässt es sich herrlich entspannen. Langsam und fast geräuschlos steigt ein Motorsegler in die Luft, in der Ferne ruft ein Kuckuck.

Auf sandigem Untergrund gehen wir rechts wieder in den Wald hinein. Der Weg verläuft in die Boberger Niederungen Richtung **Boberger Dünen ❸,** die sich alsbald wellenartig vor uns auftürmen. Sofort erwacht in uns das Bedürfnis, den Sand zu spüren und auszuruhen – Strandurlaub ohne Meer.

Nach dem Ende der Weichsel-Kaltzeit spülten Flüsse Sand den in der Saale-Kaltzeit geformten Geesthang herunter. In den ***Boberger Dünen*** *haben sich Reste der Heide erhalten. Eingesandete Birken an ihrer Nordflanke zeigen, dass die Düne noch immer in Bewegung ist.*

Nach den Dünen wandern wir durch Mischwald, mal dichter, mal lichter. Es besteht auch die Möglichkeit, oberhalb der Dünen ein Teilstück des Dünenwegs mit der Schmetterlings-Kennzeichnung zu nehmen, dieser stößt dann wieder auf die geplante Route.

Wir queren die Straße Boberger Furt, steuern geradeaus über den **Parkplatz Boberger Düne** und folgen dem **Walter-Hammer-Weg** in die verträumte Natur des Waldes. An dessen anderem Ende angekommen, biegen wir bei der ersten Gelegenheit scharf rechts ab und marschieren auf einem breiten Feldweg an einer kleinen Lichtung zurück zur Straße. Hier nehmen wir gegenüber das **Boberger Dünenhaus** 4 wahr, ein Naturschutz-Infohaus. An ihm entlang laufen wir einen kleinen Weg Richtung Süden bis zum Fluss Bille hinunter. Weiter geradeaus auf dem **Boberger Furtweg** könnten wir im **Restaurant Dorfkrug** 5 einkehren. Alternativ lohnt es sich, einen kurzen Abstecher zum Café mit Bioladen **Hof Neun Linden** 6 etwa 500 Meter auf dem Billwerder Billdeich nach links zu machen.

*Die **Bille** stand immer im Schatten von Alster und Elbe und hatte nie deren wirtschaftliche Bedeutung. Auf 65 Kilometern von der Quelle im Herzogtum Lauenburg bis zur Norderelbe-Mündung zeigt sie malerische Schönheit oder präsentiert sich als kanalisierter Industriefluss.*

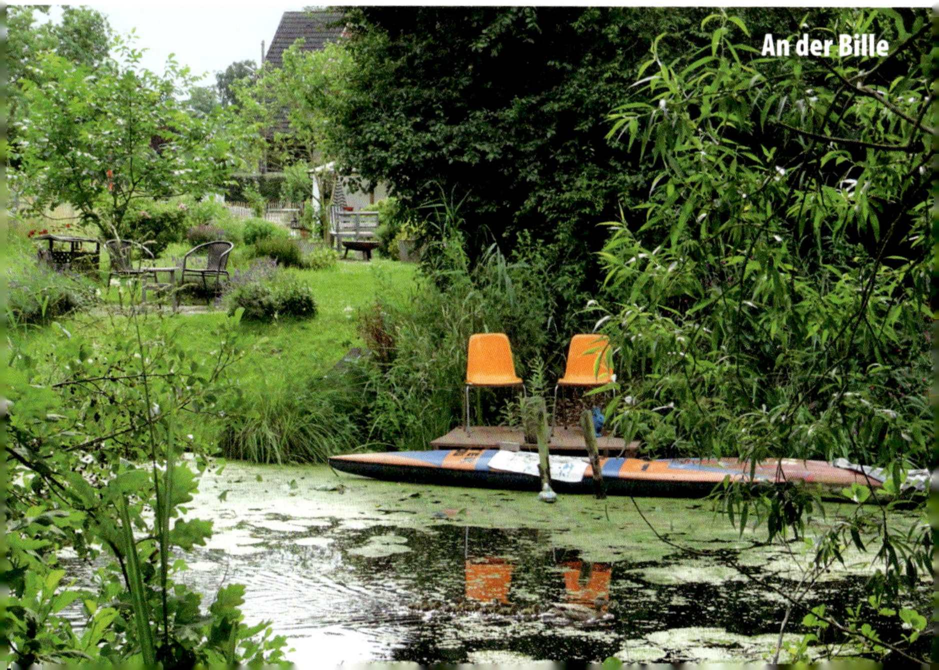
An der Bille

Auszeittour 4

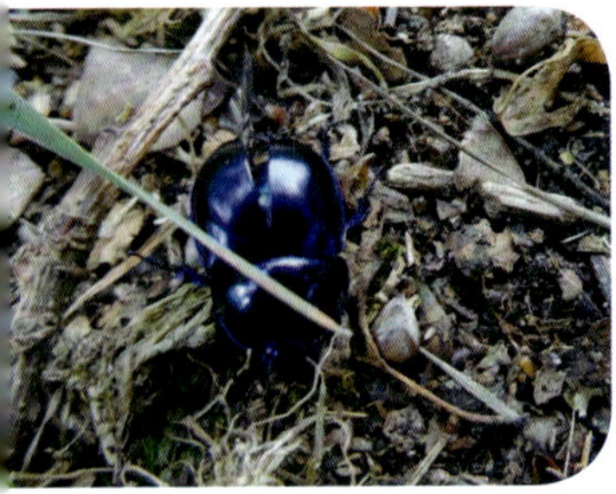

Zum Ausgangspunkt zurück leitet uns die Bille vom Dünenhaus aus rechtsherum, vorbei an Bänken, Wiesen, hohen Gräsern, Blumen, einem Miniwäldchen, Äckern und Feldern. Zwischendurch landet ein schwerfällig fliegendes kleines Dickerchen vor uns auf dem sonnenbeschienenen Weg. Seine Flügeldecken glänzen. Es ist ein metallisch-dunkelblau schimmernder Mistkäfer. Er formt Aas oder Kot zu Kugeln und rollt diese mit großem Körpereinsatz schnell davon, um in ihnen entweder Eier abzulegen oder sie als Mahlzeit zu verspeisen. Im alten Ägypten wurde dieser Käfer Skarabäus genannt und mit der Kugel als Zeichen für neues Leben verehrt.

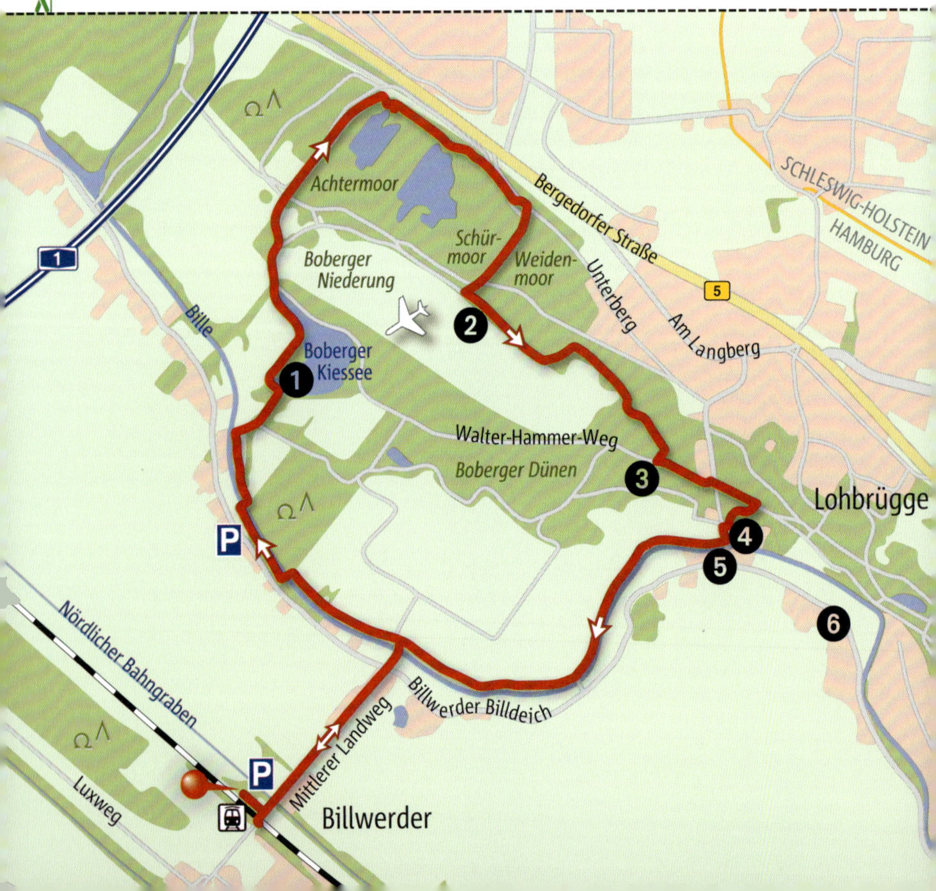

Entspannung ★★★★☆
Genuss ★★★★★
Romantik ★★★☆☆

WIE & WANN:
Gut ausgebaute, naturbelassene und befestigte Wege, teilweise auch Asphaltwege; lohnt sich zu jeder Jahreszeit

HIN & WEG:
Auto: P+R Mittlerer Landweg 53, 21033 Hamburg (GPS: 53.498301, 10.132287); alternativ Parkplatz Billwerder, Billdeich 177–241, 21033 Hamburg (GPS: 53.508358, 10.131214)
ÖPNV: S 2 oder S 21, Haltestelle Mittlerer Landweg

ESSEN & ENTSPANNEN:
Segelflugplatz des Hamburger Aero-Clubs Boberg ❷ mit Terrasse und Kiosk, siehe ENTDECKEN & ERLEBEN
Restaurant Dorfkrug ❺ Boberger Furtweg 1, 21033 Hamburg, Tel. (0 40) 7 39 81 90, www.dorfkrug-boberg.de
Hof Neun Linden ❻ mit Biohofladen, Billwerder Billdeich 480, 21033 Hamburg, Tel. (0 40) 73 92 81 99, www.hof-neun-linden.de

ENTDECKEN & ERLEBEN:
Boberger Kiessee ❶
Segelflugplatz des Hamburger Aero-Clubs Boberg ❷ Möglichkeit zum Mitfliegen! – Weidemoor 21, 21033 Hamburg, Tel. (0 40) 7 39 43 34, www.hac-boberg.de/mitflug.html
Boberger Dünen ❸
Boberger Dünenhaus ❹ Loki-Schmidt-Stiftung, Boberger Furt 50, 21033 Hamburg, Tel. (0 40) 73 93 12 66, www.loki-schmidt-stiftung.de/boberg

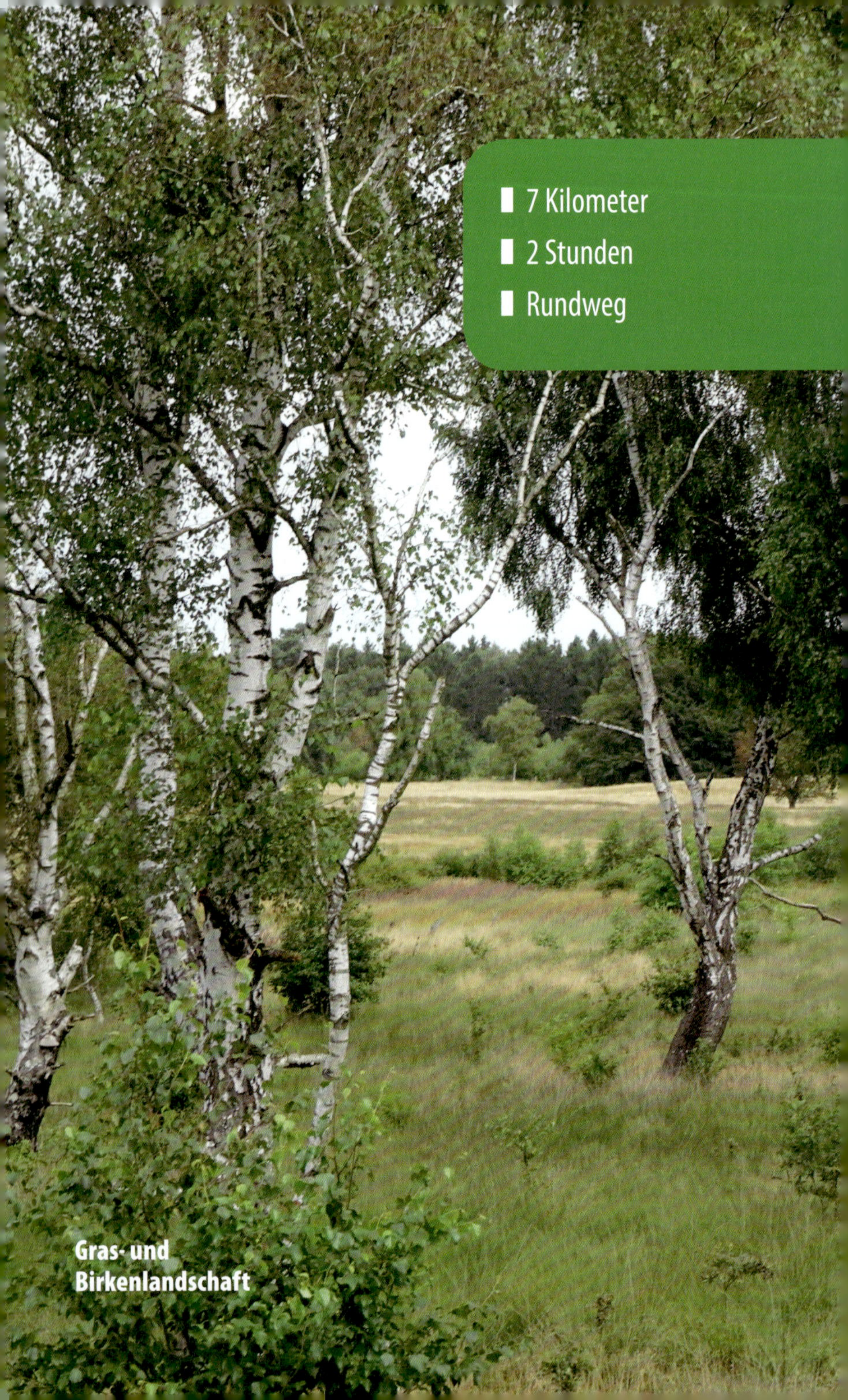

Gras- und Birkenlandschaft

Moor & Heide

Im Wittmoor bei Norderstedt

Von der Bushaltestelle an der Segeberger Chaussee gehen wir ein paar Schritte zurück und dann links in die **Siegfriedstraße.** Ihr folgen wir eine Weile geradeaus. Dann wandern wir rechts in den **Wittmoorredder** – und schon befinden wir uns im Grünen auf einem Wald-Schotterpfad. Er führt uns durch das Naturschutzgebiet Wittmoor, das geprägt ist durch eine Vielzahl mosaikartig zusammengesetzter Biotope. Es fühlt sich wunderbar an, auf naturbelassenem Boden entlang grüner Weiden und kurzer Waldabschnitte zu laufen.

Wir folgen unserem Weg durch eine Rechtskurve. Rechts steht ein Privathaus. Hier biegen wir links in den Weg **Am Wittmoor** ein. Rechter Hand liegt ein Tümpel, ein Reh beobachtet uns aus dem Dickicht und verschwindet. Schon nach wenigen Schritten breitet sich vor unseren Augen das fast unwirklich erscheinende Panorama einer urtümlichen Torflandschaft aus; ein wunderschön-schauriger **Blick ins Moor:** Baumstümpfe ragen zwischen Binseninseln aus einer aufgestauten dunstigen Wasserfläche heraus, auf der sich die Wolken in immer neuen Grautönen und Formationen widerspiegeln.

Wer möchte, kann vom Weg Am Wittmoor, hinter dem Tümpel, die Wanderung abkürzen. Ein Weg auf dem Damm einer alten Förderbahn führt von West nach Ost mitten durch das Moor an einem See entlang. Die Naturschutzorganisation Loki-Schmidt-Stiftung besitzt in diesem Gebiet 90 Hektar Land.

Moorfrösche, Ringelnatter und Wollgras fühlen sich wohl im Sumpfgebiet. Wir befinden uns durchgängig auf dem Weg **Am Wittmoor,** entdecken links eine **Erklärungstafel zum Torfabbau** und folgen dem breiten Weg weiter südlich. Immer wieder eröffnet sich die Sicht auf Torf und Moor.

Wir spazieren geradeaus weiter auf einem Lehmweg. An einer Seite ragen in regelmäßigen Abständen

Auszeittour 5

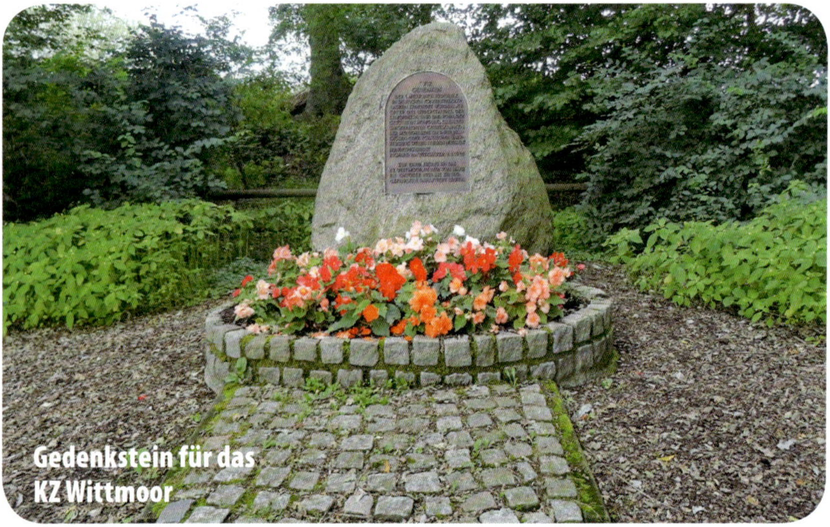
Gedenkstein für das KZ Wittmoor

alte Eichen empor, durch die wir weite Kornfelder erspähen. Doch hinter dieser Idylle verbirgt sich eine düstere Vergangenheit. Ein großer **Gedenkstein** ❶ erinnert uns auf Hamburger Seite – wir befinden uns an der Grenze zwischen der Stadt Hamburg und dem Bundesland Schleswig-Holstein – an das **KZ Wittmoor** und die dort umgekommenen Opfer.

*Das **KZ Wittmoor** war eines der ersten deutschen Konzentrationslager. Von April bis Oktober 1933 sollten hier hauptsächlich politische Gefangene durch die harte Arbeit der Torfgewinnung „umerzogen" werden.*

Den ersten Weg, den wir links nehmen können, wandern wir hinein, am gelben **Naturschutzgebiet-Schild** vorbei, eigentlich außen ums Wittmoor herum. Wir erblicken grundlose Sümpfe, in denen sich gespenstisch Birken im Wind wiegen. Die Sumpfcalla und das Pfeifengras breiten sich elegant aus. Es findet sich moortypische Flora wie fleischfressender Sonnentau, Weißes Schnabelried, Schlangenwurz, Moosbeere, Fieberklee und insbesondere das Torfmoos – die torfbildende Pflanze schlechthin.

Wir kommen an einer Eberesche mit leuchtend orangeroten Beeren entlang, nehmen dann bei einer Kreuzung links die Fährte wieder auf und verfolgen den Weg **Am Moor,** in den wir links einbiegen. Jetzt

Für die Seele

Das malerische Hochmoor mit seiner Heide, seinen Wäldern und Weiden wirkt wie eine Märchenlandschaft zum Träumen. Wir entspannen uns vom täglichen Trubel.

bewegen wir uns in nordöstlicher Richtung. Es geht relativ steil aufwärts.

Nach einer Weile ziehen wir an einem weiteren **KZ-Mahnmal** vorbei, diesmal auf schleswig-holsteinischer Seite, am Ort des ehemaligen Lagers der Häftlinge. An dieser Stelle hat sich eine Menge Frauenflachs, die gelbe *Linaria vulgaris*, ausgebreitet. Hier befindet sich auch ein flächiger Heidebereich, wir sehen die für das Wittmoor typischen Arten wie Glocken- und die hellrosa blühende Rosmarinheide.

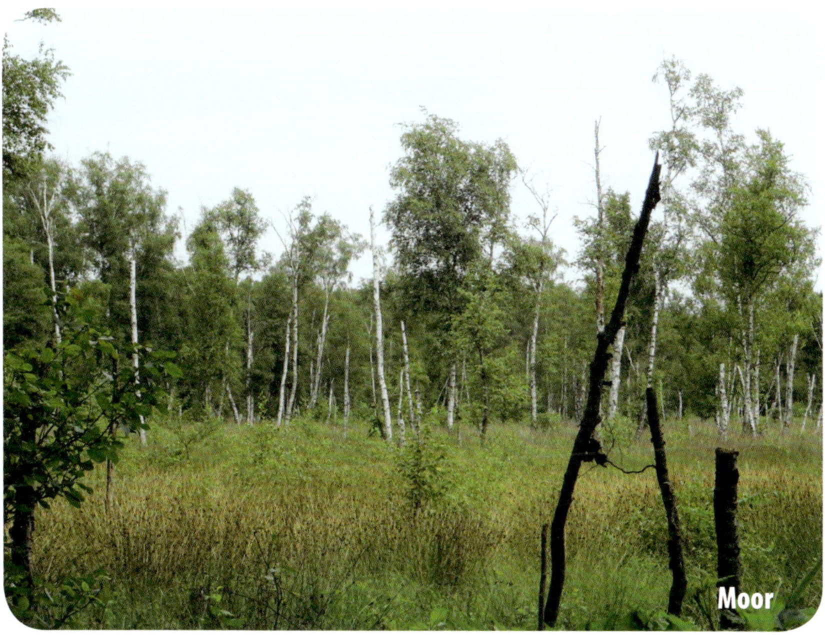

Moor

Auszeittour 5

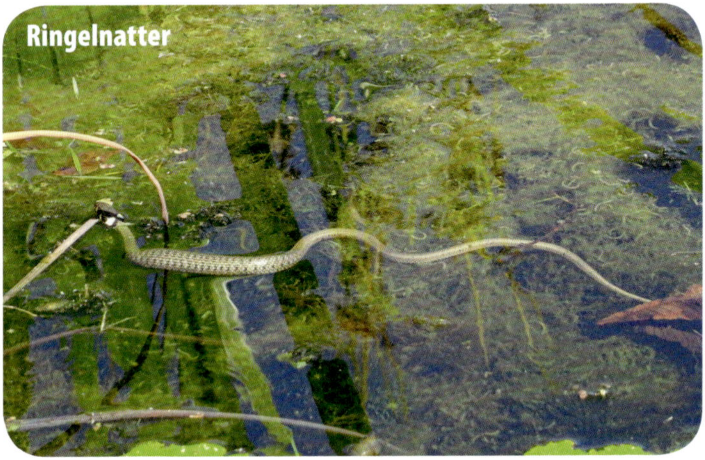

Ringelnatter

Wir sind leicht links weitergegangen, rechts lassen wir den Weg Fiersbarg hinter uns. Das Wandern auf dem kleinen Pfad tut uns wohl. Wiesenabschnitte mit grasenden Kühen, dann wieder kurze Waldabschnitte, die als Saum zum zentralen Moorwald stehen, und weites Grünland schaffen Ruhe. Wir sind vollkommen für uns und liebäugeln mit einer Bank, nehmen jedoch diszipliniert nicht den Weg links ins Dickicht, sondern folgen weiter geradeaus dem verlockenden, weichen Sandheideweg. Dann passieren wir ein Schild **Hamburg Duvenstedt, Weg 2.** Hier beschreiten wir den Wanderweg geradeaus und sehen eine Erklärungstafel zu den bemerkenswerten **archäologischen Bohlenwegen.**

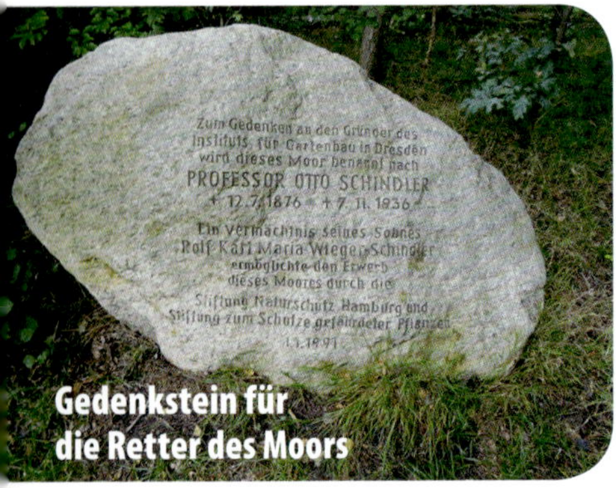

Gedenkstein für die Retter des Moors

Westlich von uns liegt der große Moorsee. Eine ganze Weile marschieren wir geradeaus. Dann treffen wir auf den **Gedenkstein für Professor Otto Schindler ❷.** Er und sein Sohn Rolf haben die Einrichtung des Naturschutzgebietes Wittmoor ermöglicht.

Am östlichen Rand des Moores erstrecken sich immer wieder breite, blühende Heidestreifen. Bei einer Gabelung wenden wir uns nach links **(Reiterweg)** aufwärts über eine Randmoräne durch eine Gras- und Birkenlandschaft. Die Ausblicke zwischendurch bringen uns zum Staunen. Wir folgen dem Rand des Moores nach Norden auf sich windenden Wegen. Rechts heißt der Weg Rotwildschneise, wir erklimmen aber geradeaus weiter den Moränenhügel. Dann orientieren wir uns links. Jetzt sind wir am nordöstlichen Rand des Moores. Eine malerische, große, zusammenhängende Heidelandschaft tut sich auf. Man müsste sie allerdings von Birkentrieben erlösen, entkusseln, wie es in der Fachsprache heißt. Wir gehen jetzt in einer Schlaufe herunter, halten uns links, mit dem weiten Blick auf Birken, Wiesen, Felder, Heide- und Moorlandschaft.

***Moore** sind nicht nur wichtig für den Artenschutz, sondern auch für den Klimaschutz. Obwohl sie nur 3 Prozent der Erdoberfläche bedecken, speichern sie in ihren Torfböden doppelt so viel CO_2 wie alle Wälder der Erde zusammen.*

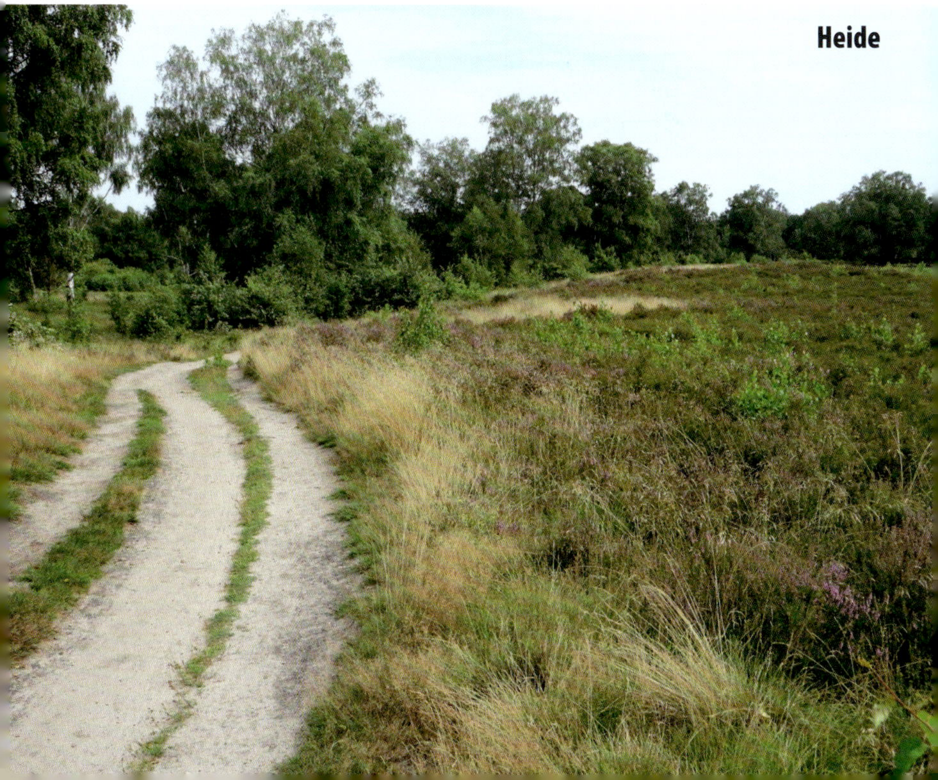

Heide

Nun biegen wir links in den **Brunsteenredder** ein. Bei einem Parkplatz nehmen wir links den **Wittmoorredder.** An der nächsten Gabelung gehen wir nochmals links. Es wird immer uriger und knorriger. So ein herrlicher, verwurzelter Waldweg tut einfach nur gut. Bei der nächsten Möglichkeit wählen wir einen kleinen Patt rechts weiter am Zaun entlang. Es geht über einen Graben und dann wieder links, vorbei an einer Erklärungstafel. Eine endlos weite Wiese begleitet uns, rechts von uns liegt ein mit hellgrüner Entengrütze bedeckter Tümpel. Wir blicken auf Flächen mit Pferden und gemähtem, duftendem Heu, bis uns rechts die **Siegfriedstraße** zum Ausgangspunkt zurückführt.

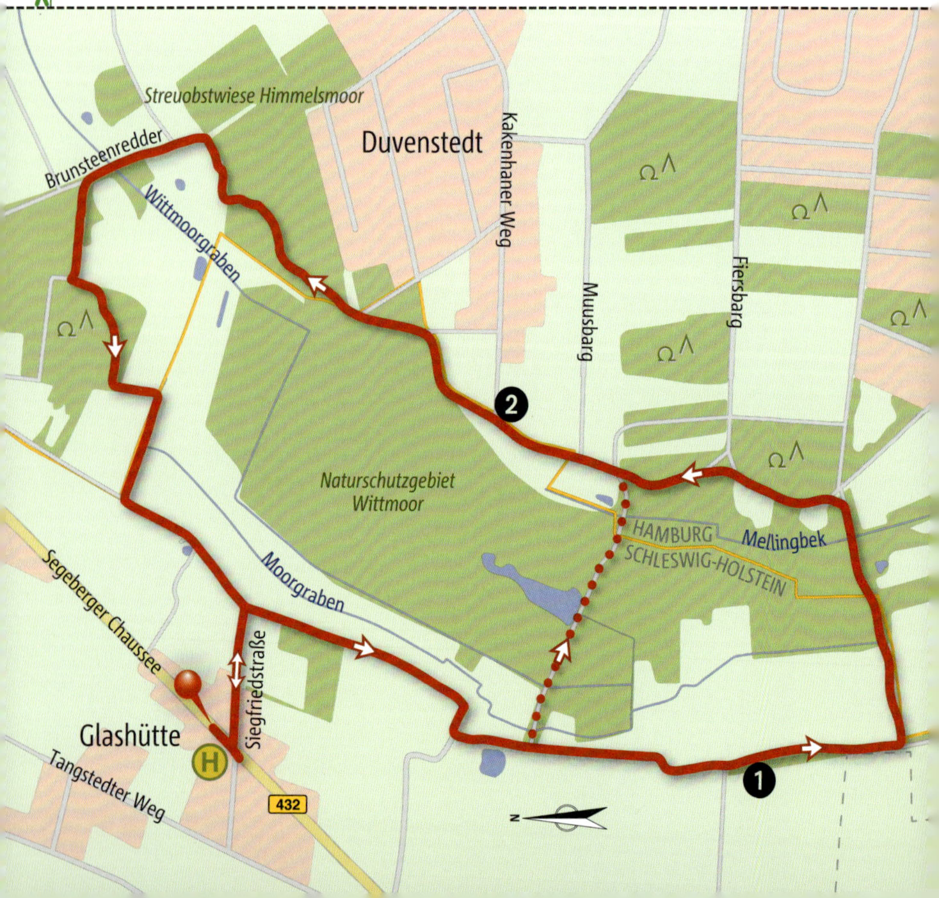

Entspannung ✱✱✱✱✱

Genuss ✱✱✱✱✱

Romantik ✱✱✱✱✱

WIE & WANN:
Gut befestigte Wege, Pfade; ganzjährig möglich, besonders lohnend zur Blüte des Wollgrases im April/Mai und zur Heideblüte im August

HIN & WEG:
Auto: Parken am Straßenrand der Siegfriedstraße, 22851 Norderstedt (GPS: 53.703745, 10.060104)
ÖPNV: U 1, Haltestelle Ochsenzoll, von dort Bus 7550, Haltestelle Glashütte Siegfriedstraße

ESSEN & ENTSPANNEN:
Keine Einkehrmöglichkeit unterwegs; bitte an Rucksackverpflegung denken!

ENTDECKEN & ERLEBEN:
Gedenkstein KZ Wittmoor ❶
Gedenkstein für Professor Otto Schindler ❷

- 8,4 Kilometer
- 2,5 Stunden
- Rundweg

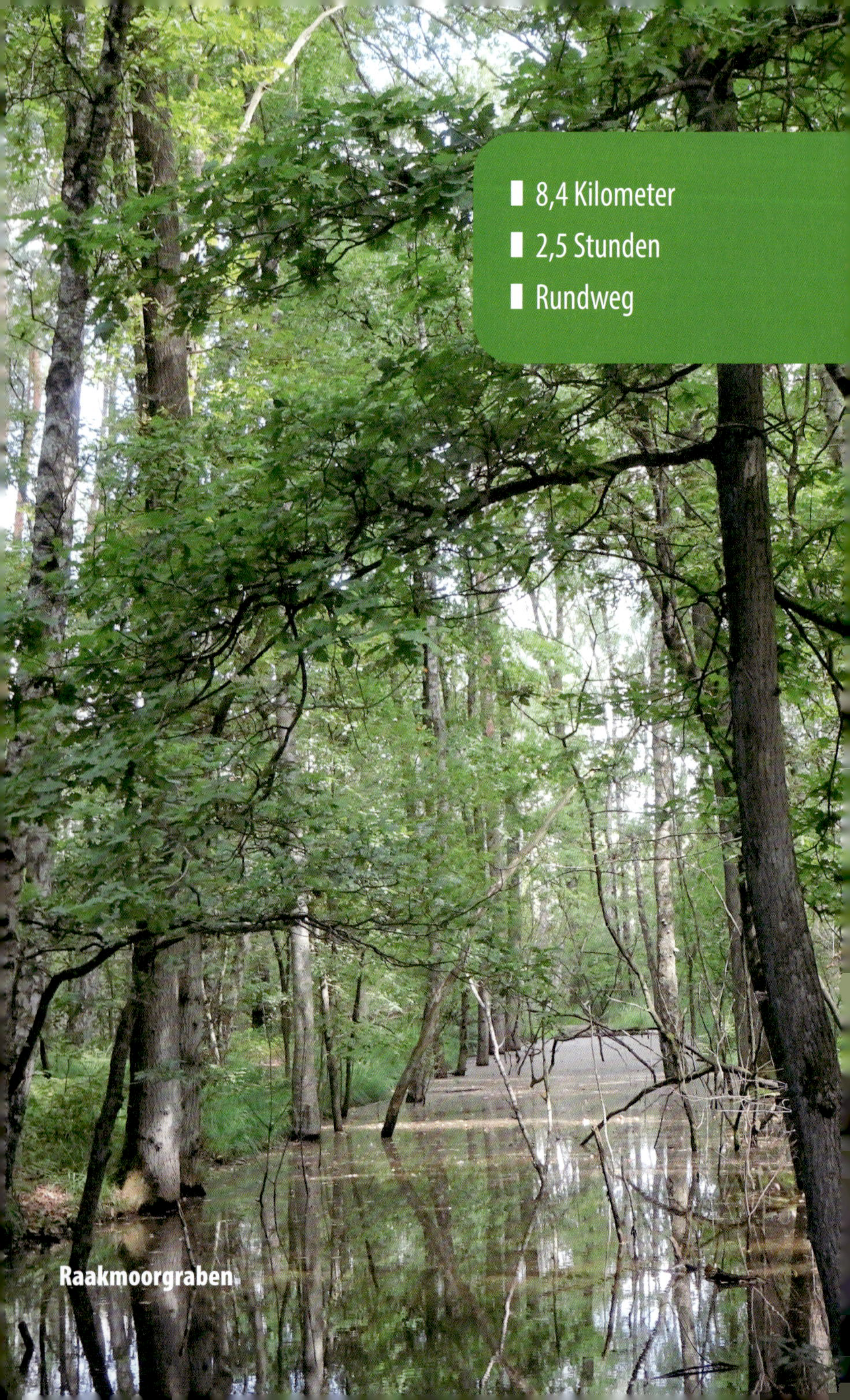

Raakmoorgraben

Kleines Paradies

Durch das Raakmoor

Wie naturnah und unaufwendig wir mitten in Hamburg loswandern können, zeigt das kleine, bezaubernde **Naturschutzgebiet Raakmoor** in Hummelsbüttel mit rund 4,9 Hektar Moorfläche. Diese Tour führt uns zunächst über den gleichnamigen Ausgang der U-Bahn-Station Langenhorn-Nord zur Straße **Immenhöven**, direkt in die **Zierkirschbaumallee der Fritz-Schumacher-Siedlung ❶.** Idyllisch reihen sich gleichartig gebaute Häuschen wie Perlen aneinander. Als erster städtischer Wohnungsbau in dieser Größe und als erste einheitlich gestaltete Reihenhaussiedlung in Deutschland ist diese Siedlung ein Meisterwerk.

*Die **Fritz-Schumacher-Siedlung** (1920) mit 660 Häusern ist nach ihrem Schöpfer benannt, dem Architekten Fritz Schumacher. Wie englische Gartenstädte sollte sie preiswertes Wohnen im Grünen mit der Möglichkeit zur Selbstversorgung bieten. Wolf Biermann wohnte im Laukamp 10.*

Die zweigeteilte Allee ist besonders zur Kirschblüte im Frühjahr (Ende April/Anfang Mai) einen Besuch wert. Dann sieht sie wie eine große rosafarbene Wolke aus. Den Luxus dieser imposanten Blütenpracht genießen die Anwohner der Fritz-Schumacher-Siedlung von morgens bis abends. Allerdings ist das Glück nur von kurzer Dauer, da bereits direkt nach dem vollen Aufblühen die ersten Blütenblätter wieder fallen.

Wir überqueren die **Tangstedter Landstraße** und gehen weiter die Allee entlang bis zum Ende. Dann kommt die **Fritz-Schumacher-Allee.** Wir überqueren sie, folgen ihr ein kleines Stück nach links und gehen dann leicht rechts weiter an grünen Wiesen vorbei, um links in den **Bruno-Lauenroth-Weg** einzubiegen. Alsbald spazieren wir in diesen bei der nächsten Möglichkeit rechts hinein, immer geradeaus zwischen Häusern, über Weg Nr. 651 hinweg und an einem Spielplatz vorbei. Endlich sind wir in dichtem Mischwald angekom-

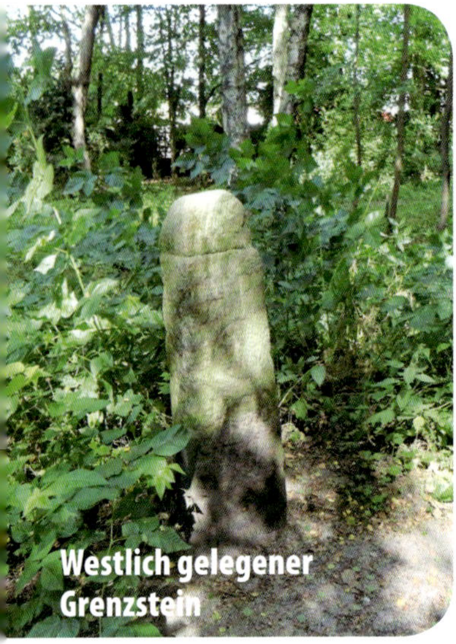

Westlich gelegener Grenzstein

men und bewegen uns auf einem naturbelassenen, über und über mit Tannenzapfen bedeckten Pfad Richtung **Raakmoor.**

Wir gelangen zu einer Brücke, rechts liegt ein **See,** er ist an den Rändern von Schilfkanten abgegrenzt und als Rückhaltebecken des Raakmoorgrabens aufgestaut. Ursprünglich diente er der Karpfenzucht, heute schwimmen darin Brassen, Schleien, Moderlieschen und Barsche unter mehreren Seeroseninseln.

Nachdem wir über die Brücke gestiefelt sind, halten wir uns links gen Norden parallel zum **Raakmoorgraben,** der erst rechts, dann später links von uns verläuft. Wir finden eine kleine **Insel,** die uns als ein Ausguck ein besonders schönes, weites Bild vom Wasser und Moor eröffnet. Auch bietet sich der Platz zum Beobachten von Wildtieren und Vögeln an. Fortwährend kommen wir an kleineren **Feuchtgebieten und Bruchwäldern** vorbei, umgestürzte Bäume liegen neben dem Weg. Nicht weit entfernt hämmert sich ein Specht ins Holz. Vor uns wächst ein Birkensaum, verwunschen und licht.

Schließlich stoßen wir auf den **Grenzstein No. 8** ❷ am linken Rand des Weges.

Wenn vor uns in der Ferne eine schöne Holzbrücke auftaucht, geht ein kleiner Pfad rechts ab, erkennbar an einem Pfahl. Eine waldig-wilde Passage auf schmalem, weichem, mit vielen Zweigen übersätem Untergrund erwartet uns. Die Blüten der Kleinen Klette blühen im Dickicht. Wir überqueren den Hummelsbütteler Moorgraben, der mittig das Moor durchzieht und uns bei unserer Rundtour auf dem Rückweg wieder begegnen wird. Schließlich machen wir einen kleinen Rechtsschwenk und gehen dann parallel zur Straße **Wildes Moor** in südlicher Richtung.

Wir kommen an einer **Aussichtsplattform** ❸ am nordwestlichen Rand der Kernzone des Raakmoors

__Grenzstein No. 8__ wurde 1791 vom Dänenkönig Christian VII. (1749–1808) gesetzt, als das Dorf Hummelsbüttel (heute Hamburger Stadtteil) an Dänemark fiel – 1640 war das Grafengeschlecht von Holstein-Pinneberg, dem der Ort seit 1528 gehörte, ausgestorben.

Für die Seele

Wir sind eins mit der Natur: Kirschblütenallee, Moor, Wald und Ausgucke lassen uns herrlich abschalten. Unsere Aufmerksamkeit gilt den Sinnen.

vorbei und haben einen schönen Blick über die wiedervernässte Moorfläche. Zurück zum Hauptweg, führen kleine Abzweige rechts ins tiefe Moor hinein. Man sieht deutlich, dass die eher untypische Vegetation von Nadel- und Laubbäumen sich nach und nach in gefluteten, sumpfigen Bruchwald zurückverwandelt. Im Juli und August blüht die bezaubernde Moorlilie. Ein Abstecher lohnt sich.

Auf unserem breiten Weg erkunden wir geheimnisvolle Moorlandschaftsformen – ein ständiges Wechselspiel zwischen Vergänglichkeit und Erneuerung. Wir beschreiten einen Weg mit Findlingen, passieren

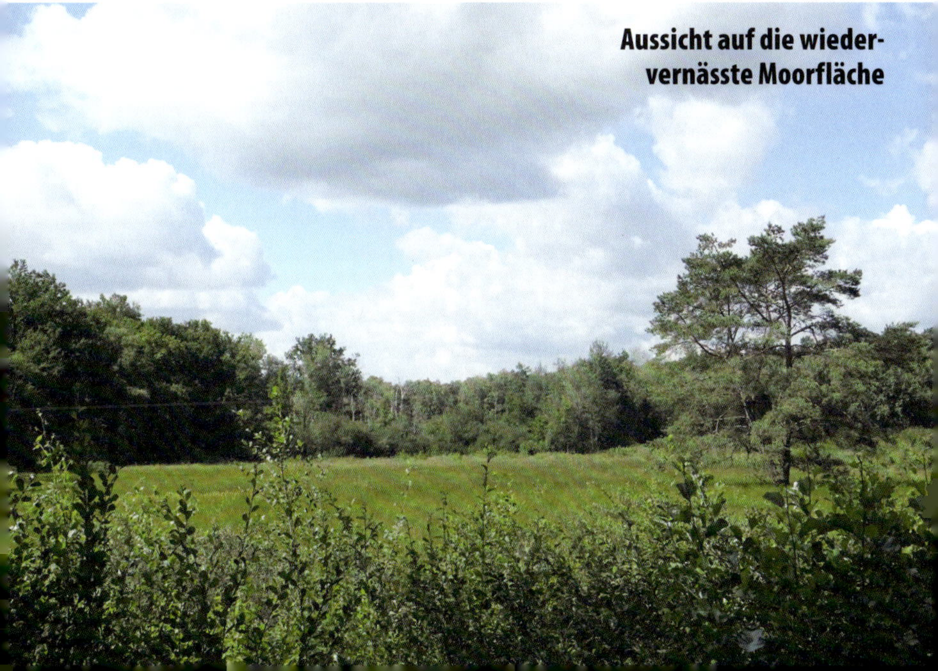

Aussicht auf die wiedervernässte Moorfläche

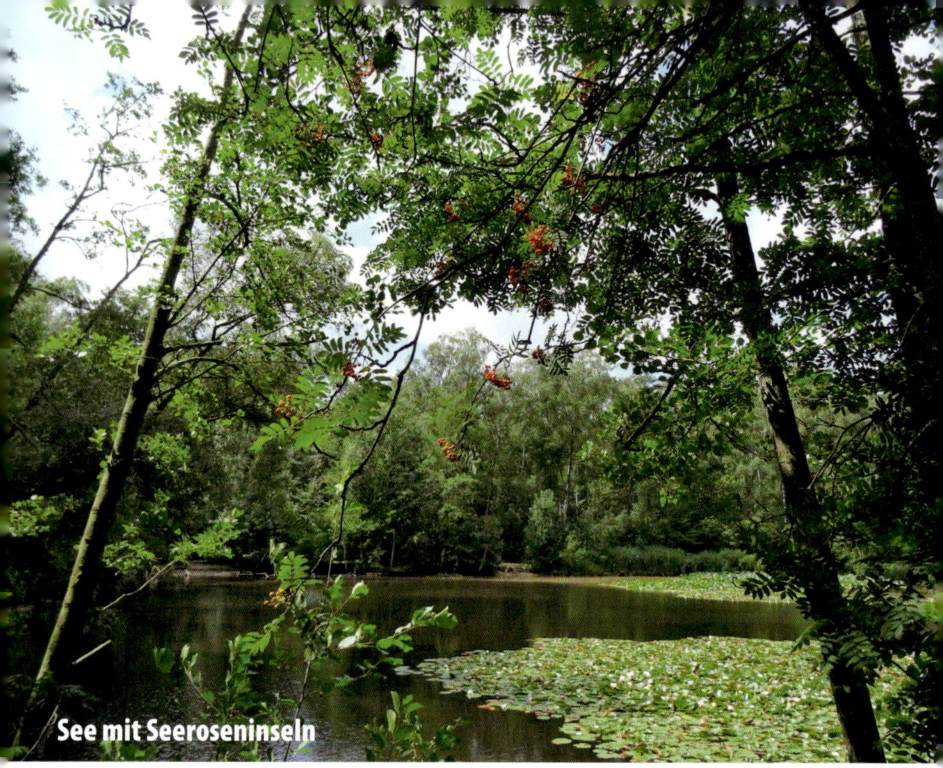

See mit Seeroseninseln

Im späten 19. Jahrhundert siedelten sich in Hummelsbüttel ***Ziegeleien*** *an, die nach dem Brand Hamburgs 1842 für den Wiederaufbau gebraucht wurden. Nicht weit entfernt am Poppenbütteler Weg liegt das 330.000 Jahre alte geologisch-botanische Naturdenkmal Sievertsche Tongrube.*

Wiesen mit den friedlich grasenden Pferden des Reiterhofs Raakmoor, rechts von uns liegt versteckt hinter Bäumen ein Gewässer.

Dann kommen wir an eine Kurve, in der es nur rechts weitergeht. Auf einer Bank verweilen wir kurz, um frische Kraft zu sammeln. Entlang des **Großen Ziegeleiteichs ④,** einer ehemaligen Tongrube, die rechts von uns liegt, schwirrt ein blassgrünes Exemplar der Großen Heidelibelle um uns herum – ein Weibchen, die Männchen haben einen roten Rumpf.

Wir folgen dem Weg, erneut an herrlich üppigen Pferdekoppeln entlang. Rechts liegt ein Tümpel – wir machen gewissermaßen eine Schlaufe Richtung heimwärts. Dann gehen wir rechts den Asphaltweg **Raakmoorgrund** entlang. Bei der **Markierung gelber Pfeil mit schwarzer Umrandung** wenden wir uns erneut nach rechts. Unsere Wanderroute führt am Raakmoorgraben entlang. Es kommt eine Kreuzung, vor uns ein Meer von lila Schmetterlingsfliederbüschen. Gegenüber dem Schild **„Seid nett zu den Pflanzen"** machen wir einen Linksschwenk **(Reiterweg).**

Wir kommen direkt am **Weg Nr. 651** heraus, rechts führt er uns an einer schönen weiten Wiese entlang etwa 30 Meter immer geradeaus. Dann nehmen wir den ersten Weg rechts ab – er wird angenehm sandig **(Reiterweg).** Ein Reh lugt aus langen Grashalmen zu uns herüber, am Erdboden glitzert das gelbe Helenenkraut, wie Feenstaub liegen seine Samen auf den Blättern. Erneut wenden wir uns nach rechts und kommen über einen Graben direkt auf eine Bank zu. Wir sind wieder mitten im Moor. Nun orientieren wir uns links, in nördliche Richtung. Ein romantischer **Bohlensteg ❺** entlang der Wasserläufe hilft uns beim Überqueren der morastigen Bereiche. Uns verzaubern Ausblicke auf dunkelblaues, vom Schilf umrahmtes Wasser unter einem dramatischen Wolkenhimmel. Pilzwucherungen an Totholz wirken wie festgewachsene weiße Steine.

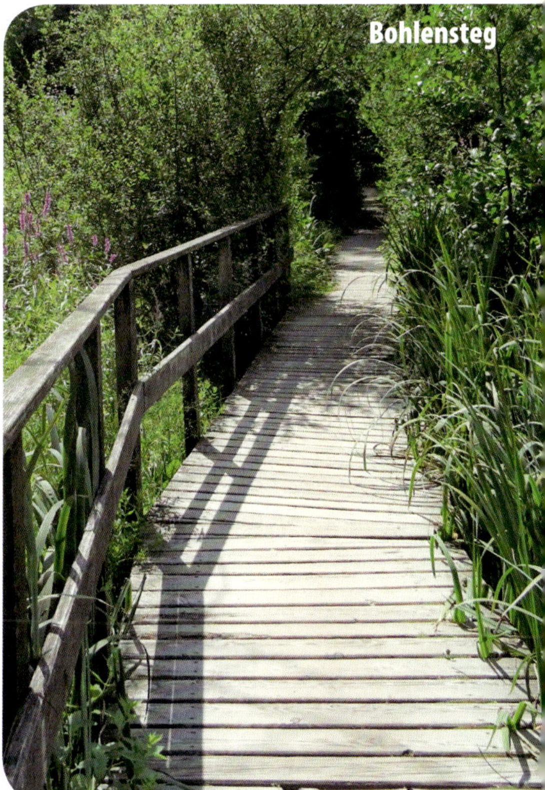
Bohlensteg

Nach einem längeren Stück geradeaus biegen wir links und dann nochmals links zum **Rückhaltebecken des Raakmoorgrabens** ab. Ein kleiner Badestrand liegt gegenüber. Die Wasserfläche ist im Sommer von Blüten der Weißen Seerose bedeckt. Die Lust auf süßes Nichtstun übermannt uns, wir möchten die Beine nicht mehr bewegen und nur diese Aussicht aufsaugen wie ein Ölgemälde von Renoir.

Auszeittour 6

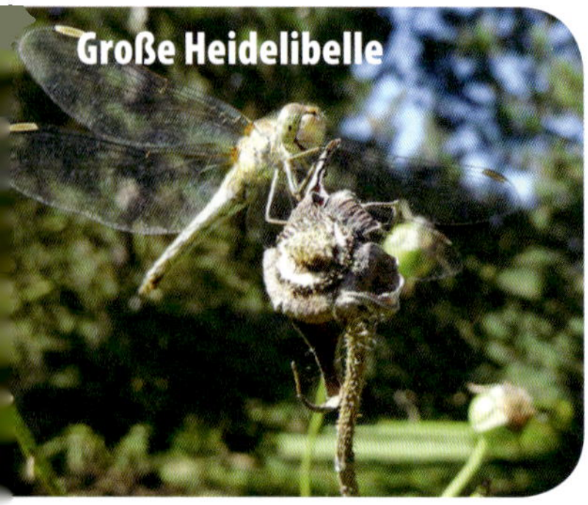

Noch eine Zeit lang können wir am Wasser entlang die gute Luft atmen, dann überqueren wir rechts eine Holzbrücke und gehen weiter rechts. Dann haben wir wieder den Teich im Blick und biegen 200 Meter weiter links ab. Nach einer längeren Strecke machen wir bei einer Gabelung eine Linkskurve, dann gehen wir rechts, links, und wieder rechts in einen Sandweg hinein. An der **Fritz-Schumacher-Allee** steuern wir rechts und gleich links auf die schöne Zierkirschenallee mit Wildblumenflächen für mehr Artenvielfalt in Richtung **U-Bahn.** Auf dem Weg dorthin kehren wir noch ins **Eiscafé Jacob** 6 ein.

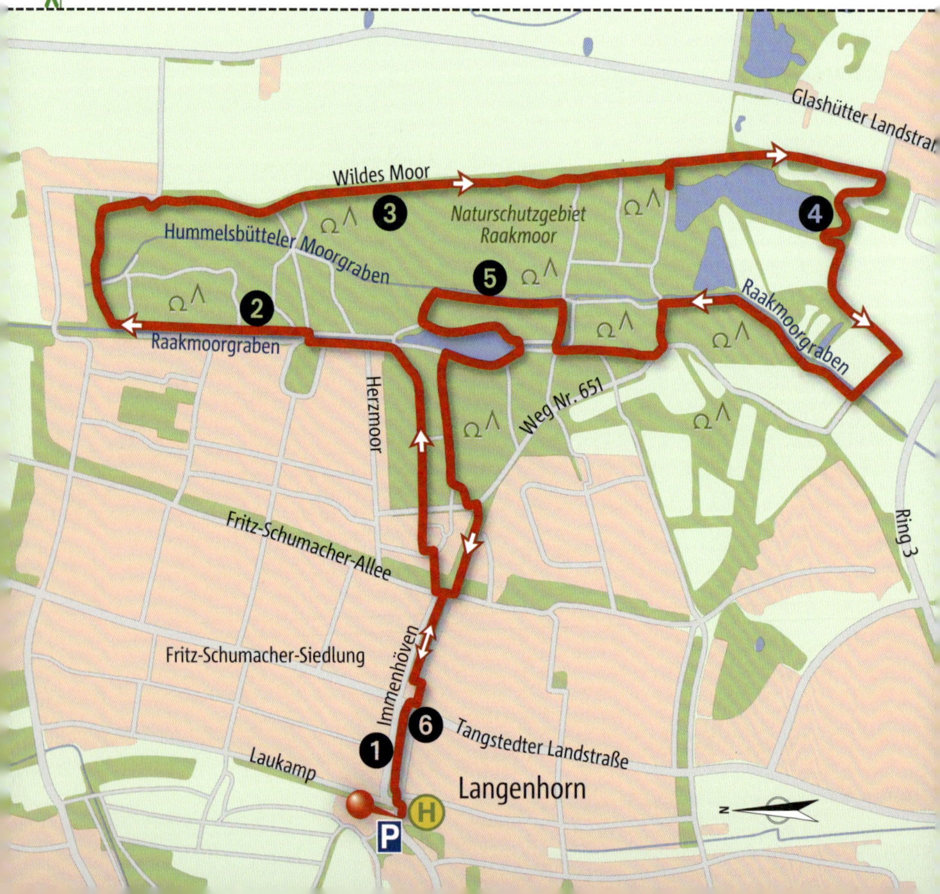

Entspannung ✱✱✱✱✱
Genuss ✱✱✱✱✱
Romantik ✱✱✱✱✱

WIE & WANN:
Wald-, Feld-, Asphaltwege, Bohlenweg; ganzjährig lohnend. Das Raakmoor liegt in der Einflugschneise des Flughafens.

HIN & WEG:
Auto: P+R, Foorthkamp 65–69, 22419 Hamburg (GPS: 53.661515, 10.016750)
ÖPNV: U 1, Haltestelle Langenhorn-Nord, Ausgang Immenhöfen

ESSEN & ENTSPANNEN:
Eiscafé Jacobs ❻ Immenhöven 23, 22417 Hamburg, Tel. (0 40) 5 20 55 99, www.eiscafe-jacobs.de

ENTDECKEN & ERLEBEN:
Zierkirschbaumallee der Fritz-Schumacher-Siedlung ❶
Grenzstein No. 8 ❷
Aussichtsplattform ❸
Großer Ziegeleiteich ❹
Bohlensteg ❺

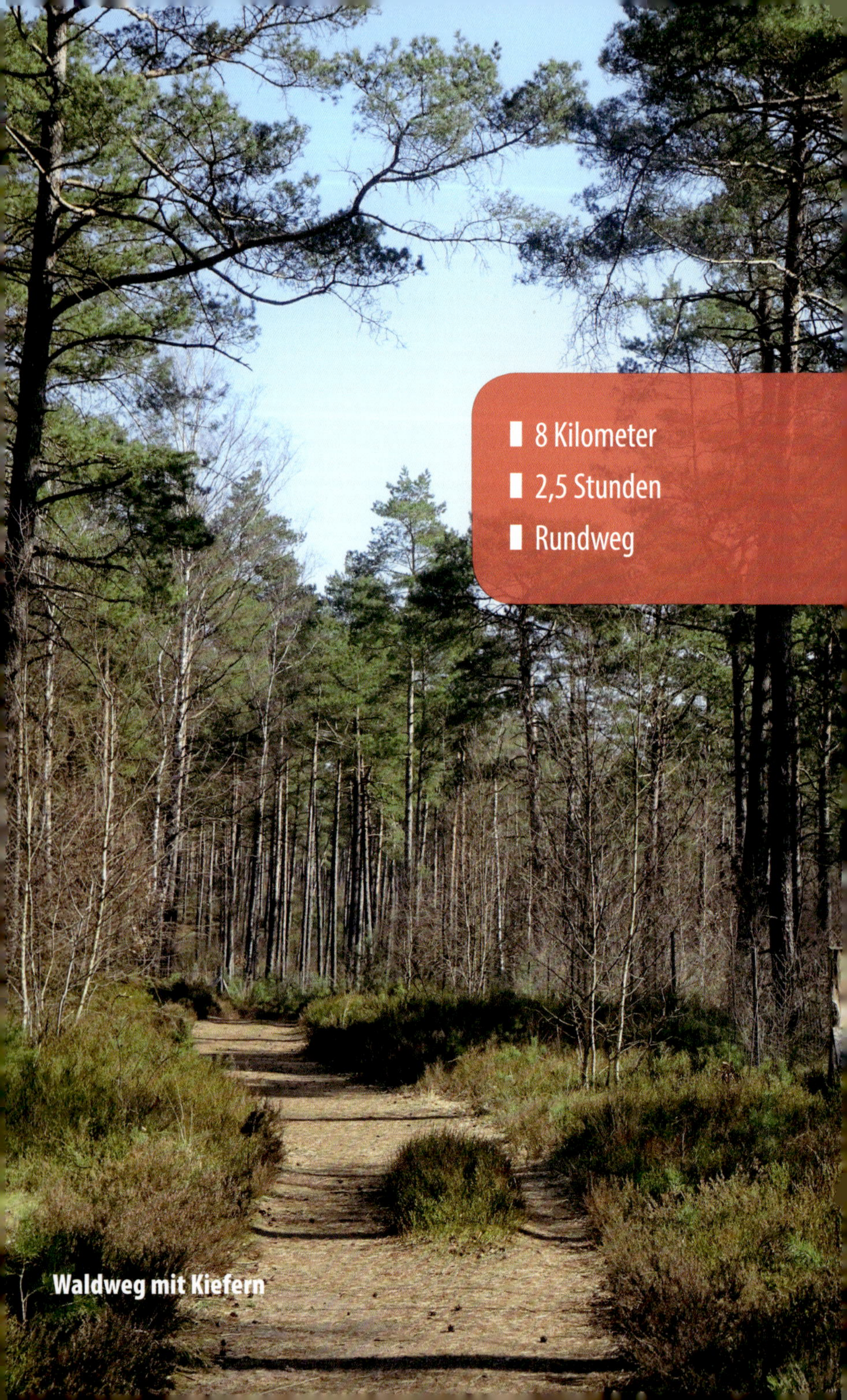

- 8 Kilometer
- 2,5 Stunden
- Rundweg

Waldweg mit Kiefern

Auf unserer Wanderung wechseln sich hügelige Heideflächen, lichtdurchflutete Wälder und Täler ab. Dazu gibt es spannende Infos zur Waldentwicklung und einen grandiosen Ausblick in 129 Metern Höhe.

Vom **Bahnhof Sprötze** wenden wir uns dem rechten Ausgang unter den Schienen hindurch zu und halten

Rundumblick

Verliebt in die Sprötzer Natur

uns rechts. Dann folgen wir links der **Lehrer-Schwägermann-Straße** leicht aufwärts, bis wir auf die Königsstraße stoßen – linker Hand liegt das Schützenhaus, in dem regelmäßig gefeiert wird. Jetzt stehen wir vor drei Waldwegen. Die Entscheidung fällt auf den mittleren, den **Lönsweg,** benannt nach dem Heidedichter mit bewegter Biografie. Es geht bergauf.

*Die Untere Naturschutzbehörde hat in der **Sprötzer Heide** Maßnahmen ins Leben gerufen, um Nutzwald in eine „wertvollere" Landschaft mit norddeutschem Charakter überzuleiten. Bedrohte Arten sollen wieder angelockt werden. Hierzu bietet man Informationen für Anwohner und Schulen.*

Seit den 1920er-Jahren haben hier viele Leute Grundstücke erworben. Die Bauern waren mittellos und mussten Land verkaufen oder auf Erbpacht vermieten. So entstanden zunächst Wochenendhäuschen – sie liegen versteckt im Wald. Während des Zweiten Weltkriegs flohen Familien mit ihren Kindern vor den Bombardierungen in Hamburg hierher, blieben und bauten ihr Domizil aus.

Wir kommen auf den **Dependahl-Weg,** schwenken nach links, wandern aber nicht auf der Straße, sondern dem parallel dazu verlaufenden schmalen Waldpfad. Hier wachsen die hübschen „Bickbeeren-Büschel", auch Blau- oder Heidelbeeren genannt. Die Sträucher werden oft mit Tulpen aufgelockert, und die reifen Beeren sind schmackhaft zum Eierkuchen. Die Sonne blitzt durch

*Das frühere Heidegebiet, das erst dicht mit Bäumen bepflanzt, aber neuerdings durchforstet und gelichtet wurde, bietet den **Bickbeeren** eine ideale Basis. Deren Samen bleiben jahrelang keimfähig. Wenn die Bäume verschwänden, wüchse die Licht und nährstoffarmen Boden liebende Heide.*

den Kiefernwald, und gerade im beginnenden Frühling, wenn alles anfängt zu blühen und zu sprießen, ist der modrige, erdige Duft ganz besonders intensiv.

Der Waldweg verläuft kurz rechts und bei einer Kreuzung links, dann eine längere Strecke immer geradeaus, auch bei der kommenden Gabelung. Wir steigen über knorrige Wurzeln, die aus der Erde ragen. Die Natur wird von fließenden Übergängen bestimmt – Wald, Lichtung oder Heide. Man lichtet dieses Gebiet bewusst, um es dann an anderer Stelle dichter werden zu lassen, sodass alle Tiere, vom Reh über Amphibien bis zu Reptilien, ihren geeigneten Lebensraum finden. Die Bäume, die hier stehen, wurden bis auf wenige Ausnahmen nach dem Zweiten Weltkrieg von „Kulturfrauen" oder „Pflanzfrauen" angepflanzt. Die niedersächsischen Mischwälder mit ihrer Fülle an Baumarten gäbe es ohne diese Frauen nicht.

Wir atmen ruhig und fühlen uns tiefenentspannt. Ringsum sind neue Wege mit Gras und Mulch sowie Zäune gegen Wildverbiss angelegt. Gerade bei strahlendem Sonnenschein im April spendet der Laubschirm großzügig Schatten. Wir erreichen die **Übersichtstafel „Wilde Wälder" ❶.** Da hören wir plötzlich ein Knistern in den Höhen. Wir halten inne. Dann wieder dieses zarte Knacken über uns, ganz deutlich vernehmbar. Das sind die Kienäpfel in den Tannenzapfen, die sich zu dieser Jahreszeit bei Wärme ausdehnen. Manchmal wundert man sich über Tannenzapfen, die in Spalten der Bäume eingekeilt sind. Das tut der Specht, um Samen herauspicken zu können.

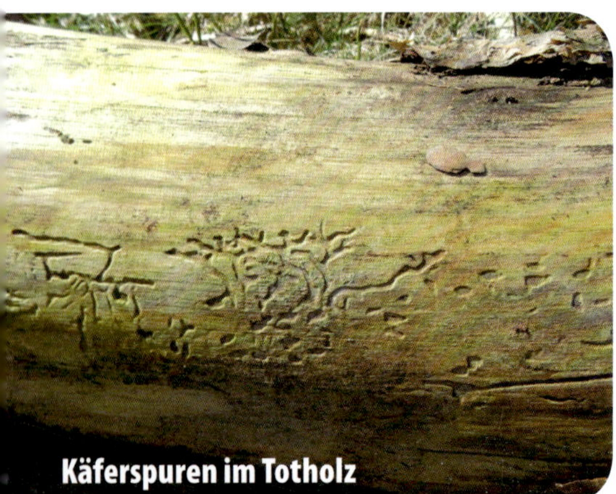

Käferspuren im Totholz

Danach schlägt sich unser befestigter Weg links Richtung **Sprötze,** an der Einbiegung **Am Kleinen Brunsberg** vorbei. Links taucht der Wasserspeicher von Sprötze auf, an dem wir gegenüber, rechts, in den Wald hineinspazieren. Überall treiben dickblättrige Pflanzen aus dem Boden, die sich im Juni durch edle Blütenkerzen als giftiger Fingerhut offenbaren.

Für die Seele

Wir streifen zwischen Blaubeersträuchern dahin, durch lichte Wälder und lila Heideland – und genießen einen besonderen Panoramablick.

Wir biegen links wieder in einen urigen Waldweg ab. Hier hat man eine Kuhle für Gartenabfälle angelegt, um kontrolliert Gewächse entnehmen zu können, die dem Wald schaden – wie Knöterich oder Giersch.

Nun kommt schon die nächste **Schautafel: „Hirschkäferwald" ❷.** Man hört das laute Brummen dieser Käfer an lauen Sommerabenden. Wo süßer Baumsaft aus dem Eichenstamm tritt, treffen sie sich, um Energie zu tanken und um Weibchen zu kämpfen. Zu viel vergorener Saft macht sie aber betrunken, dann sind sie leichte Beute für Elster oder Krähe. Die Hirschkäfer leben nur bis zu acht Wochen, als Larve sieben Jahre in abgestorbenen Stümpfen.

*So wie die „Trümmerfrauen" nach dem Krieg Steine geklopft haben, forsteten **„Pflanzfrauen"** Kahlflächen auf. Zu ihrer Würdigung gab es auf der Rückseite der 50-Pfennig-Münze die Abbildung einer knienden Frau, die eine Eiche pflanzt.*

Gleich dahinter stoßen wir auf die **Informationstafel „Neuer Urwald" ❸.** Hier wenden wir uns aber nach rechts, denn unsere Route verläuft nicht in den Urwald hinein. Am Ende des Pfades gehen wir wieder rechts an verstreuten Anwesen vorbei. Wenn wir genauer hinsehen, ist dies ein typischer Kiefernwald, der wahrscheinlich in der Nachkriegszeit von den „Pflanzfrauen" angelegt wurde. Je nachdem, wo man steht, sieht man, dass die Frauen Reihen gepflanzt haben, die

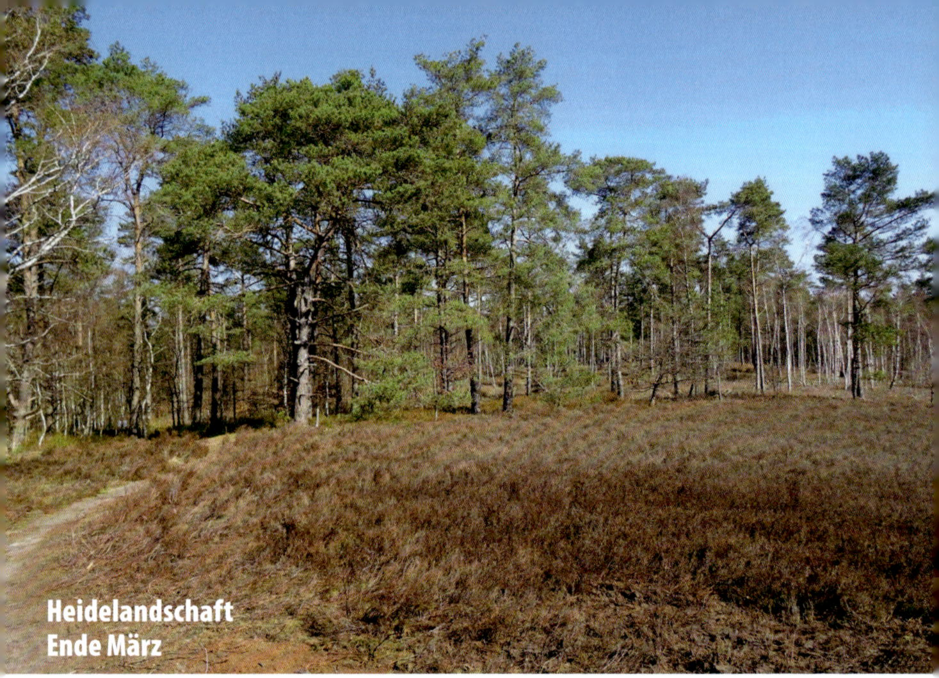

Heidelandschaft Ende März

damals viel enger standen. Der Wald ist inzwischen durchforstet worden, weil entweder die Besitzer in die Holzwirtschaft investieren oder der Borkenkäfer, einer der gefährlichsten Schädlinge der Forstwirtschaft, den Wald befällt.

Bei einer T-Gabelung wandern wir links und kurz danach wieder rechts.

An der nun folgenden Kreuzung sind wir fasziniert vom punktuellen Übergang des lichten, offenen Laubwalds in Heidelandschaft. Mit etwas Glück begegnet uns eine Heidschnucken-Herde, deren Stall im Büsenbachtal liegt. Wir schreiten bedächtig über die Kreuzung hinweg, bis zu einem **Hinweisschild,** das rechts zur Kuppe des Brunsbergs weist. Herrlicher Mischwald von Kiefern und Birken, deren Blätter im Gegenlicht silbern schillern, breitet sich linker Hand aus. Zur anderen Seite haben Schoppermaschinen die Heidefläche umgewühlt. Was wie Zerstörung aussieht, ist systematische Erhaltung: Ein Teil der Vegetationsschicht und teilweise auch die Rohhumusauflage wurden abgetragen. Die Biomasse muss heraus, weil der Boden durch den sauren Regen überdüngt ist und so in ein paar Jahren ein Kiefernwald entstünde. Ein Jahr danach kommen schon wieder die jungen Triebe zur Blüte. Weitere Pflegemaßnahmen sind Plaggen, Entkusseln und Mähen.

Wir sind auf dem 129 Meter hohen **Brunsberg** 4 angelangt, eine der höchsten Erhebungen des eiszeitlichen Moränenzugs südwestlich von Buchholz. Von der imposanten, frei stehenden Bergkuppe hat man einen atemberaubenden Blick in alle Himmelsrichtungen. Von oben betrachtet zielen sternförmig angeordnete Wege, die zwischen dunkler Heide die Flanken des Buckels hinabstrahlen, auf den wie ein Ring angeordneten Wald. Dazwischen ragen Birken, krumm von den starken Winden, wie Wächter aus dem Heideteppich heraus. Auch im Frühjahr ist die bräunlich-rötliche Heide wunderbar anzuschauen. Noch keine 100 Jahre ist es her, dass kleine Bachläufe sich hier ihren Weg bahnten. Durch den Klimawandel sind deutliche Veränderungen entstanden, vor allem im Sinne einer Austrocknung.

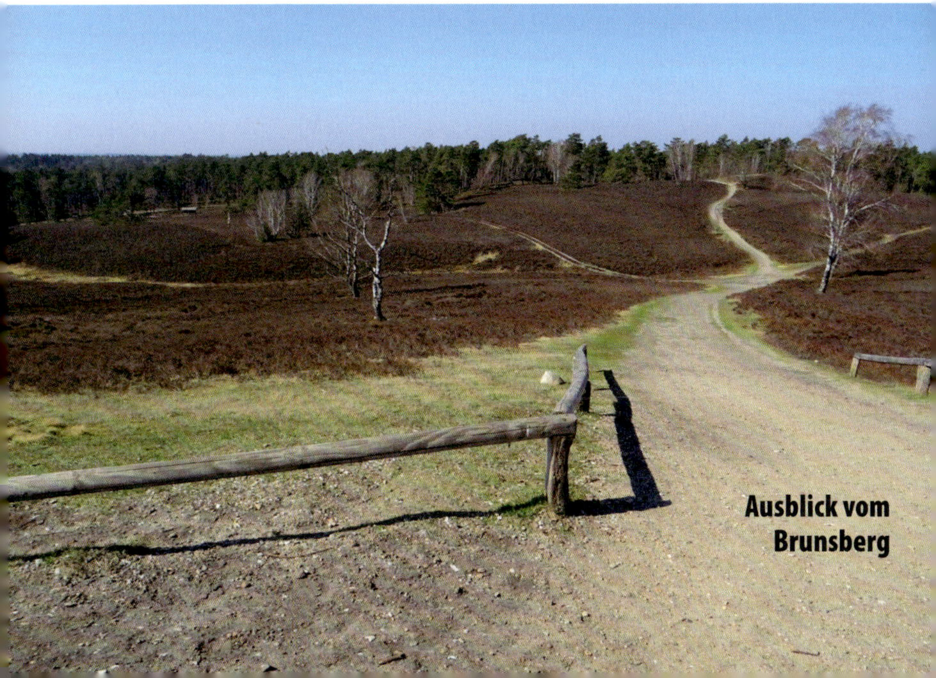

Ausblick vom Brunsberg

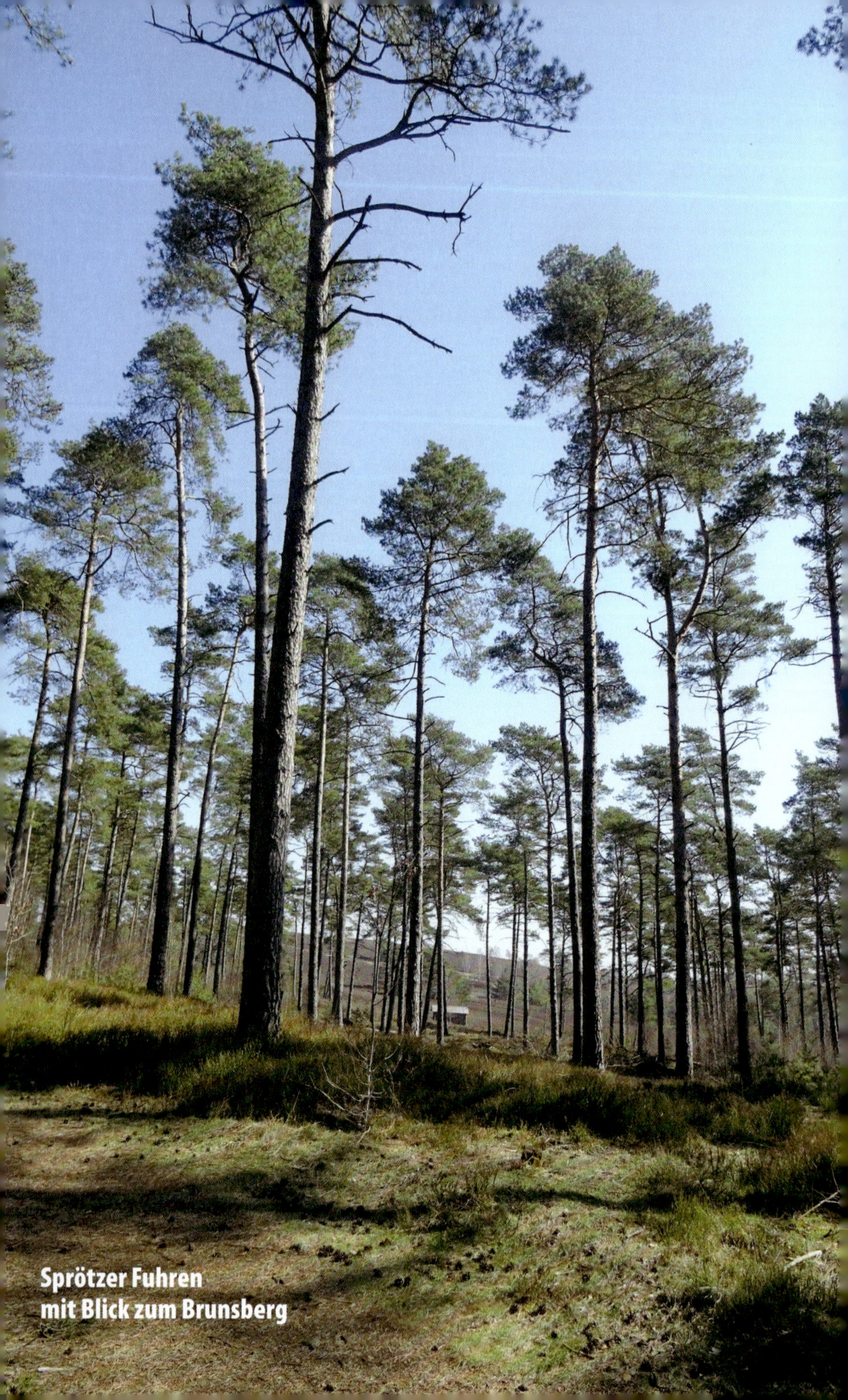

Sprötzer Fuhren
mit Blick zum Brunsberg

Wir steigen den Brunsberg nordwestlich, etwa im rechten Winkel zu unserem Aufstiegsweg, hinab, überqueren eine Straße, den Brunsbergweg, der rechts nach Sprötze führt, und spazieren direkt in einen Waldweg hinein. An zum Teil noch jungen Kiefern sind Nistplätze für Fledermäuse und Vögel angebracht.

Wir gelangen zur letzten **Übersichtstafel Sprötzer Fuhren 5** – der plattdeutsche Begriff für Kiefern. Der Wald weist einen ziemlich homogenen, etwa 60 bis 80 Jahre alten Kiefernbestand auf, der weit davon entfernt ist, altersbedingt in Zerfall überzugehen und Höhlen oder Totholz auszubilden. Deshalb wurde er durchforstet und mit Tausenden jungen Eichen bepflanzt, damit sich Lichtverhältnisse, biologische Vielfalt, Bodenvegetation, Stabilität und Vitalität der Bäume verbessern.

Wir wenden uns an einer Gabelung nach rechts und erblicken einen lichten Wald mit vielen Birken und neu gesetzten Eichen. Vor uns lädt eine Bank ein, die Übergänge von Wald- zu Heideflächen zu bestaunen. An dieser Stelle wird bewusst eine Schneise mit Sichtachse zum Brunsberg freigehalten. Dass sich hier unten ein so schönes Tal anschmiegt, konnte früher wegen des dichten Fichtenwalds niemand ahnen. Besonders wohltuend ist der Übergang von Schatten zu Halbschatten durch lichte Waldlandschaft, und ganz schnell können wir auch wieder im Freien mitten in der Heide sein.

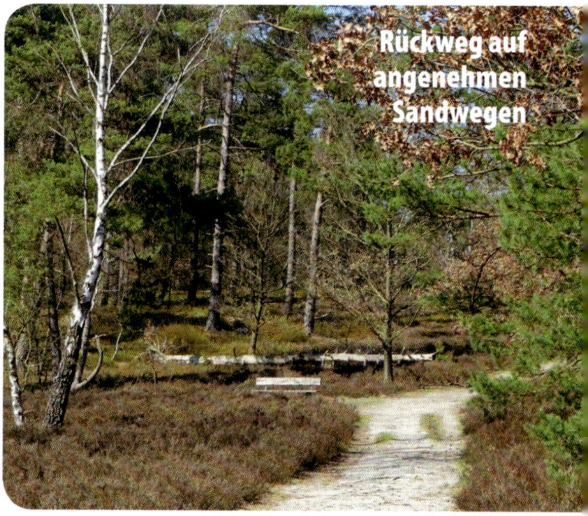
Rückweg auf angenehmen Sandwegen

Wenn wir zu einer Gabelung kommen, halten wir uns links und folgen dann einer Rechtskurve des Weges. An der folgen-

Panoramatour 7

*Verblüffend ist es, im April oder Mai im Wald mit einem Stethoskop die **Rinde** von Bäumen abzuhorchen. Oft kann man das Fließgeräusch der Säfte hören, die im Stamm aufsteigen.*

den Kreuzung biegen wir rechts ab und wandern eine ganze Weile immer geradeaus, einem angenehmen Sandweg folgend.

Wir erreichen erneut den Schotterweg **Dependahl,** den wir bereits kennen, schwenken nach rechts, bleiben aber diesmal länger dem Hauptweg treu und verlassen ihn erst, wo ein Waldweg rechts hochführt. Am **Brunsbergweg** orientieren wir uns links, gehen ein kleines Stück an einem Zaun entlang und gelangen wiederum links in den **Föhrengrund.** Nach Queren der **Königsstraße** erreichen wir die Straße **Sanderfeld,** biegen schließlich links in die **Bürgermeister-Kröger-Straße** ein, um vom Sprötzer Bahnhof aus die Rückfahrt anzutreten.

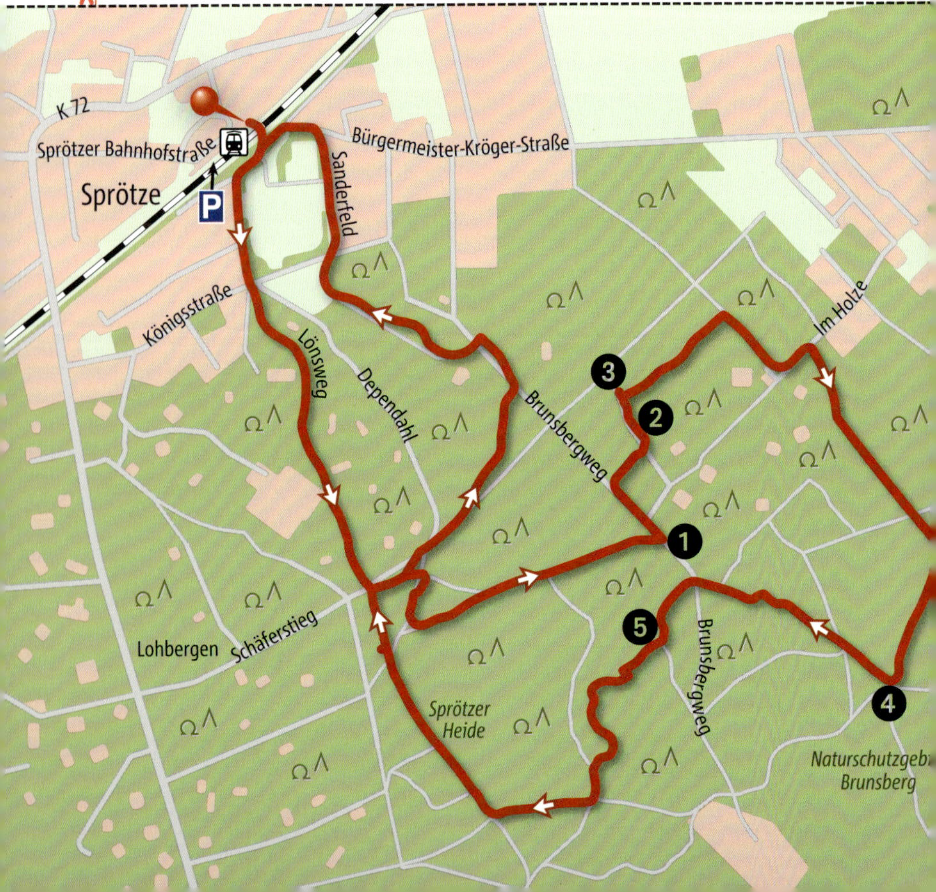

Alles auf einen Blick

WIE & WANN:
Waldwege, Sandpfade, teils asphaltierte Wege, Schotterwege; ergiebig zu jeder Jahreszeit – die Bickbeeren reifen Juli bis September.

Entspannung ✱✱✱✱✱
Genuss ✱✱✱✱✱
Romantik ✱✱✱✱✱

HIN & WEG:
Auto: P+R, Bahnhofstraße 1, 21244 Buchholz (GPS: 53.309759, 9.811978)
ÖPNV: RB 41, Bahnhof Sprötze

ESSEN & ENTSPANNEN:
Keine Einkehrmöglichkeit unterwegs; bitte an Rucksackverpflegung denken!

ENTDECKEN & ERLEBEN:
Übersichtstafel „Wilde Wälder" ❶
Übersichtstafel „Hirschkäferwald" ❷
Übersichtstafel „Neuer Urwald" ❸
Brunsberg ❹
Übersichtstafel „Sprötzer Fuhren" ❺

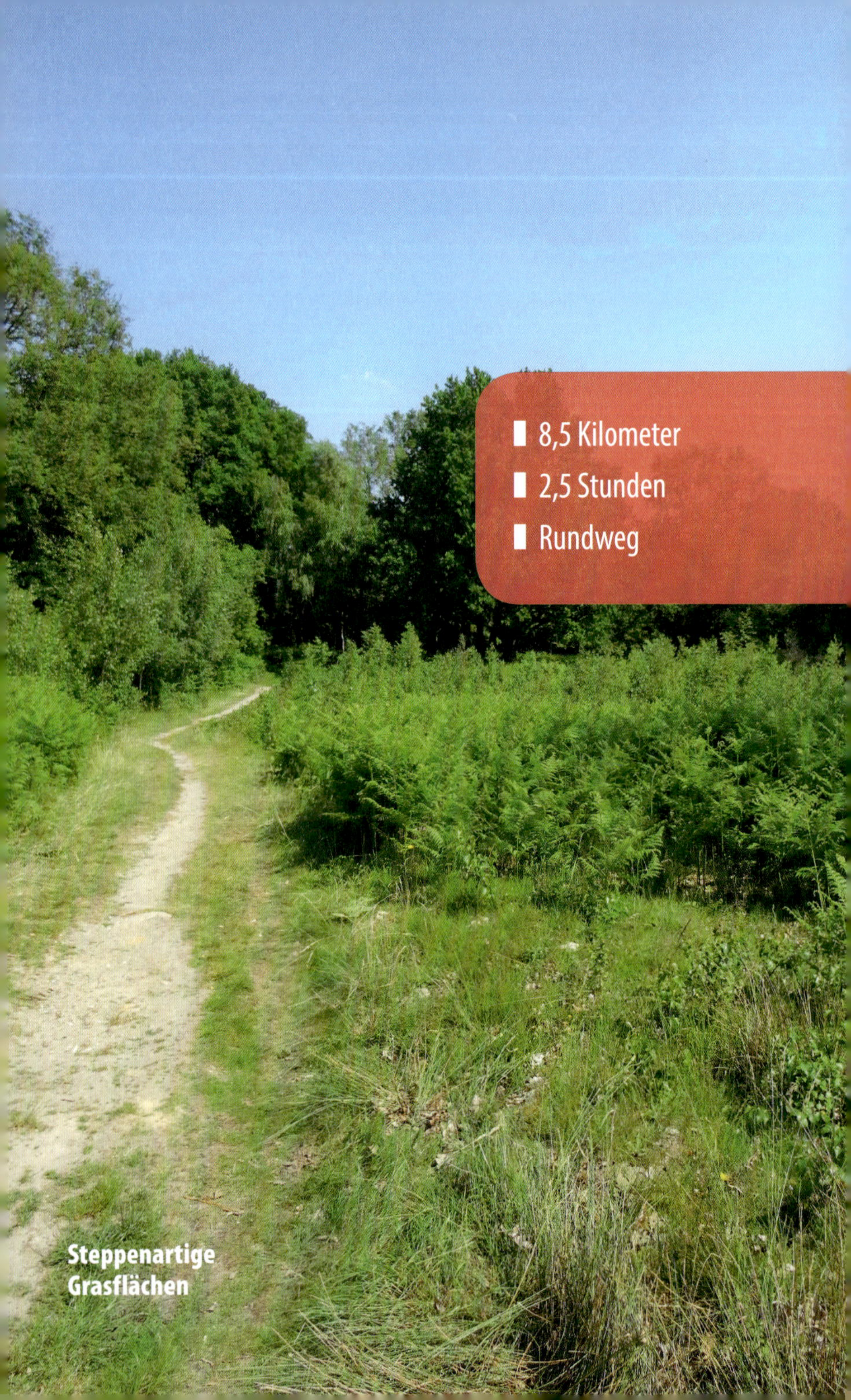

- 8,5 Kilometer
- 2,5 Stunden
- Rundweg

Steppenartige Grasflächen

Es ist später Nachmittag eines heißen Junitags und kaum ein Mensch unterwegs. Gegenüber der Endhaltestelle unseres Busses begrüßt uns ein Meer von blaulila Lupinen, die auf einer wilden Trockenwiese prächtig gedeihen. Zwischen diesen Schönheiten kämpfen kleine purpurne Wiesen-Flockenblumen um

Im Savannenland

Höltigbaum & Stellmoorer Tunneltal

Aufmerksamkeit; sie erinnern von ihrer Blütenform an Kornblumen.

Wir gehen geradeaus über die Straße und nehmen rechts einen kleinen Patt mit Birken. Rechts von uns liegen Bürokomplexe, doch in nur wenigen Minuten tauchen wir in absolute Wildnis ein. Wo es geradeaus nicht mehr weitergeht, wenden wir uns links und befinden uns auf einem betonierten Weg. Die Strecke vermittelt uns den ersten Eindruck von der „halb offenen Weidelandschaft" des **Naturschutzgebiets Höltigbaum.** Wir nehmen am Wegesrand den würzigen Geruch der Wilden Möhre wahr und gelangen zum **Haus der Wilden Weiden** ❶ rechts von uns. Es bietet umfangreiche Informationen zum Naturschutz-Areal mit Verkauf kulinarischer Spezialitäten – das Fleisch stammt von Rindern, die hier als „Öko-Rasenmäher" ihren Dienst tun.

*Die Ausstellung im **Haus der Wilden Weiden** erklärt die Entstehung des Gebiets, das Konzept der Beweidung sowie die biologische Vielfalt und hält drei kürzere Runden mit entsprechenden Markierungen bereit: „Entdeckerpfad", „Gletscherspur" und „Gallo-Way".*

Wir gehen etwa 25 Meter links den **Eichberg** weiter und biegen bei einem Betonpfeiler rechts in ein Waldgebiet ab. Auf unbefestigten Wegen kommen wir von der brennenden Sonne in geschützte Kühle. Wir wandern geradeaus, später geht es bergab, dann scharf

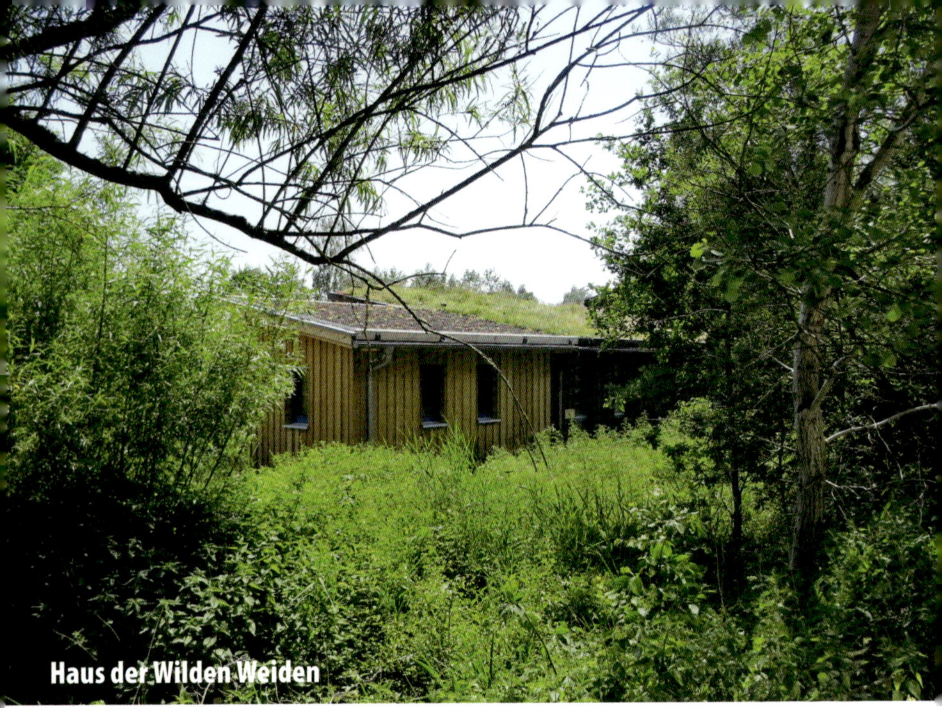

Haus der Wilden Weiden

links an dem Gelände einer Hundeauslaufwiese entlang. Vor gar nicht langer Zeit war der Höltigbaum eine militärische Sperrzone, die jahrzehntelang durch die Ketten von Panzern umgepflügt wurde. Heute erstrecken sich an diesem Ort endlos weite Wiesen, auf denen sich mächtige Galloways oder Heidschnucken langsam durch das Grasland bewegen.

Nach etwa 500 Metern schwenken wir rechts in einen Pfad ein, es gibt eine Bank zum Ausruhen, und dann erscheint eine ganz kleine und eng mit Grün bestückte, von Mücken und Fliegen umschwirrte Welt. Hier zeigen sich schon charakteristische Biotope des Stellmoorer Tunneltals, das direkt am Höltigbaum angrenzt und das uns bald aufnehmen wird, mit schilfartigen Gewächsen und Sumpfpflanzen.

Wir folgen der Route bis zu einer Gabelung und spazieren rechts weiter, vorbei an uralten hohen Eichen. Es zwitschert von allen Seiten in diesem Idyll. Wir balancieren über Holzschwellen-Abschnitte und queren die **Wandse,** die sich hier noch unglaublich unberührt in vielen kleinen Bögen ihren Weg bahnt.

*Der Höltigbaum wird von der **Wandse** durchzogen. Da das Wasser der ursprünglichen Quelle umgeleitet wurde, wird sie heute in diesem Bereich ausschließlich vom Niedrigwasser der näheren Umgebung gespeist und fällt ab Mai trocken.*

Ab und an öffnet sich der Blick auf weite Graslandschaft. Langsam gelangen wir in das **Stellmoorer Tunneltal.** Wir streifen Streuobstwiesen rechts, wandern immer weiter geradeaus und kommen auf dem **Herdenpfad** in eine zivilisierte Gegend. Doch auch Bauwagen und Biogärtchen existieren hier.

Für die Seele

Endlose, steppenartige Wiesen, abwechslungsreiche Hügellandschaft und kleine Bachläufe verzaubern uns – Tiefenentspannung vorprogrammiert!

Unser Weg führt rechts weiter, parallel zu den Gleisen der Bahnlinie Hamburg–Lübeck nordöstlich den **Hagenweg** entlang. Dann biegen wir rechts in den **Bullenbarg** und wieder links in den **Grotmannskroog,** wo uns geschnitzte Holzskulpturen ins Auge fallen. Bei der nächsten Gabelung führt uns ein naturbelassener Weg rechts mitten in das **Stellmoorer Tunneltal.** Es entstand zur Weichsel-Kaltzeit, als Schmelzwasser von Gletschern abfloss und sich in die Landschaft grub.

Wir nähern uns dem mit 79 Metern höchsten Berg von Wandsbek. Er und die umliegenden Berge sind erstaunlicherweise aus Müll entstanden, der in den 1970er-Jahren am Ostrand des Tals aufgetürmt wurde. Es ist geplant, das Gebiet als Naherholungsgebiet zu öffnen, doch da immer noch Gase entweichen, ist der Berg momentan noch gesperrt.

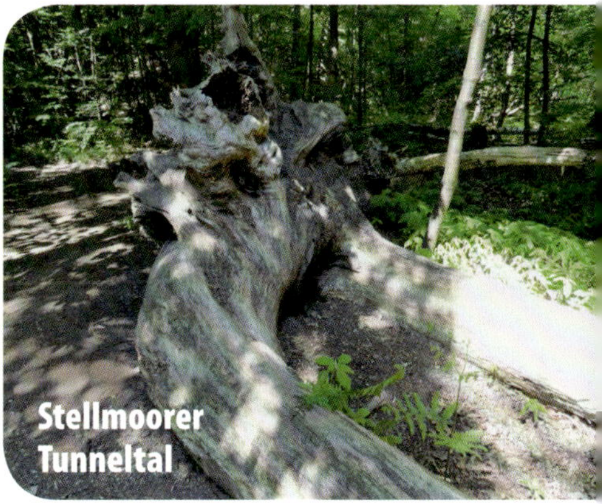

Stellmoorer Tunneltal

Bei der ersten Gabelung halten wir uns rechts. Hier fällt uns ein

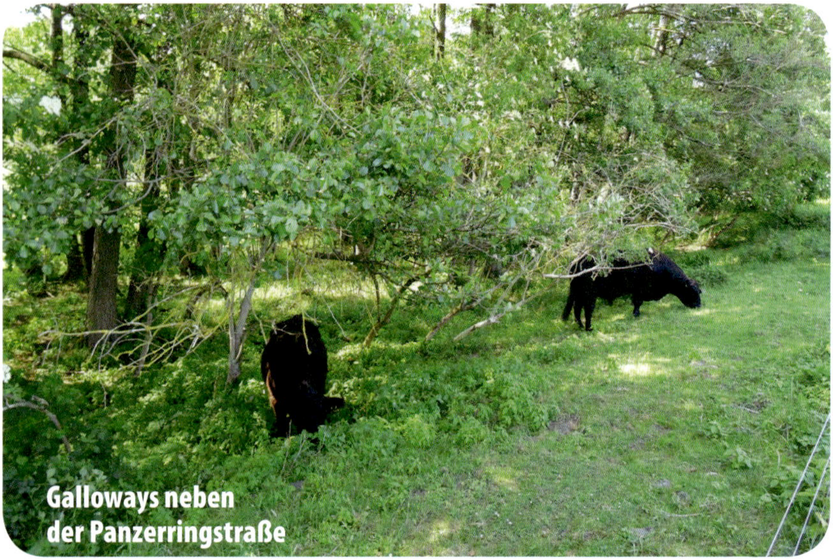

umgestürzter Baum auf, der, ohne Rinde knochenfarben, ein bisschen aussieht wie ein Skelett eines Dinosauriers aus prähistorischer Zeit.

Jetzt begegnen wir einer wahren Feen-Farn-Landschaft, hauptsächlich von Schwarzerlen, Traubenkirschen, Birken, Seggen, Farnen und Moosen besiedelt. Das ist berauschend, faszinierend, es lässt unsere Herzen höherschlagen.

Der Weg gabelt sich erneut. Wir halten uns links, unsere Route führt, sozusagen in Zungenform, links hoch in den Wald hinein. Die gerade noch verwunschene Landschaft hat sich jetzt wieder in einen Waldweg mit Eichen und Buchen verwandelt.

Scharf rechts biegen wir an einem abgezäunten Bereich der einstigen, heute abgedeckten und begrünten Mülldeponie ein. Birken versuchen sich hier ein neues Domizil zu erobern. Wir beschreiten einen festen, 2 Meter breiten Weg und erreichen ein großes **Rückhaltebecken der Wandse 2,** das eine Biotopschutzfläche für viele Wasservögel bietet – gerade verharrt ein bewegungsloser Graureiher vor uns im Flachwasser. Unübersehbar erhebt sich im Hintergrund der Hamburg-Rahlstedter Sendemast.

Danach winden wir uns durch zwei quietschende Gatter. Linker Hand betreten wir einen schönen Abschnitt auf einem unter den Füßen federnden Sandweg. Zu beiden Seiten erblicken wir große Wiesenflächen, bestanden mit einzelnen Weißdornbüschen. Hoch und runter geht es, und auf den Magerrasenflächen, die auf trockene, gut durchlüftete Böden angewiesen sind, sehen wir Johanniskraut, Schmielenhafer und verschiedene Beeren- und Schlehenarten. Die Aussicht, die Luft und das Licht reichen für unsere Tiefenentspannung voll und ganz aus.

Nach einer ganzen Weile verlassen wir diesen schönen Weg und wenden uns nach rechts, öffnen ein quietschendes Weidetor und stoßen links auf einen 3 Meter breiten Feldweg. Kurz darauf befinden wir uns auf einer ausgedienten **Panzerringstraße ③.** In ihren Rissen sieht man, wie sich die Pflanzenwelt das Terrain zurück-

*Bis 1992 war im **Höltigbaum** die Panzergrenadierbrigade 17 stationiert. Ihr Übungsgelände blieb von Pestizideinsatz und Düngung verschont und in der durch die Ketten der Panzer aufgerissenen Vegetationsschicht siedelten sich seltene Pflanzen und Tiere an.*

Lupinenwiese im Höltigbaum

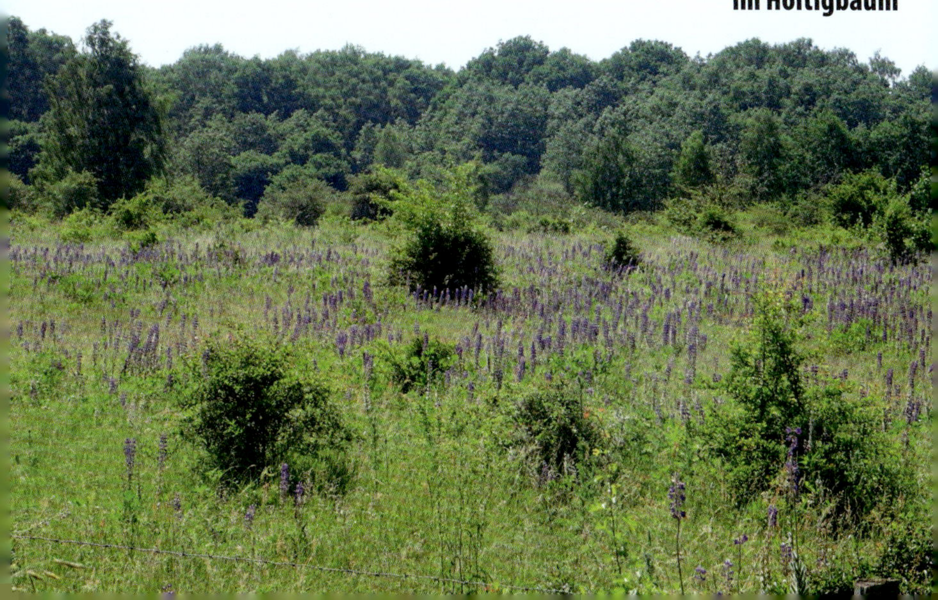

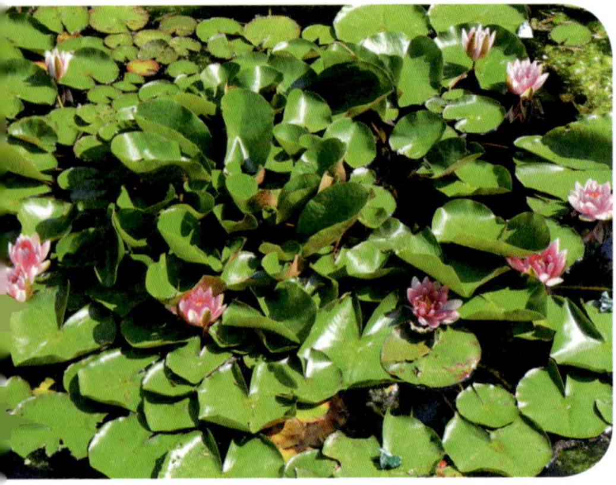

erobert, und so haben wir auch hier das intensive Gefühl, der Natur nahe zu sein. Wir sind überrascht von dieser weiträumigen Offenlandschaft, die dem Gebiet einen steppenartigen Charakter verleiht.

Wir haben bis jetzt 4,3 Kilometer, also die Hälfte unseres Weges, zurückgelegt. Immer links halten wir uns, Richtung Norden – auch bei der nächsten Kreuzung, wo uns der Weg über die ehemalige Panzerstraße hinwegführt. Wir treffen auf friedlich grasende Galloways und queren die **Wandse.** Der Wind saust uns um die Ohren.

Gegenüber dem 250 Meter hohen **Sendeturm** laufen wir rechts hinein und kommen wieder durch kleine Weidepforten. Der Wanderweg setzt sich in einem Redder fort, ist also, wie häufig in der Gegend, von Wallhecken oder Knicks gesäumt. Diese bieten vielen gefährdeten Vogelarten einen Lebensraum. Wir befinden uns in einem der bevorzugten Brutgebiete des Neuntöters, da ihm diese von Schlehen-, Weißdorn- und Wildrosenhecken durchzogene Graslandschaft ausreichend Schutz und Nahrung bietet.

Wir betreten durch eine weitere Pforte wieder die **Panzerringstraße** und marschieren auf ihr rechts weiter, gen Süden. Beim Queren der **Wandse** nennt sich die ehemalige Panzerringstraße **Höltigbaum,** da wir uns wieder im gleichnamigen Schutzgebiet bewegen. Auch auf der Betonstraße stellt sich Entspannung ein. Diese urbanen Wege sind in gutem Zustand, wir können uns ganz der Betrachtung der Natur hingeben, anders als bei kleinen Wildwegen, auf denen jeder Schritt Konzentration erfordert.

Wir verlassen den Betonplattenweg nach etwa 700 Metern und schwenken links an einer Bank vorbei in einen Sandweg, um dann gleich rechts wieder einen Pfad in einen kleinen Dickichtwald einzuschlagen. Wir spannen jetzt einfach mal abseits der Hauptstraße aus und lassen uns zum ruhigen Anschauen durch ein hier angebrachtes Fernrohr anregen. Die leicht hügelige Geländestruktur mit offenen Weideflächen, auf denen vereinzelt der Eingriffelige Weißdorn blüht, ist zum Greifen nah. Die auffallend kompakte Form des Weißdorns liegt an den Weidetieren, die sich an den Dornen beim Fressen nicht stören. Die Pflanze verlangsamt daraufhin ihr Wachstum, bildet kürzere Triebe aus und nimmt schließlich rundlichere Formen an. Zudem sollen die Tiere ja den aufkommenden Bewuchs niedrig halten, damit die Landschaft ihren halboffenen Charakter behält und nicht von Buschwerk oder Birkenwäldchen überwachsen wird. Ringsrum sieht man immer wieder auch herrliche alte Eichen. Wir gehen auf schmalen, kleinen Wegen und haben dieses gigantische Land dazu: die

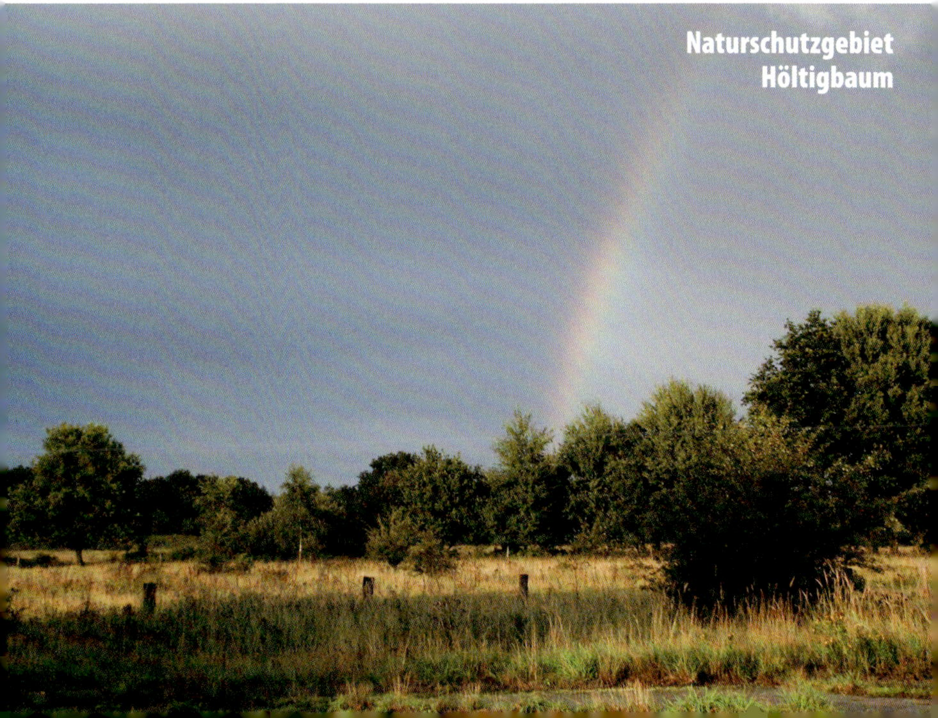

Naturschutzgebiet Höltigbaum

savannenartigen Grasfluren des Höltigbaums mit Rotschwingel oder Rotem Straußgras. Die Augen werden gar nicht satt.

Wir gelangen in einer Rechtskurve zur Panzerstraße, queren diese, spazieren weiter geradeaus und folgen dann einem kleinen Weg links, der sich parallel zur Betonstraße erstreckt. Wir kommen an die Straße **Höltigbaum** und biegen links auf sie ein. Die zweite Abzweigung rechts bei den Findlingen führt uns zum Ausgangspunkt unserer Wanderung zurück. Am Rand des schmalen Pfads hat sich ein kleiner Tümpel gebildet, auf dem pinke Seerosen blühen und uns gelbe Sumpf-Schwertlilien unter blauem Himmel beeindrucken.

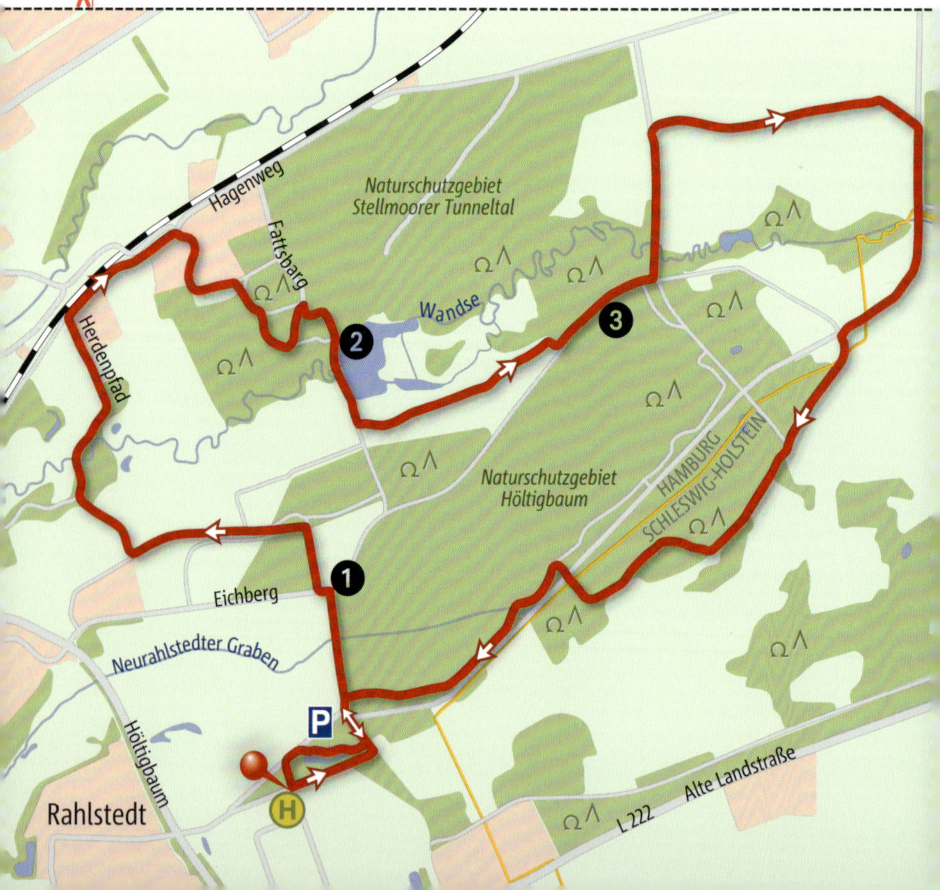

Alles auf einen Blick

WIE & WANN:
Als Fuß- und Radweg gekennzeichnete Pfade, gut begehbare Wege, einige Abschnitte über Beton- und Schotterstraßen; ganzjährig schön

Entspannung ★★★★★
Genuss ★★★★☆
Romantik ★★★☆☆

HIN & WEG:
Auto: Parkplatz Neuer Höltigbaum, 22143 Hamburg (GPS: 53.612840, 10.184443)
ÖPNV: RB 81, Bahnhof Rahlstedt, von dort Bus 29 (Mo.–Fr.), Haltestelle NSG Höltigbaum oder Bus 562, Haltestelle Eichwischen

ESSEN & ENTSPANNEN:
Haus der Wilden Weiden ❶ siehe ENTDECKEN & ERLEBEN

ENTDECKEN & ERLEBEN:
Haus der Wilden Weiden ❶ Eichberg 63, 22143 Hamburg, Tel. (0 40) 18 04 48 60 10, www.Haus-der-Wilden-Weiden.de
Rückhaltebecken der Wandse ❷ im Stellmoorer Tunneltal
Ehemalige Panzerringstraße ❸

Wasserkunst
Elbinsel Kaltehofe

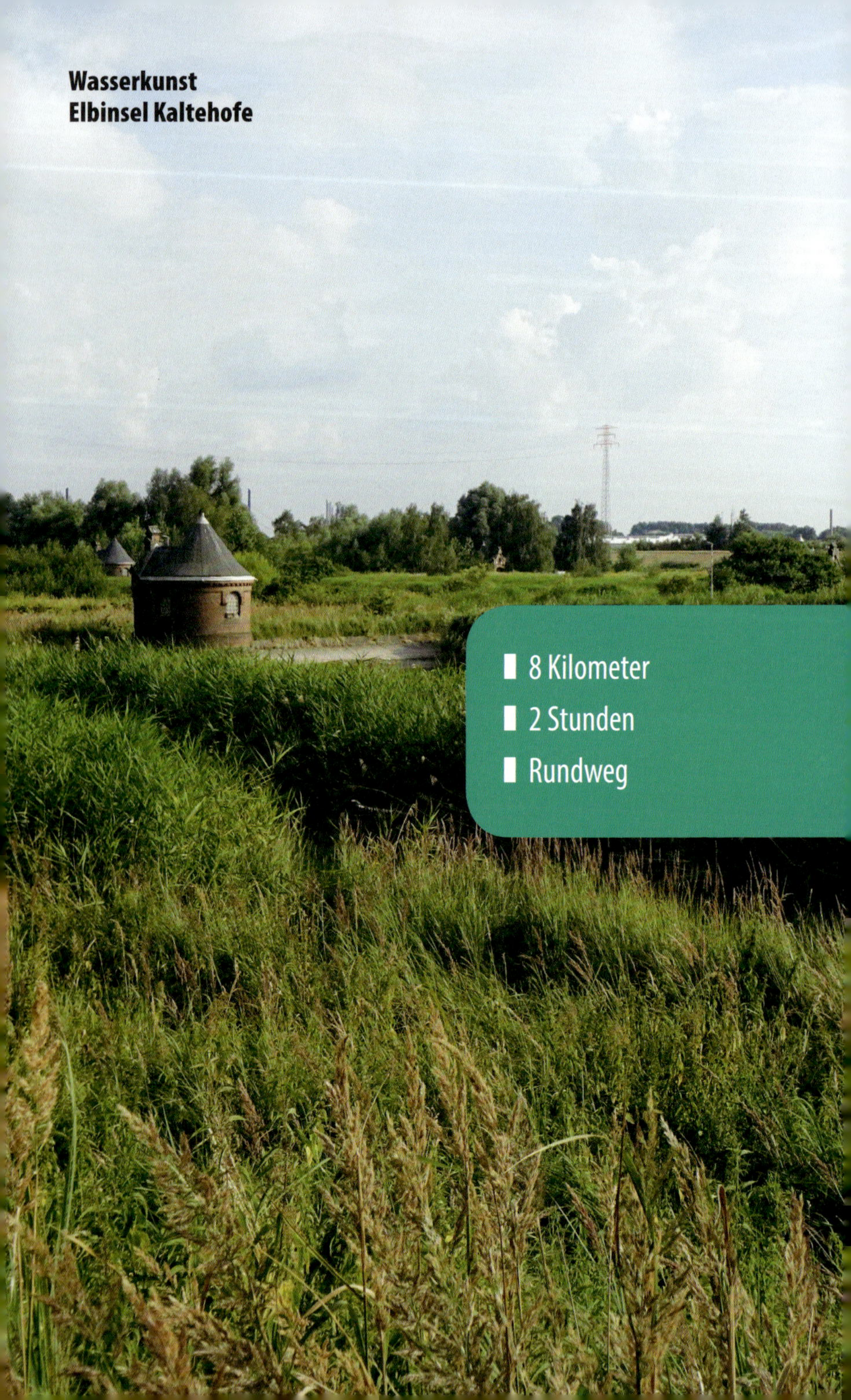

- 8 Kilometer
- 2 Stunden
- Rundweg

Die Tour beginnt gleich mit einer fantastischen Aussicht von den Elbbrücken. Wir lenken unsere Schritte zum **Ausgang Elbbrücken/Zweibrückenstraße** der lichtdurchfluteten S-Bahn-Station, überqueren die **Billhorner Brücke/Neue Elbbrücke,** um dann rechts in den **Alexandra-Stieg** einzubiegen.

Wir befinden uns in **Rothenburgsort.** Die ganze Zeit schon haben wir die Insel **Entenwerder** im Blick und erreichen sie nun über eine Fußgängerbrücke. Wir halten uns links und wandern an markanten Baumreihen, frei wachsenden Hecken, Strauch- und Wildstaudenpflanzungen im **Elbpark Entenwerder** ❶ vorbei.

Auf einem 10 mal 60 Meter großen Ponton taucht rechts von uns der mittlerweile verblichene, aus gelochtem Messing bestehende Goldene Pavillon auf, den wir auf dem Rückweg noch mal genauer inspizieren werden.

*Der **Alexandra-Stieg** hat seinen Namen von der Künstlerin Alexandra. Sie lebte zu Beginn ihrer Karriere in einem Mehrfamilienhaus in Rothenburgsort. Mit ihrem Song „Mein Freund, der Baum" widmete sie sich bereits in den 1960er-Jahren Umweltthemen.*

Elbinsel-Zeit

Von Entenwerder nach Kaltehofe

Wir gehen jetzt den Entenwerder Stieg entlang und dann rechts einen Deich hoch, der einen Teil des Hamburger Stadtteils Rothenburgsort vor dem Hochwasser der Billwerder Bucht schützt. Hinter uns ragt das Wahrzeichen von Rothenburgsort auf, der 1848 nach Plänen von Alexis de Chateauneuf erbaute, 64 Meter hohe **Wasserturm.** Hier liegt auch einer der ältesten Parks der Hansestadt, der nach dem Senator Traun benannte **Traunspark.** Er wurde bereits im 18. Jahrhundert angelegt und vom ersten Gartenbaudirektor der Stadt, Otto Linne, um 1914 neu gestaltet. Hügelige

*Seit 1997 ist die abgerundete Spitze am westlichen Ende der Elbhalbinsel **Entenwerder** als Rondell, ähnlich einem Amphitheater, gestaltet. Rundherum stehen Pyramidenpappeln. Der Uferbereich wird häufig vom Hochwasser überflutet.*

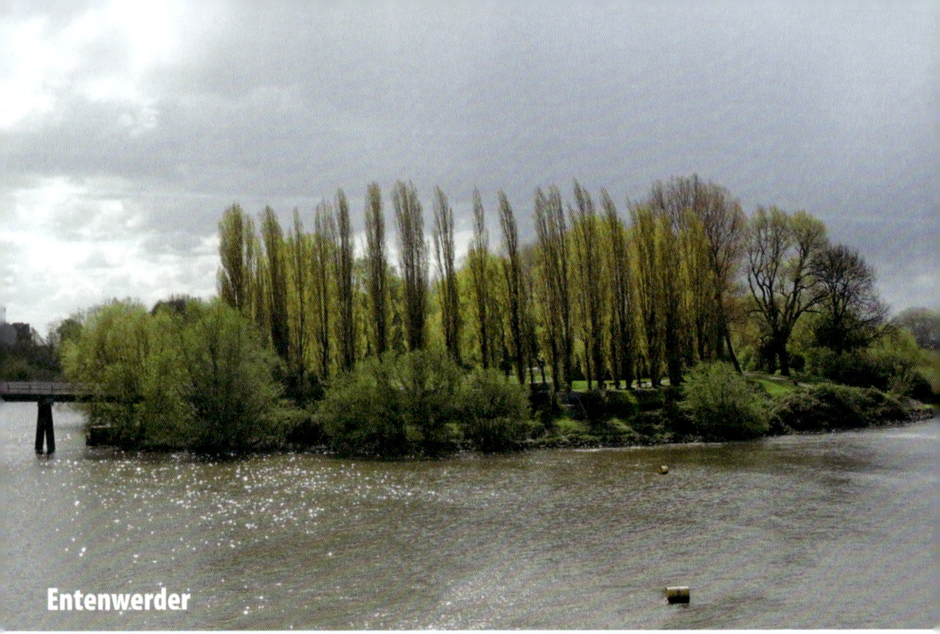

Entenwerder

Rasenflächen sind bestens zum Entspannen und Picknicken geeignet.

Es windet hier ordentlich, egal zu welcher Jahreszeit. An einem einsam stehenden hübschen Altbau wandern wir rechts zur **Billwerder Schleuse** ❷ in der Billwerder Bucht hinunter. Dahinter, östlich gelegen, sieht man das imposante Heizkraftwerk Tiefstack, das bis 2030 von Kohle auf andere Brennstoffe umgerüstet werden soll. Wir schlendern über die **Kaltehofer Brücke,** die Teil des Sperrwerks ist und von der wir einen wunderschönen Rundblick auf die Norderelbe haben.

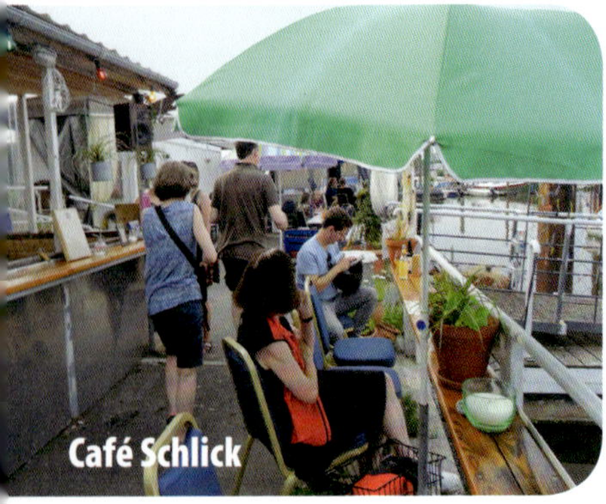

Café Schlick

Die Weite ringsum nimmt uns gefangen. Auf dem **Kaltehofe-Hauptdeich** wenden wir uns nach links in die Straße **Kaltehofe-Hinterdeich,** rechter Hand liegt eine **Bushaltestelle,** von der Bus 530 abfährt. Unterwegs bemerken wir einen düsteren Frachtkahn auf dem Trockenen, in dessen Inneren sich skurrilerweise ein Schießstand der Billwärder Gilde von 1697 befindet. Später streifen wir die Werkstätten einiger kleiner Bootsbauer, Reparaturbetriebe und einen Wassersportverein. Wer hier schon seit vielen Jahren seinen Bootsanleger hat, kann sich glücklich schätzen – heute ist das unbezahlbar. Alle leiden allerdings unter der zunehmenden Verlandung der Bucht.

Inmitten des ganzen Gewusels, direkt am **Moorfleeter Jachthafen,** befindet sich das **Café Schlick ③.** Für einen Moment verweilen und stärken wir uns. Das ist Urlaub für die Seele, direkt am Wasser mit Schiffen und besonders guten Fischbrötchen.

Beflügelt geht es weiter, wir lugen neugierig durch den Zaun des Riesenareals, das vor über 100 Jahren für die Wasserfiltration erbaut wurde. Wir sehen wilhelminische Schieberhäuschen aus Backstein. Die

Für die Seele

Wir spazieren unentwegt am malerischen Ufer der Norderelbe über Entenwerder zur Elbinsel Kaltehofe und sind eins mit der Natur und unseren Gedanken.

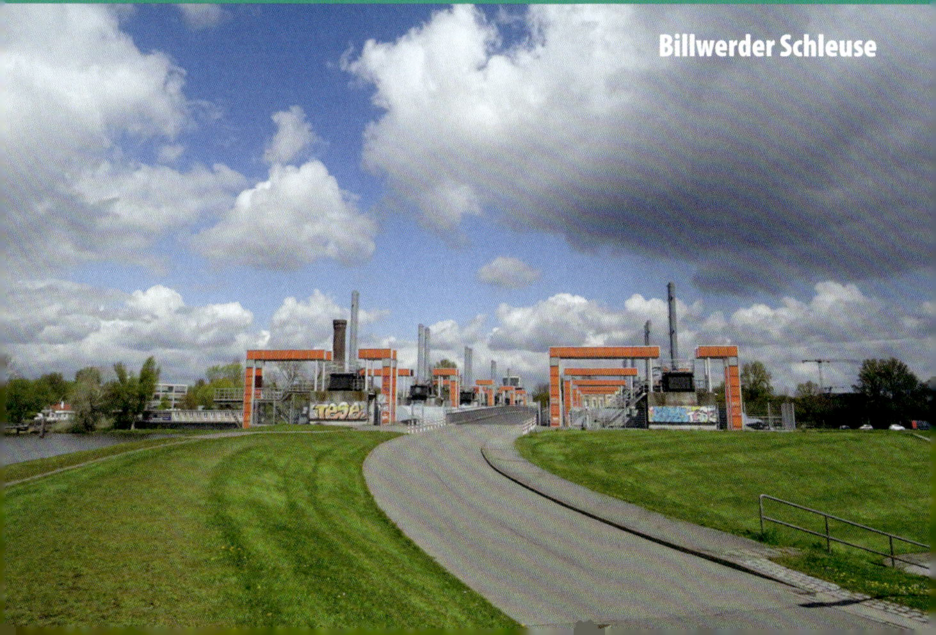

Billwerder Schleuse

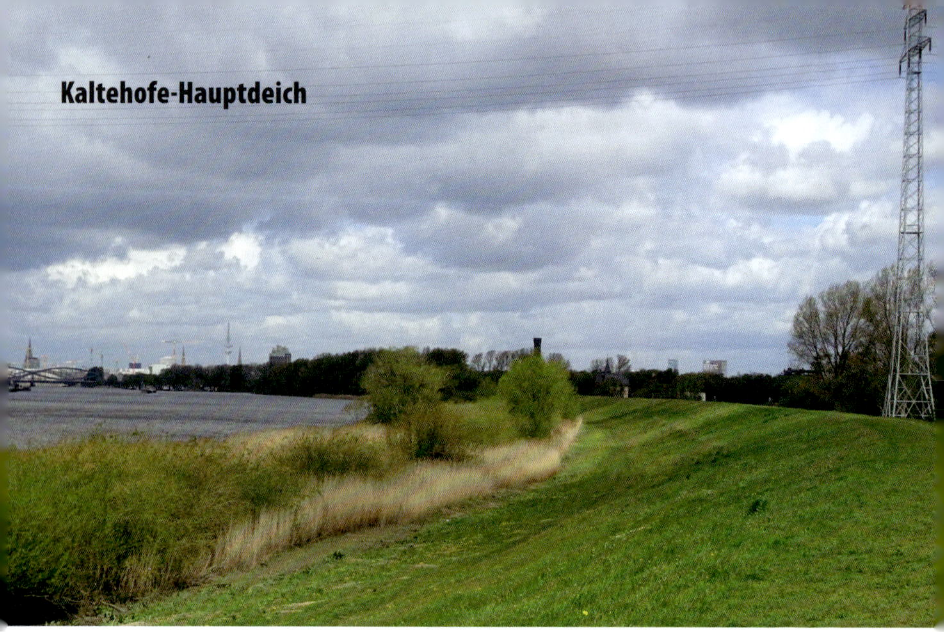

Kaltehofe-Hauptdeich

20 Ablagerungsbecken dienen heute zahlreichen Wasservögeln, wie Kormoranen, als Lebensraum. Überall schreien lauthals Möwen, stürzen sich auf Essbares.

Dann kommen wir in ein Waldgebiet. Das kleine **Naturschutzgebiet Holzhafen** besteht seit 2013. Am Ende stoßen wir auf den **Kaltehofe-Hauptdeich,** an dem in einiger Entfernung friedlich Hunderte von Schafen grasen. Schweren Herzen lassen wir diesen Anblick von Ruhe und Gelassenheit hinter uns. Der Weg führt an der Norderelbe zurück, und wir gelangen zur **Wasserkunst Elbinsel Kaltehofe ④.** Die einstige Langsamsandfiltrationsanlage, die die Stadt fast 100 Jahre lang mit sauberem Trinkwasser versorgt hat, wurde 2011 zum Natur- und Kulturmuseum. Hier vereint sich heute Industriearchitektur mit neu erblühendem Gelände. Rund 280 Pflanzenarten, Fledermäuse und eine reiche Vogelwelt sind eingezogen. Ein ökologischer Naturlehrpfad führt entlang der ehemaligen Filtrati-

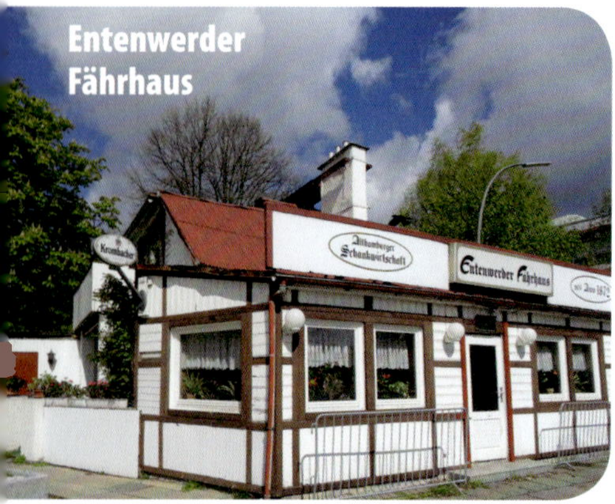

Entenwerder Fährhaus

onsanlage. Zum Gelände gehört eine Villa, einst Außenstelle des damals gegründeten Hygienischen Staatsinstituts und heute Museum.

Wir treten den Heimweg an und passieren erneut die **Billwerder Schleuse.** Am Ufer kann, wer möchte, seine Seele nochmals an dem Weitblick über die Norderelbe laben.

In der folgenden Linkskurve sehen wir vor uns das urige Restaurant **Entenwerder Fährhaus** ❺. Der ehemalige Hafenschiffer Kalli übernahm es bereits Anfang der 1970er-Jahre. Labskaus ist seine Spezialität, wir können aber auch einfach nur bei einem Getränk in familiärem Ambiente eine Pause einlegen.

Unsere Runde schließt sich jetzt beim **Elbpark Entenwerder**, vor dem wir den **Goldenen Pavillon** ❻ erreichen. Er ist eine begehbare Skulptur auf drei Ebenen, 16 Meter hoch und 11 Meter lang. Das Werk wurde 2015 von Thomas i Punkt in Kooperation mit der Stadt Hamburg errichtet. Entworfen haben den Pavillon 2007 die Architekten von „modulorbeat“ aus Münster. Das charmante integrierte Café **Entenwerder 1** auf einem Ponton schafft einen herrlichen hanseatischen Augenblick: Zwischen Blumen und Kunst, im Auf und

*1892 wütete die Cholera in Hamburg. Damals wurde Trinkwasser unfiltriert der Elbe entnommen, verschmutztes Hafenwasser floss bei Flut in die Entnahmestelle. Erst mit dem Bau der **Langsamsandfiltrationsanlage auf Kaltehofe** verbesserten sich die hygienischen Verhältnisse.*

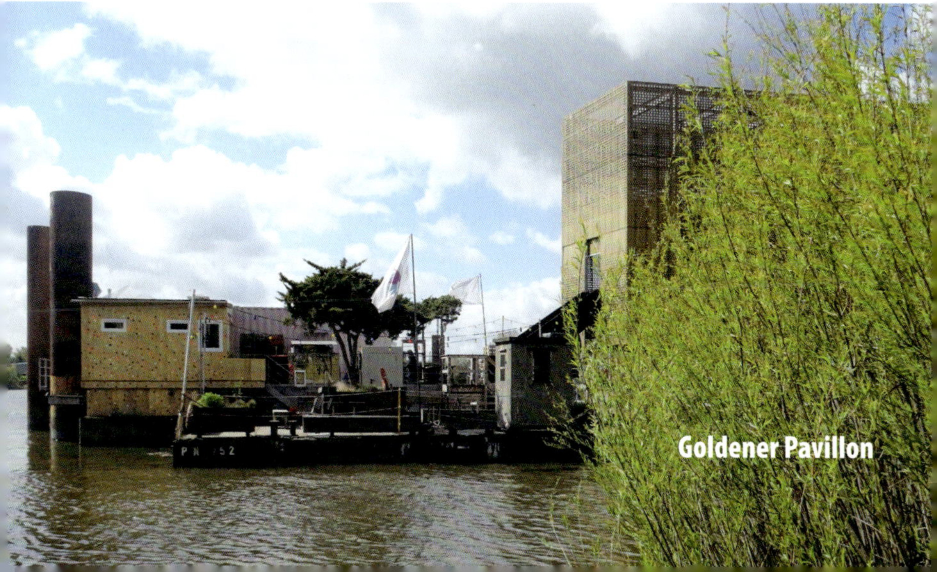

Goldener Pavillon

Verwöhntour 9

Neben Fähren, Containerschiffen und Ausflugsdampfern schippert auch der **Hafencity Riverbus**, ein Amphibienfahrzeug, vom Brooktorkai 16 (Speicherstadt) mehrmals täglich auf „Stadtkreuzfahrt" bis nach Entenwerder: www.hafencityriverbus.de.

Ab der Gezeiten, schauen wir träumerisch auf Hamburgs Hafenkulisse und werden inmitten von Schleppern und Binnenschiffen selbst zum Flussschiffer.

Und als gäbe es nicht schon genug genüssliche Auszeiten auf dieser Tour, hier noch ein Geheimtipp, wenn wir an unsere S-Bahn zurückgekommen sind: In der Nähe des Moldauhafens befindet sich die **Veddeler Fischgaststätte** 7, eine der letzten Hafenarbeiterkantinen im Stil der 1960er-Jahre, mit ehrlicher Küche. Zu Fuß führt uns hinter der Freihafenbrücke am Modauhafen die Rampenstraße zunächst hinab und dann links durch einen Tunnel hindurch. Das weiße Gebäude steht im Schatten mehrerer Bäume, hinter dem Zollzaun.

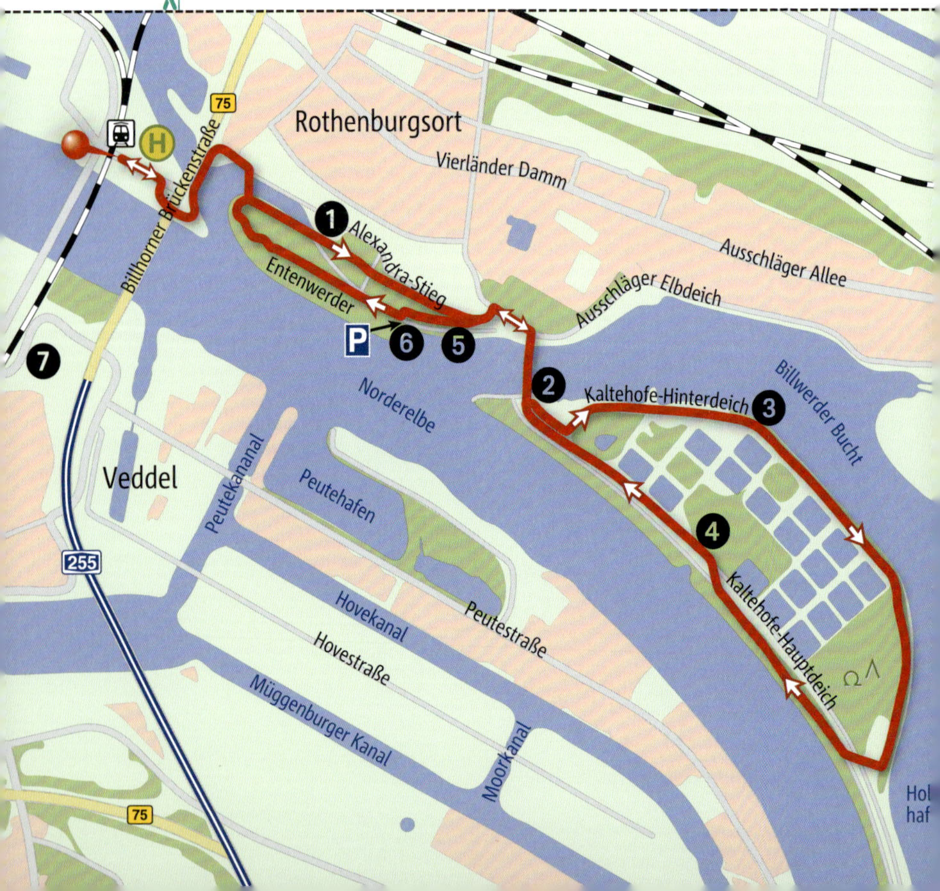

Alles auf einen Blick

WIE & WANN:
Leicht begehbare, meist asphaltierte Wege, auch Pfade; ganzjährig lohnend

HIN & WEG:
Auto: Parkplatz Entenwerder, 20539 Hamburg (GPS: 53.530118, 10.037978)
ÖPNV: S 3 oder S 31, Haltestelle Elbbrücken

ESSEN & ENTSPANNEN:
Café Schlick ❸ Kaltehofe-Hinterdeich 9, 20539 Hamburg, Tel. (01 72) 4 51 06 01
Café Wasserkunst Elbinsel Kaltehofe ❹ siehe ENTDECKEN & ERLEBEN
Entenwerder Fährhaus ❺ Entenwerder Stieg 6–8, 20539 Hamburg, Tel. (0 40) 78 74 12
Entenwerder 1 ❻ Entenwerder 1 (neben dem Goldenen Pavillon, siehe ENTDECKEN & ERLEBEN), 20539 Hamburg, Tel. (0 40) 70 29 35 88

Entspannung ★★★☆☆
Genuss ★★★★★
Romantik ★★★★☆

Veddeler Fischgaststätte ❼ Tunnelstraße 70, 20539 Hamburg,
Tel. (0 40) 78 63 89, www.veddeler-fischgaststaette.de

ENTDECKEN & ERLEBEN:
Elbpark Entenwerder ❶
Billwerder Schleuse ❷
Wasserkunst Elbinsel Kaltehofe ❹ Hauptdeich 6–7, 20539 Hamburg,
Tel. (0 40) 78 88 49 99-0, www.wasserkunst-hamburg.de
Goldener Pavillon ❻

Mellingburger Schleuse

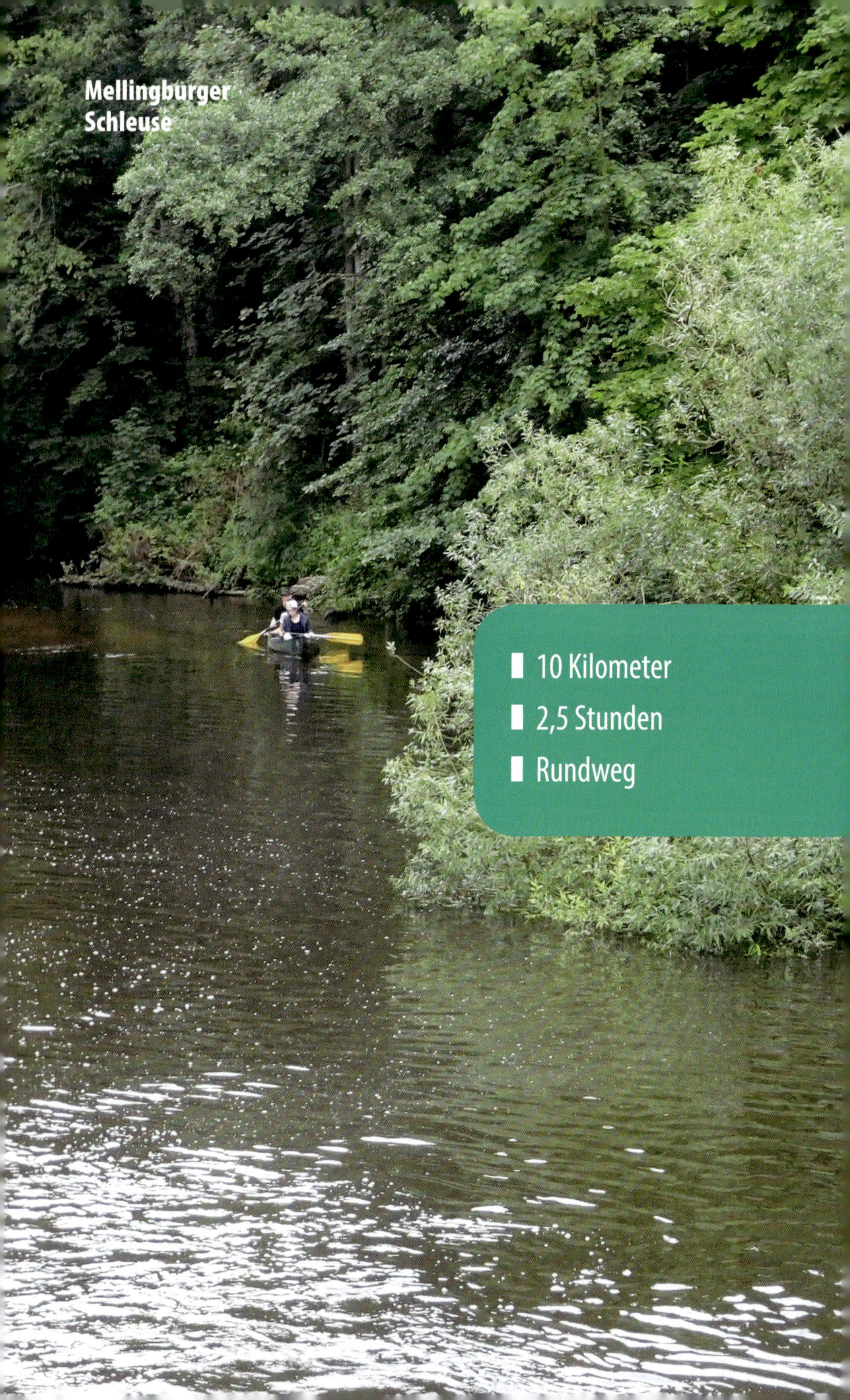

- 10 Kilometer
- 2,5 Stunden
- Rundweg

Wir befinden uns in einem Doppeldorf: Die **Lemsahler Landstraße** teilt Lemsahl in ein neues und ein altes Dorf. Der urige Teil befindet sich rund um das Gasthaus Offen, an dem wir am Ende vorbeikommen werden.

Wir wenden uns an der Bushaltestelle dem neuen Dorf zu und gehen die nächste Straße **Tannenhof** rechts am Mini-Einkaufszentrum hoch – hier böte sich auch ein Platz zum Parken. Wir folgen leicht links weiterhin dem Tannenhof. In **Lemsahl-Mellingstedt** wohnt man in schönen Häusern und Villen auf großen Grundstücken, die ersten entstanden um 1900. Im alten Dorfkern erleben wir noch Reetdach-Nostalgie.

Jetzt nehmen wir links den ersten Weg in ein Waldgebiet hinein, wandern an einer Gabelung rechts,

Alster-Rendezvous

Kulinarisches rund um Lemsahl

links von uns liegt der **Tannenhofsee.** Wir biegen gleich wieder links ein. Kurz darauf öffnet sich der Wald an einem großen Spielplatz, und wir bewegen uns an einer Koppel entlang. Danach schwenken wir kurz nach rechts und sofort wieder nach links in ein dunkles Waldstück mit herrlichem Farn nahe einem Rückhaltebecken. Auf weichem Boden gelangen wir zu einem Findling und nehmen eine Blutrote Heidelibelle wahr, in diesem Fall ein Männchen. Nach Überqueren der Straße **Eichelhäherkamp** folgen wir geradeaus einem Feldweg, um dann rechts in einen unauffälligen, sehr geheimnisvollen Trampelpfad einzubiegen, der in einem kleinen Wald- und Heckenabschnitt endet.

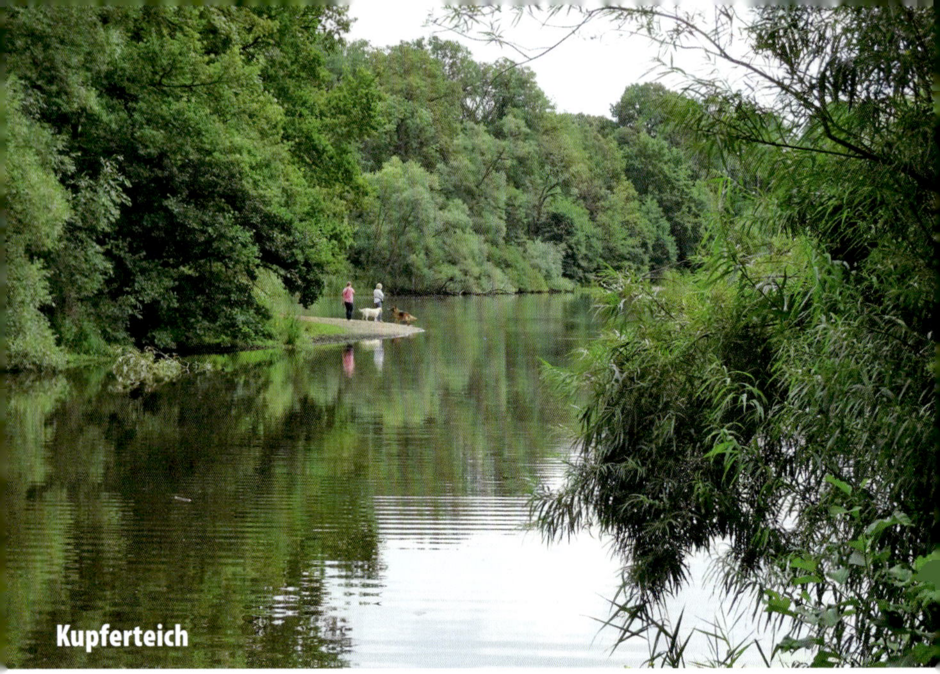

Kupferteich

Wir passieren den großen, steinigen Weg Kobberdiekskoppel und halten uns geradeaus an einen ganz schmalen Pfad mitten durch Weideland. Die ganze Zeit laufen wir parallel zum Eichelhäherkamp. Es folgt ein Waldabschnitt, wir spazieren in einem Rechts-links-Knick auf den nun dritten Wiesenabschnitt, wieder querfeldein. Vor uns auf dem Boden verharrt ganz still eine ängstliche Feldmaus.

Wir stapfen weiter und entfernen uns nun von der parallel verlaufenden Straße. Dabei streifen wir die südlichen Ausläufer des Naturschutzgebiets Wittmoor. In einer Linksschlaufe spazieren wir auf einen verwunschenen Miniweg mit vielen Brombeerbüschen in den Wald hinein. Lautes Grillenzirpen ist zu hören. Ein Stück weiter südöstlich orientieren wir uns bei einer kleinen Abzweigung nach rechts. Der Naturpfad führt je nach Vegetationsperiode zwischen mannshohen Grashalmen, Wildkräutern oder Brennnesseln hindurch. Der gelb blühende Odermennig hat sich üppig am Rand verbreitet.

*Der **Odermennig** hat vielfältige Namen, die seine Heilwirkung erkennen lassen: Milzblüte, Leberklee oder Magenkraut. Äbtissin Hildegard von Bingen verabreichte ihn während eines Rituals Kranken, die an schlechten Säften in den Eingeweiden litten.*

Plötzlich taucht abseits des Weges ein Sumpfgebiet auf. Der ununterbrochene, schmale Trampelpfad bietet eine lange Strecke Natur pur, sodass wir in richtige Sucht-Wanderlaune kommen. Immer geradeaus weiter erreichen wir schließlich eine Kreuzung, rechts ginge es über eine Brücke, wir aber marschieren weiter geradeaus. Es eröffnet sich langsam ein breiter Sandweg, dem wir mehrere Meter folgen, um nach dem Queren einer kleinen **Bohlenbrücke** nach rechts endlich den **Nördlichen Kupferteich** 1 rechts von uns sehen. Es bietet sich ein romantisches Bild mit Badestränden. Unendlich viele Wasserspinnen hinterlassen kleine Kreise auf der rostroten, glatten Wasseroberfläche. Immer entlang des Kupferteiches steigen wir von einer kleinen Anhöhe hinab.

Für die Seele

Wald, Wiesen, Alsterlauf und Restaurants beglücken uns auf dieser Tour: ein Gesamtkunstwerk aus Schönheit der Natur und Leibeswohl.

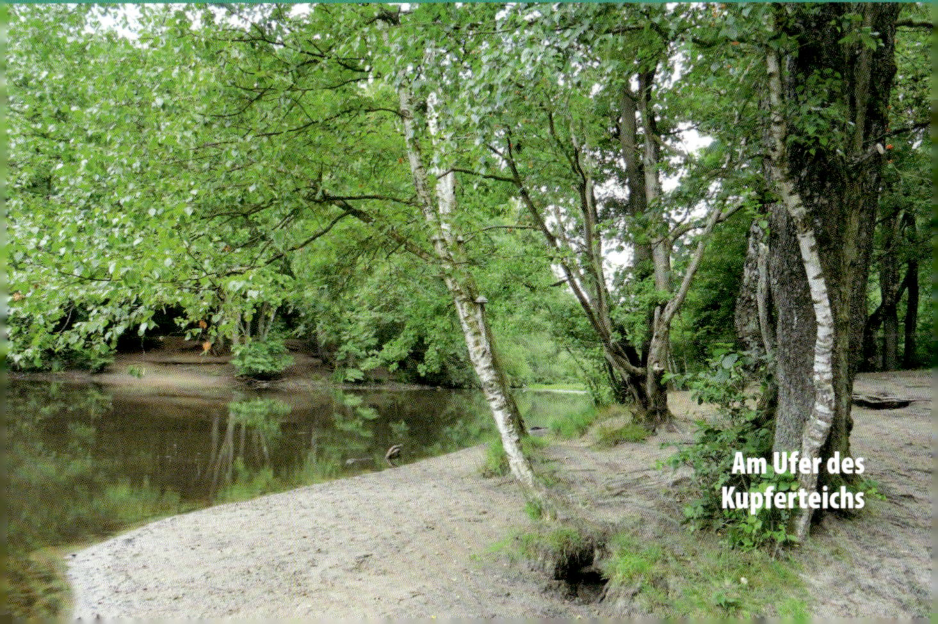

Am Ufer des Kupferteichs

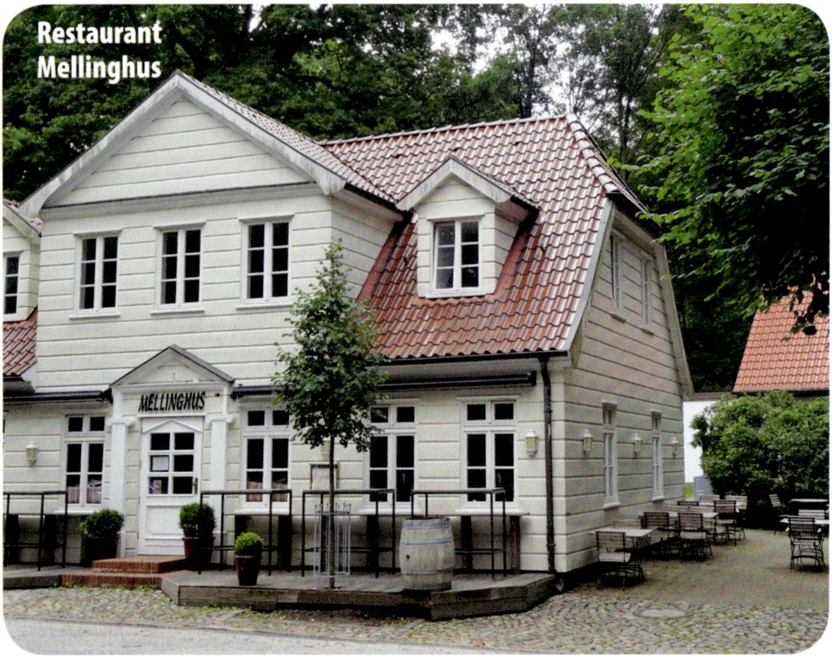

Restaurant Mellinghus

Fasziniert stellen wir fest, dass das Gewässer sich geteilt hat und wir mittels eines Wanderwegs mittendurch schlendern können. Dabei beobachten wir Menschen, die auf Sandinseln mit Hunden spielen, und bewegen uns auf einem immer breiter werdenden Waldweg links am zweiten **Kupferteich** entlang. Wir flanieren am Ufer des lang gezogenen Sees mit hohem Schilf, urigen Bäumen, malerischen Sandinsel-Panoramen und vielen Rastmöglichkeiten. Am Ende des Sees biegen wir bei der ersten Möglichkeit rechts ein. In einer Rechtskurve taucht vor uns ein Tor auf. Linker Hand öffnet sich eine beeindruckende Schlucht, unter uns windet sich die Mellingbek, der Abfluss des Kupferteichs. Wir schlagen, nun wieder links, einen schönen, naturbelassenen Trampelpfad mit vielen Wurzeln ein. Links liegt der Golfplatz **Golf & Country Club Hamburg-Treudelberg,** in dessen Hotel schon Robbie Williams und die Red Hot Chili Peppers abgestiegen sind. Wir steuern direkt auf die Lemsahler Landstraße/Poppenbütteler Berg zu, unterqueren die Mellingbekbrücke und spazieren auf gepflegten Sandwegen in eine leuchtend grüne offene, parkähnliche Anlage. Was für eine Abwechslung. Genau die richtige Umgebung, um weiter abzuschalten. Doch dann weist uns eine Beschilderung zum **Kupferhammer** geradeaus.

Nach ungefähr 50 Metern marschieren wir links über die Mellingbek direkt auf das **Fischrestaurant Stocks** ❷ zu. Im 15. Jahrhundert machten hier schon hungrige Alsterschipper und Kutscher Rast. Das reetgedeckte Fachwerkhaus stand nach dem Grenzverlauf früherer Zeiten auf dänischem Gebiet.

Links am Stocks vorbei gehen wir bis zur Straße **An der Alsterschleife,** wenden uns ein Stück nach rechts über die Mellingbek hinweg und erblicken gegenüber das **Restaurant Mellinghus** ❸, in dem besonders Flammkuchen und Schnitzel hervorragend schmecken.

Nach dem Überqueren der Straße beschreiten wir geradeaus einen Weg hinter dem Gasthof. Wir wandern in einer leichten Links- und danach Rechtskurve den Hauptweg entlang. Eine Weile schon befinden wir uns in dem am Westufer der Alster gelegenen **Hohenbuchenpark**, der sich am Zufluss der Mellingbek in die Alster erstreckt. Neben ehrwürdigen Buchen prägen Hainbuchen, Eschen, Eichen, Birken, Berg- und Spitzahorne das Bild des circa 10 Hektar großen Parks. Eine Rampe bietet uns die Möglichkeit, ein Stück direkt unten am Wasser zu stapfen. Zurück auf dem normalen Wanderweg, gehen wir links über eine Brücke, unter der die dunkelbraun gefärbte Alster fließt. Nach der Brücke drehen wir eine Linkskurve, linker Hand stand einst die **Mellingburg,** von der Alster wie von einem Ringgraben umschlossen.

*Die **Mellingburg** lag auf der Halbinsel in der Alsterschleife. Heute sind nur noch Reste des östlichen Walls der Fluchtburg erkennbar. Die Befestigungsanlage sollte das mittel- und westholsteinische Gebiet, das im Besitz der Sachsen war, gegen Angriffe der Slawen schützen.*

Wir gehen jetzt die Treppen hoch und wählen links den Weg **Mellingburgredder** zum reetgedeckten

Hotel-Restaurant **Kleinhuis Mellingburger Schleuse** ❹, einem ehemaligen Schleusenhaus, mit schmackhafter rustikaler Küche. Auf der Brücke der **Mellingburger Schleuse,** die bis 1905 die Schifffahrt regelte, genießen wir die schöne Aussicht und wandern danach links und wieder rechtsherum einen breiten Pfad weiter bis zur nächsten T-Kreuzung. Hier schlagen wir rechts, am **Treudelberg,** einen Waldweg ein, links steht das Golfclubhaus. Wir wandern weiter entlang des Weges geradeaus, immer die Alsterschlaufe entlang – Berg rauf, Berg runter. Jetzt haben wir noch ungefähr 4 Kilometer vor uns. Viele Bänke auf der Strecke laden zum Innehalten ein.

An der nächsten Gabelung wenden wir uns nach rechts, wo uns der Weg hinabführt. Saubere Grünflächen, die Beschaffenheit der Wege und die Beleuchtung lassen uns schon seit einer Weile vermuten, in einer Parkanlage zu sein. Über eine Brücke kehren wir dem Alsterarm den Rücken zu und erreichen eine gutbürgerliche Wohngegend. Von der **Twietenkoppel** biegen wir links in die ruhige Straße **Kortenland** ein und

Mellingburger Schleusenhaus

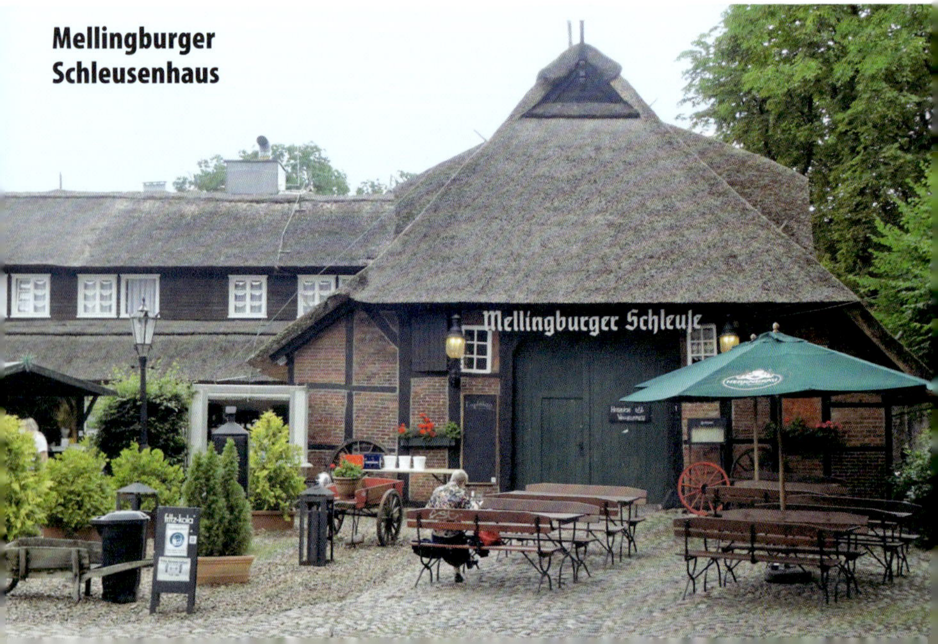

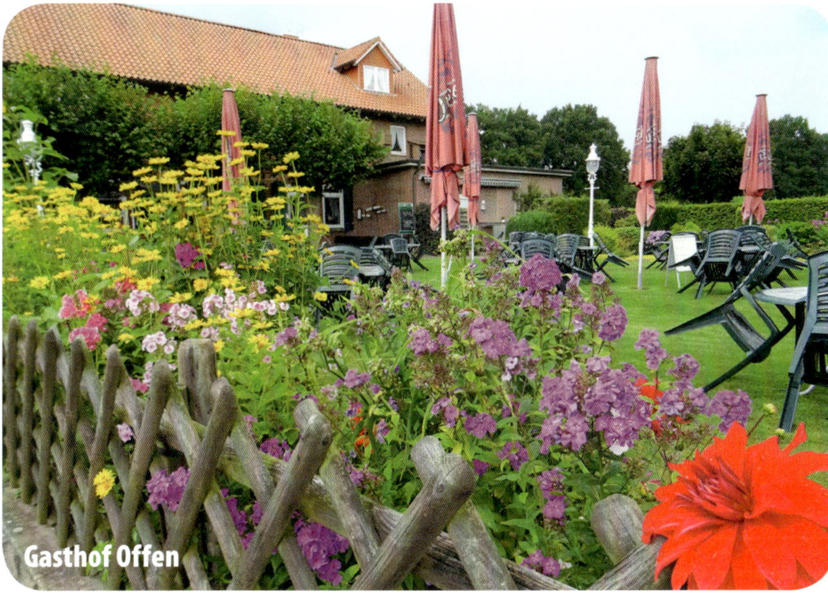
Gasthof Offen

entdecken bei der Nummer 29 ein Lädchen, das Originelles für den Garten anbietet. Danach verabschieden wir uns von der Zivilisation, wenden uns links in den Wald und genießen nun einen Teil des **Alsterwanderwegs.** Später queren wir die Straße Trillup, folgen dem Pfad weiter, wenden uns links auf einen unbefestigten Weg und überqueren den Rodenbekbach, der sich wie eine glitzernde Schlange in zahllosen Schleifen windet. Wir sind im **Rodenbeker Quellental** ❺ angekommen.

Gleich darauf erreichen wir das **Gasthaus Quellenhof** ❻. Nach rund 150 Metern weiter geradeaus gehen wir einen Weg links hinunter. Durch hügelige Buchenwald-Landschaft und über den Bredenbek-Bach gelangen wir schließlich zur Rodenbeker **Brücke** über die Alster. Am anderen Flussufer stoßen wir auf den **Sarenweg,** überqueren ihn und folgen ihm nach rechts. Auf Höhe vom Haus 28 (aufpassen, die Abbiegung kann man leicht verpassen!) steigen wir links die Treppen hoch über den **Diekbarggraben** und passieren

*Im Naturschutzgebiet **Rodenbeker Quellental**, das direkt an den Wohldorfer Wald angrenzt und am Rand des Alster-Urstromtals liegt, zeugen Geländeformen mit kleinen Tälern, Wasserlandschaften, Schildrücken und Endmoränen von der letzten Eiszeit.*

einen Teich, um dann auf die Straße **Diekbarg** zu stoßen. In sie biegen wir rechts ein. Sie mündet in die **Lehmsahler Dorfstraße.** Dieser folgen wir – Lemsahl ist beschaulich, ein wenig wie Bullerbü. Wir können uns im mehr als 100 Jahre alten Lokal **Gasthaus Offen** **7** mit Deftigem wie Bratkartoffeln stärken.

Danach wechseln wir auf die andere Straßenseite zu einem von Eichen umgebenen **Gedenkstein.** Er erinnert an die Schlacht bei Itzstedt 1848, bei der die Dänen entscheidend besiegt wurden. Geradeaus weiter auf der **Lemsahler Dorfstraße** gelangen wir in den **Tannenhof** und folgen ihm nach rechts. Er führt uns langsam aus dem Wohngebiet heraus. Die Straße endet, ein Fußweg bringt uns zurück zum Ausgangspunkt.

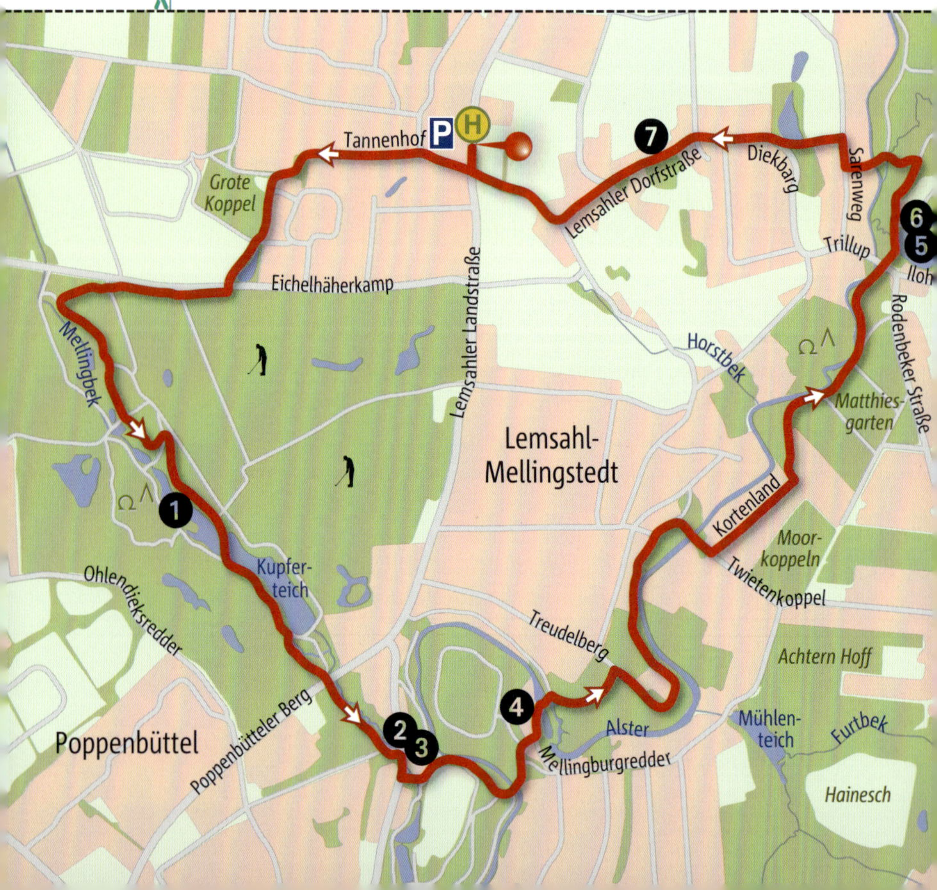

Alles auf einen Blick

WIE & WANN:
Gut befestigte Wanderwege, Pfade, Feldwege, kurze Straßenstücke; ganzjährig lohnend

HIN & WEG:
Auto: Edeka-Parkplatz, Tannenhof 60 a, 22397 Hamburg (GPS: 53.686525, 10.092975)
ÖPNV: S 1, Haltestelle Poppenbüttel, von dort Bus 276, Haltestelle Tannenhof

ESSEN & ENTSPANNEN:
Stocks ❷ An der Alsterschleife 3, 22399 Hamburg, Tel. (0 40) 6 11 36 20, www.stocks.de
Mellinghus ❸ Weinbar & Kochschule An der Alsterschleife 2, 22399 Hamburg, Tel. (0 40) 6 06 48 38, www.mellinghus.de

Entspannung ✱✱✱✱✱
Genuss ✱✱✱✱✱
Romantik ✱✱✱✱✱

Kleinhuis Mellingburger Schleuse ❹ Mellingburgredder 1, 22395 Hamburg, Tel. (0 40) 61 13 91 50, www.mellingburgerschleuse.de
Gasthaus Quellenhof ❻ Rodenbeker Straße 126, 22395 Hamburg, Tel. (0 40) 6 04 92 28, www.quellenhof.hamburg
Gasthaus Offen ❼ Lemsahler Dorfstraße 39, 22397 Hamburg, Tel. (0 40) 6 08 38 35, www.gasthaus-offen.de

ENTDECKEN & ERLEBEN:
Nördlicher Kupferteich ❶
Rodenbeker Quellental ❺

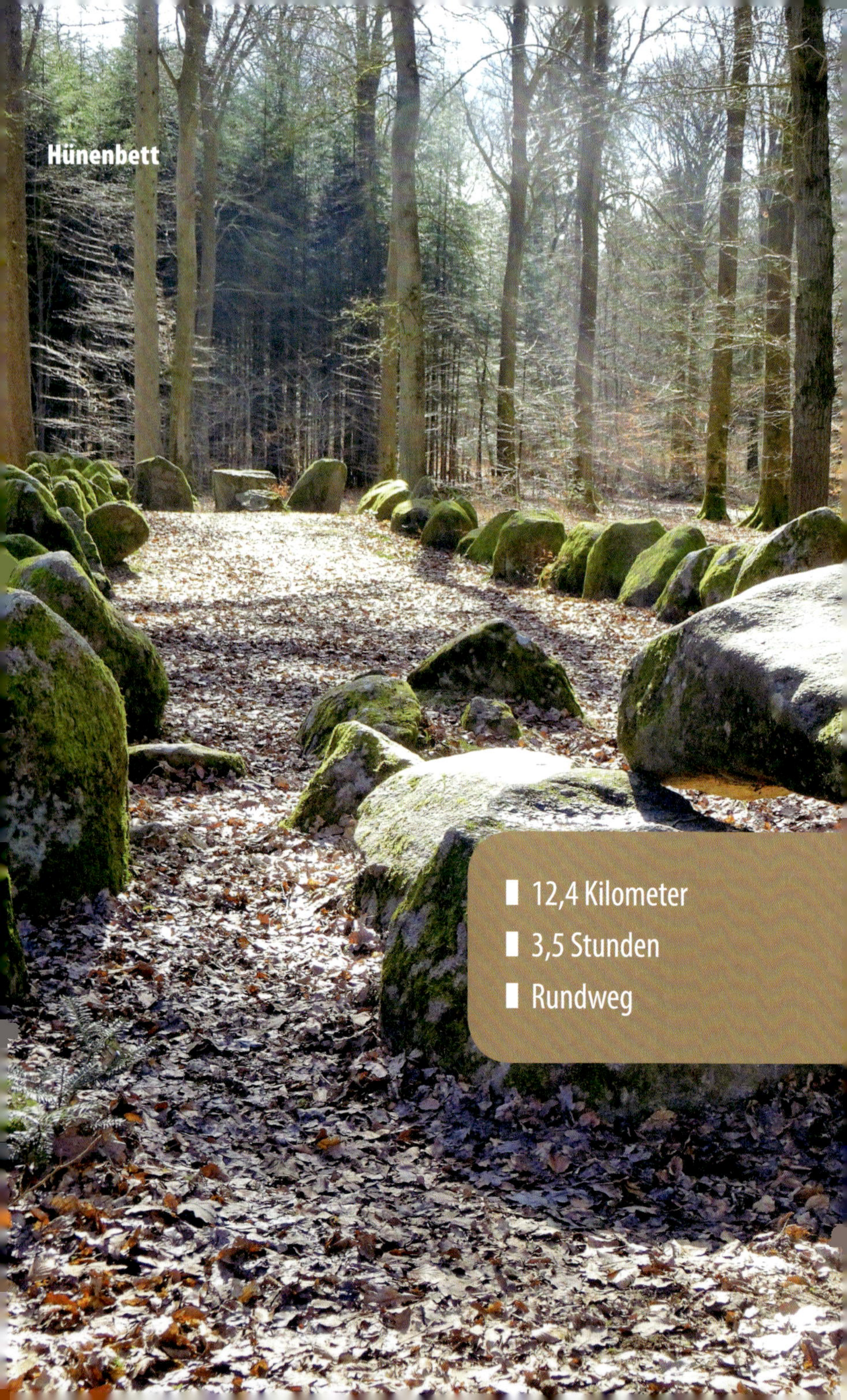

Hünenbett

- 12,4 Kilometer
- 3,5 Stunden
- Rundweg

Wir beginnen die Runde am Parkstreifen an der Bendestorfer Straße und begeben uns zu einem der am besten erhaltenen und schönsten Denkmäler im ganzen Landkreis Harburg: dem **Langgrab ❶.** Mitten im alten **Klecker Wald,** direkt an der Straße, bietet uns dieses Großsteingrab Kulturgeschichte aus dem Neolithikum. Diese Gang- oder Langgräber Norddeutschlands sind mit gewaltigen Tragsteinen und einem mächtigen Deckstein sowie von einem nicht mehr vorhandenen Erdhügel überdeckt worden.

*Das **Langgrab** im Klecker Wald entstand zwischen 3500 und 2800 v. Chr. als Megalithbauwerk der Trichterbecherkultur. Die Größe ist mit 48 mal 6,5 Metern einzigartig. Nahe dem nördlichen Ende befindet sich die Grabkammer aus Granitblöcken.*

Auf der **Bendestorfer Straße (K 12)** wenden wir uns leicht links auf einen Waldweg mit der Kennzeichnung des offiziellen Buchholzer Rundwanderwegs 3 (eine **3** auf einem Buchenblatt) und folgen ihm. Bei heißem Wetter bietet der Wald wohltuende Kühlung. Zu jeder Jahreszeit steigt uns kräftiger Waldduft in die Nase. Als Mischwald mit Quellen und Bächen bietet der Klecker Wald ein unverfälschtes Naturerlebnis. Beachtlich sind die alten Eichen- und Buchenbestände. Wer hier die ursprüngliche Natur intensiv mit allen Sinnen wahrnimmt, bekommt ein Gespür dafür, was Schöpfung bedeutet.

Mystische Steine

Spurensuche im Klecker Wald

An einer Weggabelung orientieren wir uns links und folgen dem Pfad **Am Forsthaus** mit leichtem Rechtsknick. Nach 260 Metern steuern wir auf **Dat ole Fösterhuus ❷** zu. Um das Gebäude ranken sich Legenden, deren schillernder Held der Wilddieb und Förstersohn Hans Eidig ist. Er kam aus Klein-Klecken und

*Das **Forsthaus im Klecker Wald** mit alter Backstube, Zisterne und Remise aus dem Jahre 1852 dient als kulturhistorisches Museum. Sowohl historische Postkutschenfahrten als auch standesamtliche Trauungen sind buchbar.*

wanderte 1835 nach New York aus. Vor rund 200 Jahren führte hier der Hauptverkehrsweg Lüneburg–Amsterdam vorbei.

Wir gehen circa 300 Meter geradeaus weiter in Richtung **Weilers Eickstüve** und folgen dem gleichnamigen Weg, der in einer leichten Kurve nach rechts talabwärts verläuft. Eine Passage zwischen Häusern und vorbei an einer ausgedehnten Wiese mit lustig blökenden Bretonischen Zwergschafen und knorrigem Mischwald rundum schenkt uns reichlich Sonne (die **Markierung 3** ist erkennbar). **Eickstüve** ❸ ist ein kleiner Ort, der aus einem großen, idyllisch gelegen Bauernhof und ein paar umliegenden Häuser besteht. Niemand würde hierherfinden, wäre er nicht gerade auf Wanderschaft. Alte Eichen säumen die asphaltierte schmale Straße. Zunächst gibt es links und rechts noch urigen Wald. Danach lassen wir den Blick über weite Wiesenflächen schweifen. Vorher sollten wir aber ruhig mal am Wegesrand einen von den dicken

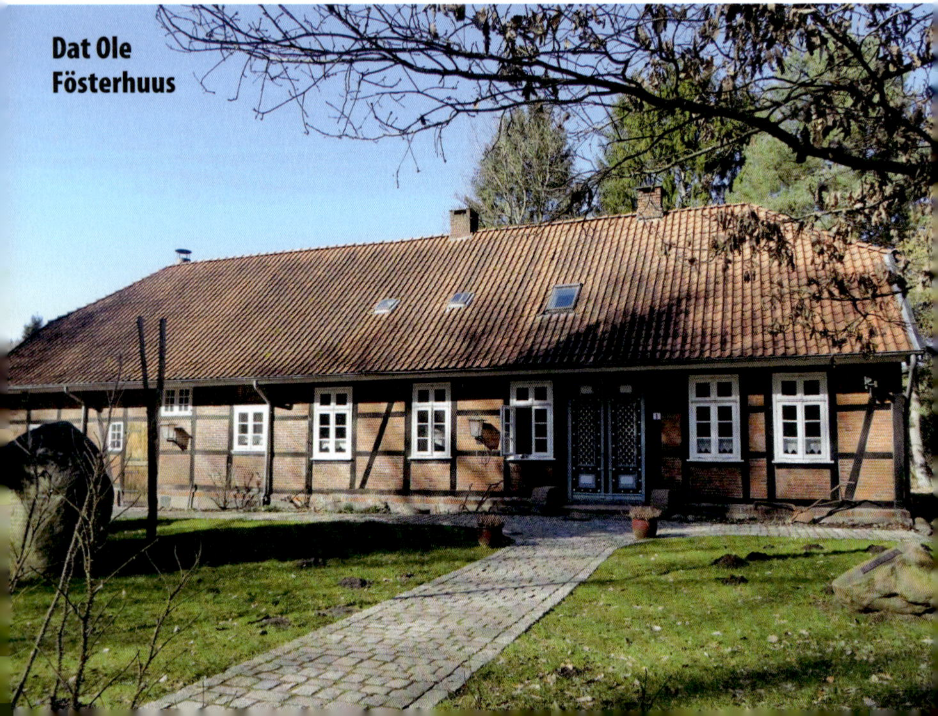

Dat Ole Fösterhuus

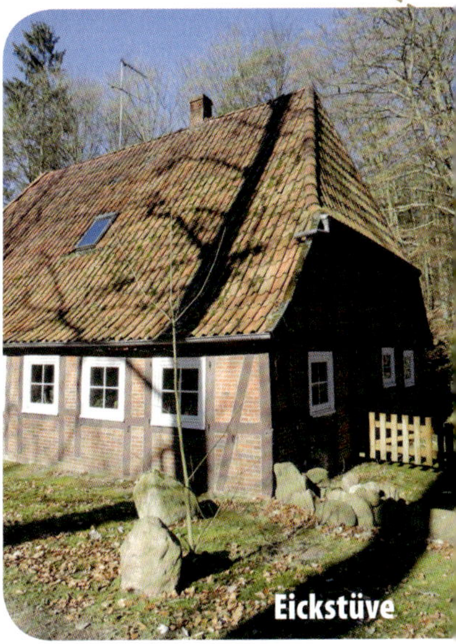

Eichenstämmen umarmen, der gibt Stärke und Geborgenheit!

Leicht auf- und abwärts wandernd freuen wir uns auf eine schon aus der Ferne sichtbare, schön gelegenen **Bank** ④ zum Pausemachen, bevor wir den Klecker Weg überqueren (rechts wird er zum Reindorfer Weg). Ausgeruht setzen wir unsere Tour auf dem hellsandigen, gewundenen **Eickstüver Weg** fort, inmitten endlos weiter Ackerflächen spüren wir bei jedem Schritt den angenehmen sandigen Untergrund.

Der **Buensener Weg** bringt uns nach rechts über eine Eisenbahnbrücke. Rechts in einem kleinen Waldabschnitt liegen – allerdings recht unauffällig – die Steingrabreste **„bey den Steinen".** Von dem frühzeitlichen Grab sind nur vereinzelte Findlinge übrig geblieben. Dennoch ist die Vorstellung faszinierend, dass genau an dieser Stelle vor Jahrtausenden unsere Vorfahren ein traditionelles Totenritual ausführten.

Für die Seele

Der Klecker Wald bringt uns durch seine natürliche Kraft in Balance. Mit Leichtigkeit lassen wir uns nun von der Schönheit der Umgebung berühren.

Wir erreichen **Buensen.** Auch so ein Dorf, in dem die Zeit vor 100 Jahren stehen geblieben zu sein scheint – die beruhigende Stille ist ein Genuss. Auf befestigtem Weg durchqueren wir den Ort. Hinter der Ansiedlung führt uns der **Buensener Weg** nach links. In der Umgebung wechseln sich Kartoffel-, Mais- und Getreidefelder ab. Krähen sind unsere ständigen

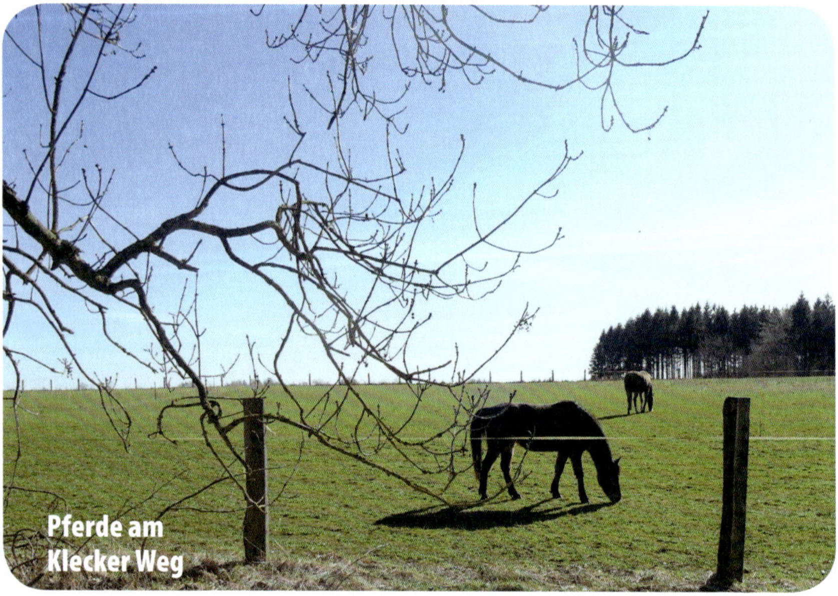

Pferde am Klecker Weg

Begleiter. Auf dem Höhenzug zwischen Buensen und Neu-Eckel weht einem der Wind die verschiedensten Gerüche der Natur zu, die Aussicht über das weite Land ist herrlich.

Nach circa 500 Metern biegen wir an einem Pfosten mit der **Markierung 3** links ab. Es geht geradeaus durch dichten Forst, aus dem Erdboden treten verzweigte Baumwurzeln wie übergroße Adern hervor, überall wächst Farn zwischen Inseln von Moos, und das Licht bahnt sich seinen Weg in einzelnen Strahlen durch die Tannenzweige.

Der Weg wird immer steiniger und breiter. Nach rund 1,5 Kilometern halten wir uns ein kurzes Stück rechts und dann wieder links und durchschreiten eine **Bahnunterführung.** Wir befinden uns hier auf der **Herrenheide** und biegen rechts parallel zu den Bahngleisen ein. Es geht geradeaus, bis wir auf den **Holzweg** stoßen. In diesen biegen wir rechtsherum ein. Dann verlassen wir ihn nach links und überqueren einen

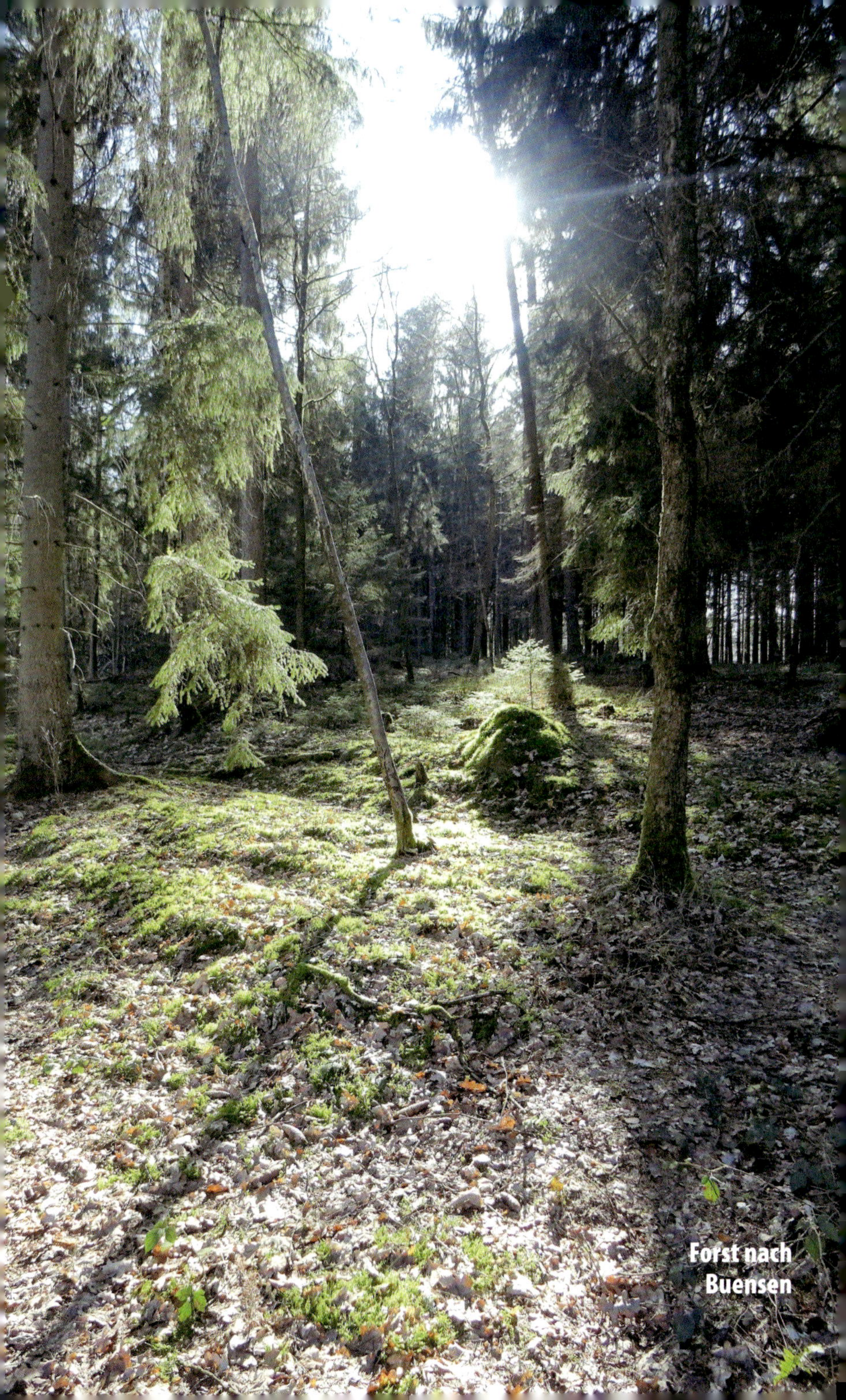

Forst nach Buensen

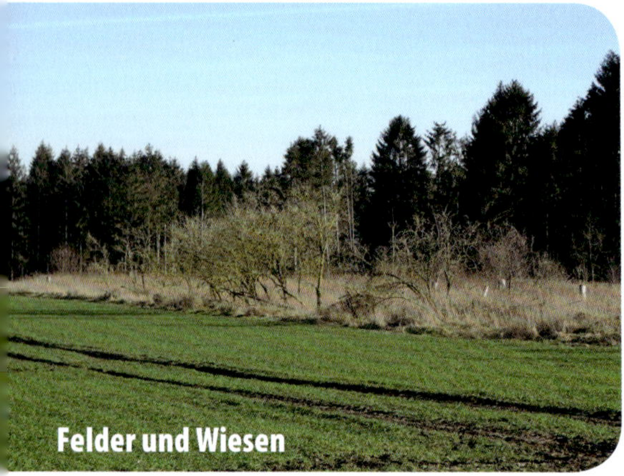
Felder und Wiesen

Parkplatz. Wir stoßen auf eine Straße, gehen sie rechts entlang und gelangen wieder auf den **Holzweg,** dem wir nach links folgen. Vor uns erblicken wir das Restaurant **Lim's Way** ❺ des Tennisclubs und gönnen uns auf der Terrasse mit Blick auf den „Center Court" der Tennisanlage eine genüssliche Auszeit.

Anschließend schlendern wir am Sportplatz vorbei bis zum Ende des **Holzwegs** und laufen auf einem von Weiden gerahmten Pfad in einer Rechtskurve bis zur Bendestorfer Straße, die wir überqueren, um direkt gegenüber einem Feldweg zu folgen. Immer geradeaus an einer Landschaft von Feldern und Wiesen entlang, die unsere Seele beflügelt, treffen wir auf den **Itzenbütteler Weg** und schwenken links auf diesen ein. An dieser Stelle böte sich der **Toureneinstieg vom Bahnhof** aus an. Auf dem herrlichen Sandweg traben uns Reiter entgegen. Wir fühlen uns lebendig wie nie zuvor auf der langen Strecke geradeaus und gelangen an blühenden Wiesen und Rapsfeldern vorbei bis zu einer Kreuzung, an der wir links auf den befestigten **Klecker Weg** einschwenken. An der nächsten Gabelung nimmt uns rechts ein angenehmer Sandweg auf.

Nach gut 1,5 Kilometern biegen wir rechts in den **Itzenbütteler Brumhof,** dem wir bis zum **Itzenbütteler Waldweg** folgen. Wir wenden uns nach links, vorbei am **Landhotel Zum grünen Jäger,** einem romantischen Anwesen von 1912. Hinter einem Parkplatz gehen wir erneut links, am Findling dann rechts. Das schützende Grün der Bäume über uns, schreiten wir auf unbefestigten, breiten Forstwegen dahin. Durch das dichte Laubdach der Buchen, Eichen, Hainbuchen, Birken und

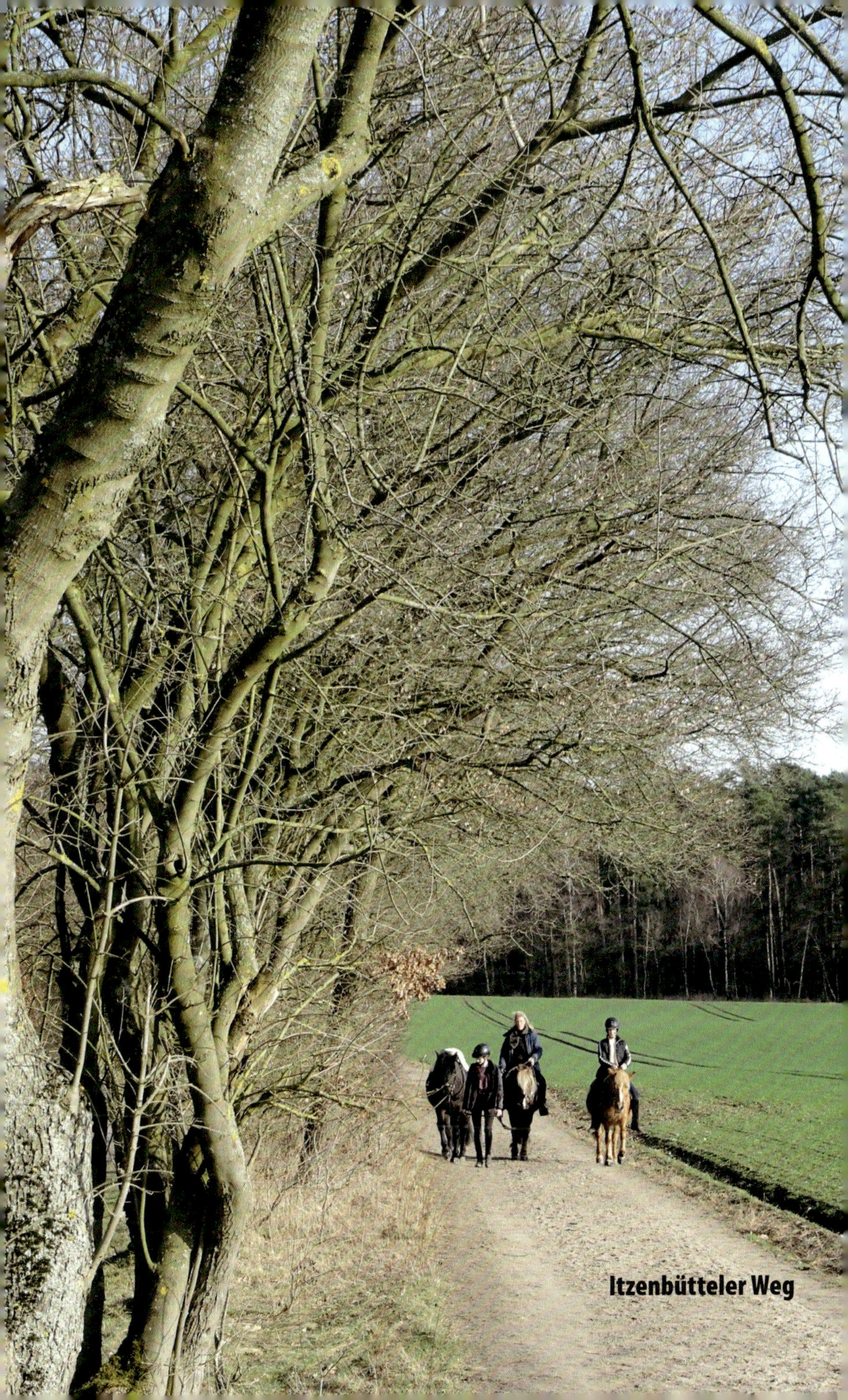

Itzenbütteler Weg

Erlen dringt ab und zu die Sonne. Wald in seiner ganzen Ursprünglichkeit, Vielfalt, Eigenart und Schönheit!

Gemütlich spazieren wir auf schnurgeradem Weg dahin, bis in 600 Meter Entfernung vor uns das Forsthaus erscheint. Hier geht es rechts und später noch ein kurzes Stück links an der **Bendestorfer Straße** entlang. Dann treten wir, beschwingt vom Wandern in alten Wäldern und vom Entdecken mystischer Kraftorte, den Heimweg an.

Nach der Tour bietet sich ein Abstecher zur schön gelegenen **Alpakafarm Alpaka Kisses** ❻ in Buchholz in der Nordheide an. Vielleicht werden wir beim nächsten Besuch eine Wanderung zusammen mit den sanften Vierbeinern buchen?

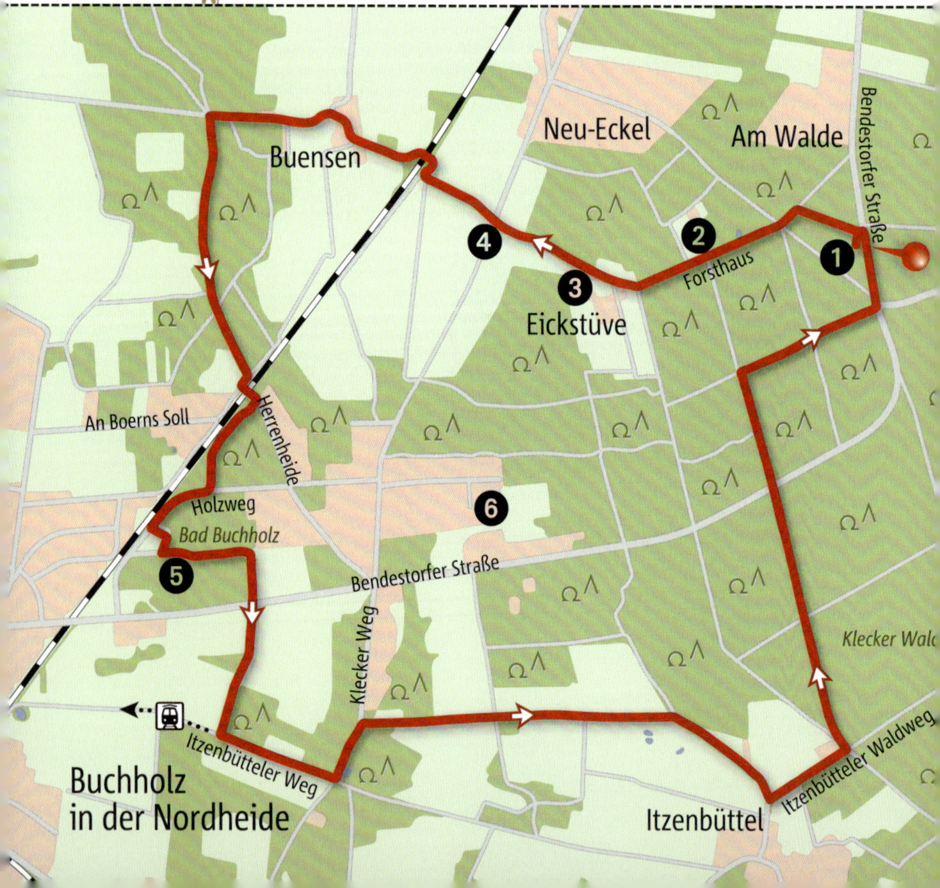

Alles auf einen Blick

WIE & WANN:
Überwiegend befestigte oder asphaltierte Wege, Wald-, Feld- und Wiesenwege; meistens ausgeschildert als Buchholzer Rundwanderweg 3; ganzjährig lohnend

HIN & WEG:
Auto: Parkstreifen an der Bendestorfer Straße, 21224 Rosengarten (GPS: 53.345716, 9.941239)
ÖPNV: RB 41, Bahnhof Buchholz; von dort zu Fuß von der Bahnhofstraße auf einem kleinen Weg parallel zu den Gleisen zum Am Langen Sal, dann rechts in den Itzenbütteler Weg, Einstieg in die Tour dort

ESSEN & ENTSPANNEN:
Lim's WAY ❺ Holzweg 6, 21244 Buchholz in der Nordheide, Tel. (0 41 81) 21 69 23, www.way.lims-restaurant.de

ENTDECKEN & ERLEBEN:
Langgrab ❶ Großsteingrab im Klecker Wald
Dat ole Fösterhuus ❷ www.postkutschenverein.de/Dat-ole-Foesterhuus
Eickstüve ❸
Bank zum Ausruhen ❹
Alpakafarm Alpaka Kisses ❻ Eichhornweg 3, 21244 Buchholz in der Nordheide, Tel. (01 70) 8 30 30 79, www.alpakakisses.de

Entspannung ★★★★★
Genuss ★★★☆☆
Romantik ★★★★☆

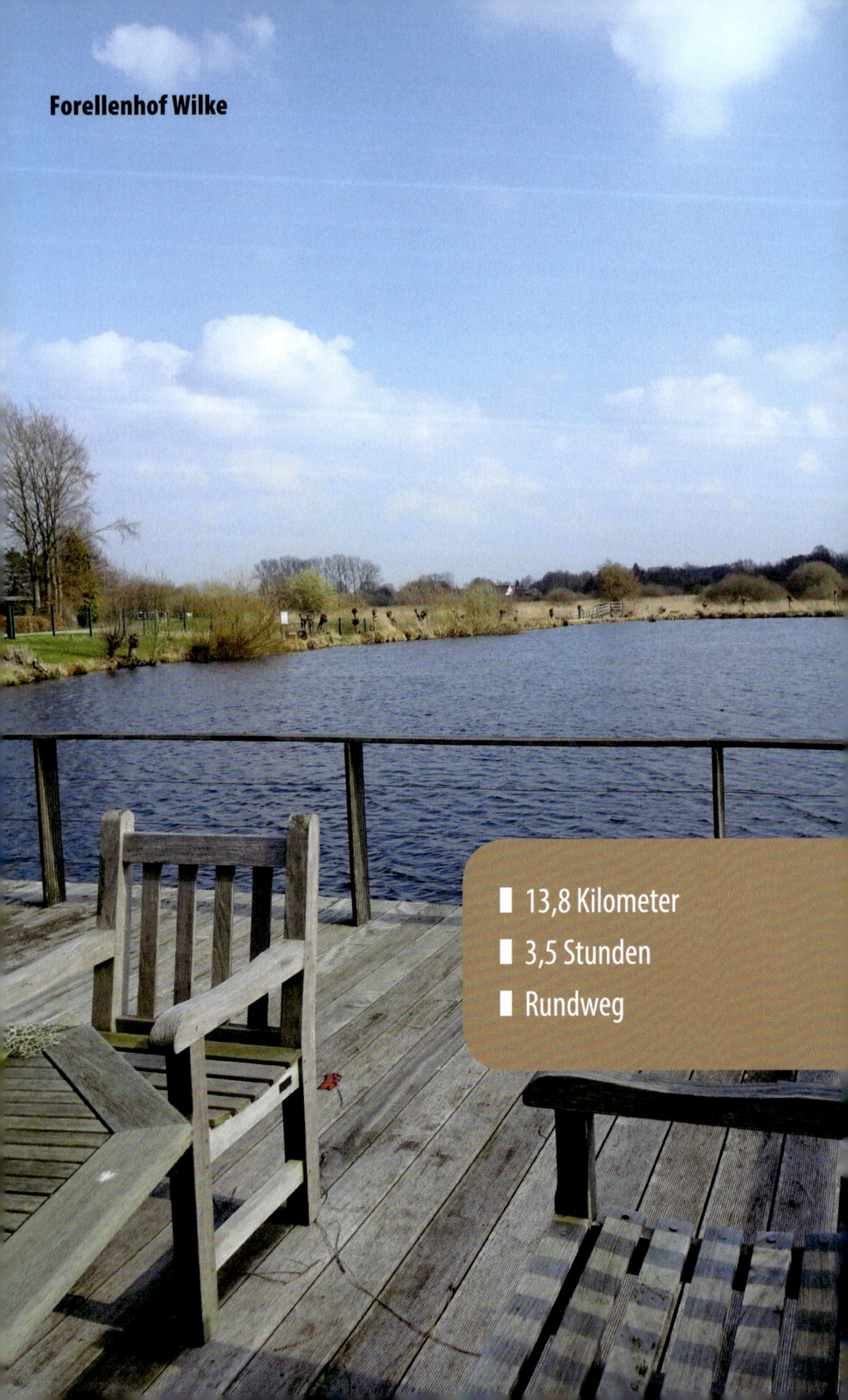

Forellenhof Wilke

- 13,8 Kilometer
- 3,5 Stunden
- Rundweg

Unsere Entschleunigungstour beginnt am Bahnhof von Horneburg am Rand des Alten Landes. Wir gehen links die **Bahnhofstraße** zum 1950 errichteten Lagergebäude der Firma Hinrich Witz, die mit Industrieölen handelte. Heute riecht es verführerisch nach Anis, Kümmel, Früchten und Wacholder, da die **Nordik Edelbrennerei** ❶ hier eingezogen ist.

Wir biegen rechts in die Straße **Zum Güterbahnhof** ein und noch mal rechts in die Straße **Im großen Sande.** Unmittelbar vor einem Kreisverkehr könnten wir rechts, falls wir hierfür einen Termin vereinbart hätten, eine **ornithologische Privatsammlung** ❷ besuchen.

Am Kreisel schwenken wir nach links in die **Otto-Balzer-Straße,** vorbei an einem Findling mit dem Bronzerelief einer Kutsche. Dieses erinnert an den bedeutenden historischen Pferdemarkt in Horneburg.

*Der **Herbst- und Pferdemarkt Horneburg** ist seit 1734 urkundlich belegt und zählte zu den größten des Nordens, auch bedingt durch die Lage an bestehenden Handelswegen. Er findet jeweils am zweiten Freitag im Oktober im Bereich Lange Straße statt, vormittags mit Pferden.*

160 Meter nach dem Kreisverkehr nehmen wir rechts einen kleinen Fußgängerweg mit dem Schild **Bewegungspark Horneburg.** Wir spazieren im Bogen durch Kleingartenanlagen parallel zu einem Graben. Unser Patt quert die **Neumarktstraße.** Beim **Moor-**

Im Auetal

Wasser- & Dorfidylle um Horneburg

wichtel-Kindergarten erscheint vor uns eine Schranke, auf die wir zusteuern und geradeaus ins Grün weiterwandern. Wir kommen in die **Johann-Hinrich-Wichern-Straße** und biegen bald in den **Weidenstieg** rechts ein, um direkt auf das Schloss zuzusteuern. Bevor wir es erreichen, müssen wir noch den Marschdamm über-

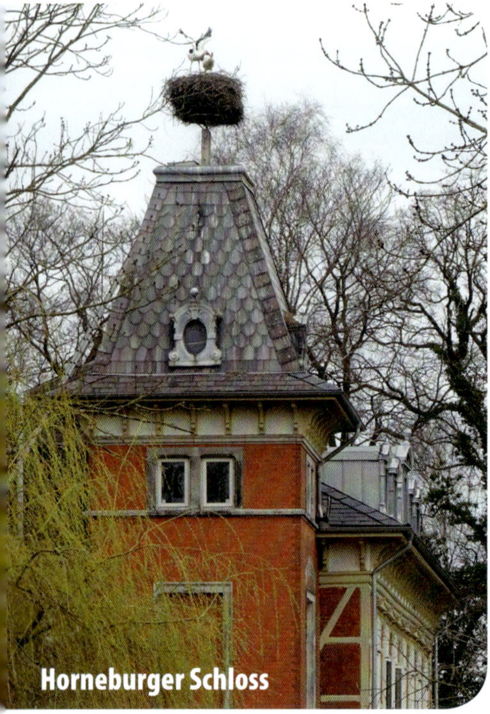
Horneburger Schloss

queren. Eine Markierung zeigt uns, dass wir gerade auf dem Jakobsweg dahinspazieren.

Wir bewundern das **Schloss ③,** das wie eine Insel vom noch erhaltenen ehemaligen Burggraben umgeben ist. An der Stelle einer spätmittelalterlichen Wasserburg von 1255, die nach dem Dreißigjährigen Krieg abgetragen wurde, entstand ein Herrenhaus. Es wurde später um ein Geschoss aufgestockt und um einen Eckturm erweitert, auf dem jedes Jahr laut klappernde Störche in einem großen Nest Quartier nehmen.

Kaum sind wir am Schloss vorbei, genießen wir Ruhe in der Natur, denn wir gelangen zum Deich und schauen auf die weite Landschaft hinter dem **Fluss Aue,** der an dieser Stelle in einen Graben und einen Auffangsee gespalten ist.

Auf rund 26 Kilometer Länge mäandert die ***Aue*** *zwischen Ahlerstedt und Horneburg durch die Stader Geest. In Horneburg fließt sie mit der Landwettern zusammen und bildet mit ihr die Lühe, die bei Grünendeich in die Elbe mündet – deshalb ist das Gewässer von der Tide beeinflusst.*

Die Gegend besticht durch ihre reizvolle Lage zwischen Marsch und Geest. Marschwiesen wechseln sich mit den vor vielen Tausend Jahren von Gletschern aufgetürmten, teilweise bewaldeten Hügeln ab. Wir drehen eine Runde um das Schloss, bis wir rechts den ehemaligen Pferdestall mit schiefergedecktem Satteldach und Eisenfenstern sehen, heute das **Handwerksmuseum ④.** Schloss und Pferdestall stehen auf schweren mittelalterlichen Feldsteinfundamenten.

Geradeaus, über die **Lange Straße,** würde man auf den historischen Stadtkern mit dem Rathaus treffen, das im 17. Jahrhundert als strategisch bedeutende Pferdewechselstation zwischen den Hansestädten Hamburg und Stade fungierte. Wir spazieren aber links und wieder links in den **Vordamm,** an der **Liebfrauen-**

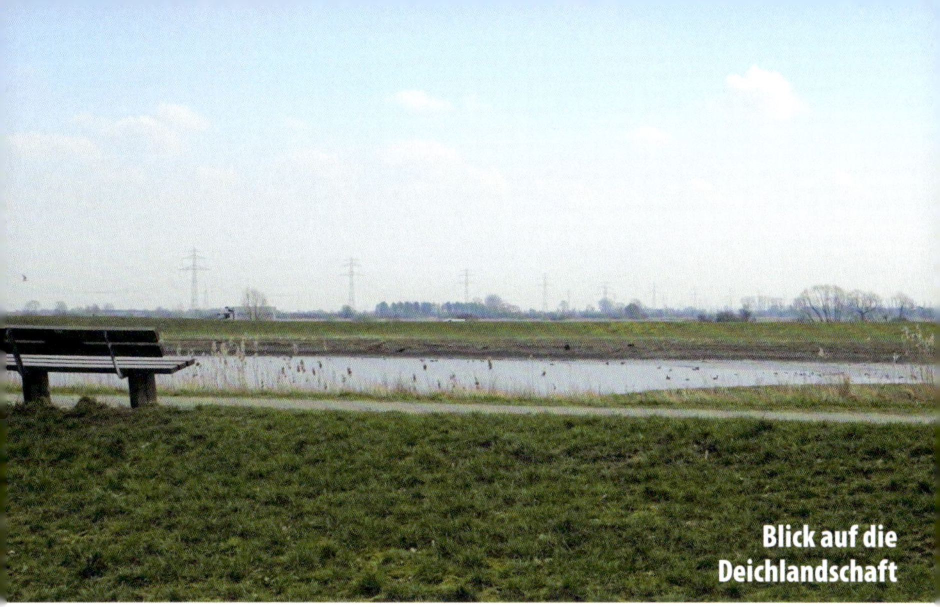

Blick auf die Deichlandschaft

kirche aus rotem Backstein vorbei. Holprige Kopfsteinpflaster und schmale Fußsteige lassen erahnen, wie es vom 16. bis zum 19. Jahrhundert hier aussah. Beiderseits des Vordamms, zur Auebrücke hin, blühte das Landhandwerk. Es gab Schmieden, Stellmachereien, Gerbereien, Sattler und Schumacher, während sich vor allem auf der Westseite des Marschdamms vorwiegend kleine Bauernhäuser auf schmalen, aber tiefen Hofparzellen aneinanderreihten.

Für die Seele

Beim Gang durch das Auetal, lichten Wald und weites Ackerland kommen wir zur Ruhe; Schloss-, Gutshaus- und urige Katenromantik beflügeln unseren Entdeckergeist.

Hinter der Kirche biegen wir gegenüber einem Friseurladen scharf rechts ein. Der kleine Weg führt uns zum Auedamm, den wir queren. Wir befinden uns auf dem romantischen Deichweg an der Aue zum **Naturschutzgebiet Aueniederung und Nebentäler.** Mit etwas

Deich und Fischteich

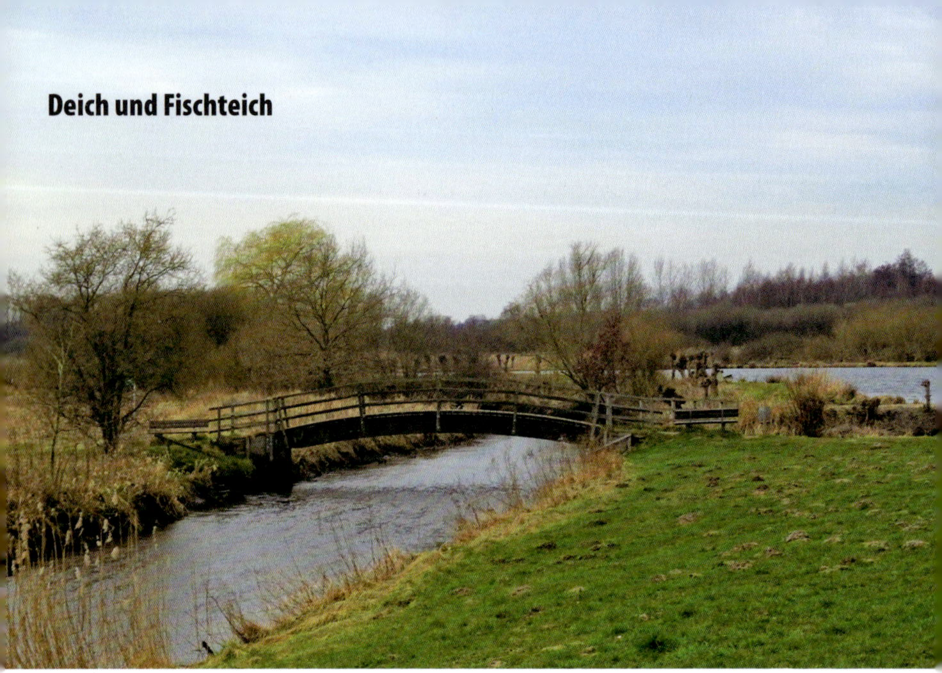

Glück begegnen wir dem Aurorafalter, der längs der Wasserläufe einen idealen Lebensraum findet und auf Wiesen-Schaumkraut fliegt.

Ein heftiger Wind bläst über die Weiten. Wir steuern auf eine Brücke der Niederelbebahn zu, gehen unter ihr hindurch und erleben einen landschaftlich herrlichen Wegabschnitt an der sich in Schleifen windenden Aue. Nachdem wir die **Bundesstraße 73** überquert haben, kommen wir am Deich zu einem See, dem Vereinsgewässer Petri Heil, dahinter sehen wir die Fischteiche des Forellenhofs Wilke, den wir zum Schluss noch besuchen werden. Wir folgen links über eine urige Holzbrücke dem Wegweiser **Blick ins Auetal.** Auf angenehmen Sandwegen wandern wir an ganz verschiedenen Landschaftstypen vorbei: Erlen-, Bruch- und Auwälder breiten sich aus, dazwischen Röhrichte, Sümpfe und Feuchtwiesen sowie Inseln und Quellbiotope.

Nach etwas mehr als 1 Kilometer biegen wir rechts zu einem **kleinen Ausguck** ab. Wir blicken ungestört ins Tal und entspannen uns. Tafeln informieren über Lebensräume und Bewohner.

Danach gehen wir ein Stück linksherum an der **Hauptstraße** und überqueren sie schließlich, um auf der gegenüberliegenden Seite in die Straße **Am Siedenkamp** der Siedlung im **Postmoor** zu gelangen. Rund 280 Meter weiter wenden wir uns nach rechts und wieder der Natur zu. Auf einem relativ neuen, breiten Schotterweg steuern wir an Ackerland vorbei auf den Bach Lahmsbeck in **Bliedersdorf** zu. Dann geht es rechts in die Straße **Bucht** und sofort links auf einen Patt. Wir stoßen auf den **Taubenkamp** und folgen ihm nach links, dann immer geradeaus. Er mündet in die Straße **Geesthöhe,** wir spazieren weiter am Rand der Siedlung, bis der Weg in einer Rechtskurve endet. Linker Hand führt der Weg **Lahmsbeck** zur **Nottensdorfer Straße,** die uns rechts zur **Dohrenstraße** bringt. Dort befindet sich das **Museumsdorf Bäuerliches Hauswesen Bliedersdorf ❺.** An diesem Sehnsuchtsort der Nostalgie wird das Leben auf dem Land vor Jahrhunderten noch einmal erfahrbar.

*Im **Museumsdorf Bäuerliches Hauswesen Bliedersdorf** wurden bis zu 380 Jahre alte historische Häuser wiederaufgebaut: ein niederdeutsches Hallenhaus, Backhaus, Erdkeller, Schafstall, Durchfahrtsscheune und Schmiede. Das Sägewerk von 1926 ist sogar funktionstüchtig.*

Vom Museum gehen wir ein Stück zurück in das „echte“, verträumte Dorf und nehmen links den

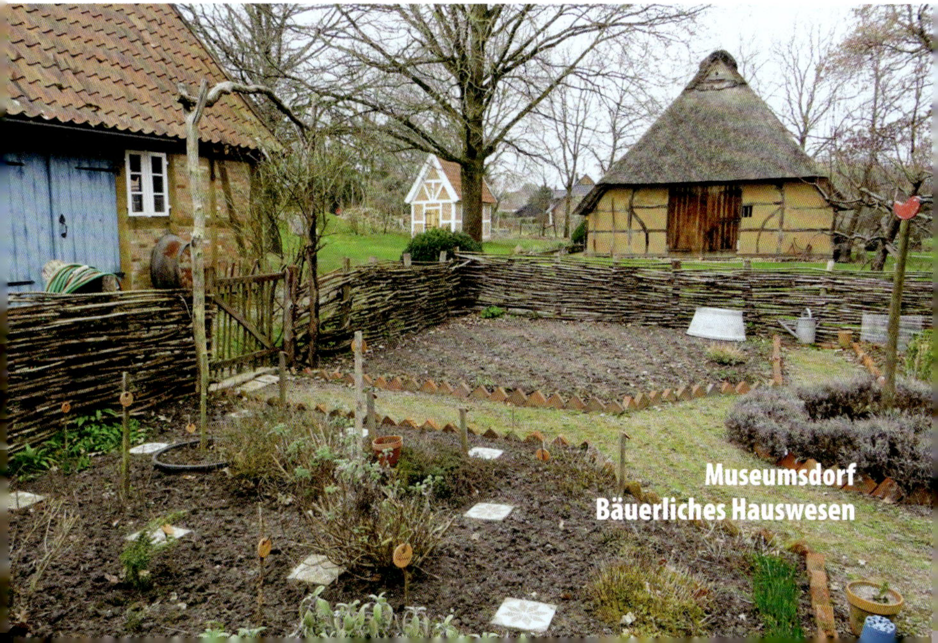

Museumsdorf Bäuerliches Hauswesen

Mittelweg, dann rechts den **Catharinenstieg,** schließlich ein kurzes Stück links die **Hauptstraße.** Rechts bringt uns der **Mühlenberg** wieder hinaus aufs Land. Wir bewegen uns durch offene Wiesen und Felder. Mächtige Welsh-Black-Rinder trotten zutraulich auf uns zu.

Ein schönes Holzschild weist uns den Weg geradeaus zum **Bockelsberg ❻.** Linker Hand sehen wir noch einen versteckten Teich in einer Schonung, wir aber kraxeln nun die 25,4 Meter hoch zum Berg. Eine verwitterte Bank lädt zu einer kurzen Rast mit fabelhafter Aussicht in alle Himmelsrichtungen ein, bevor der Sauerstoffmangel den norddeutschen Gipfelstürmer an den zeitigen Abstieg gemahnt.

Nun wandern wir den **Bockelsberg** auf der anderen Seite in einer Rechtskurve an einem Feld entlang herunter. Links nimmt uns ein verwunschener Waldweg auf. Zu beiden Seiten breiten sich Bruch-, Auwald, Moor und Schilfabschnitte aus, die typisch für die Auelandschaft sind. Die Eigendynamik der Gewässer in Niederungen schafft unterschiedliche Standort-

Bockelsberg

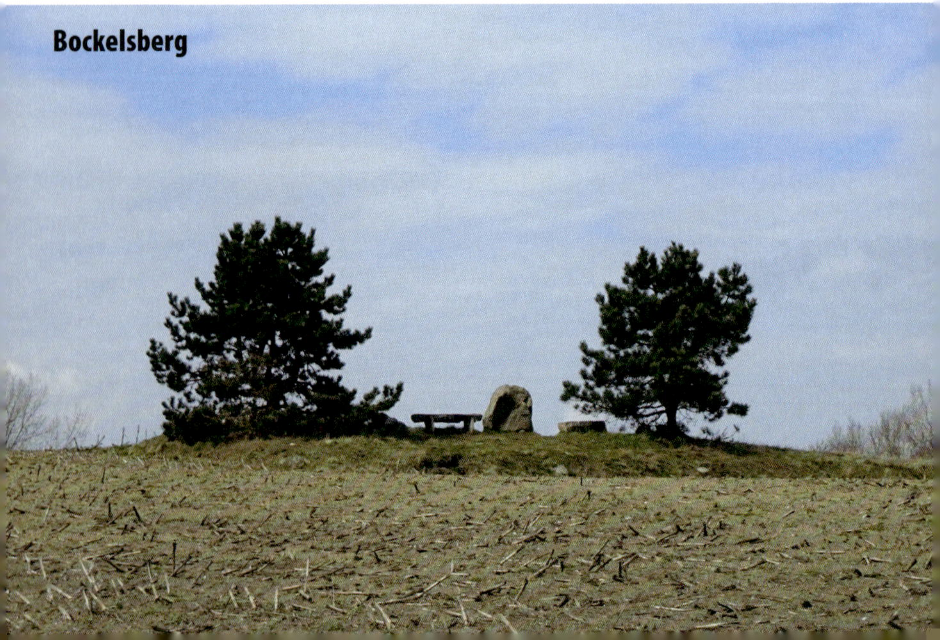

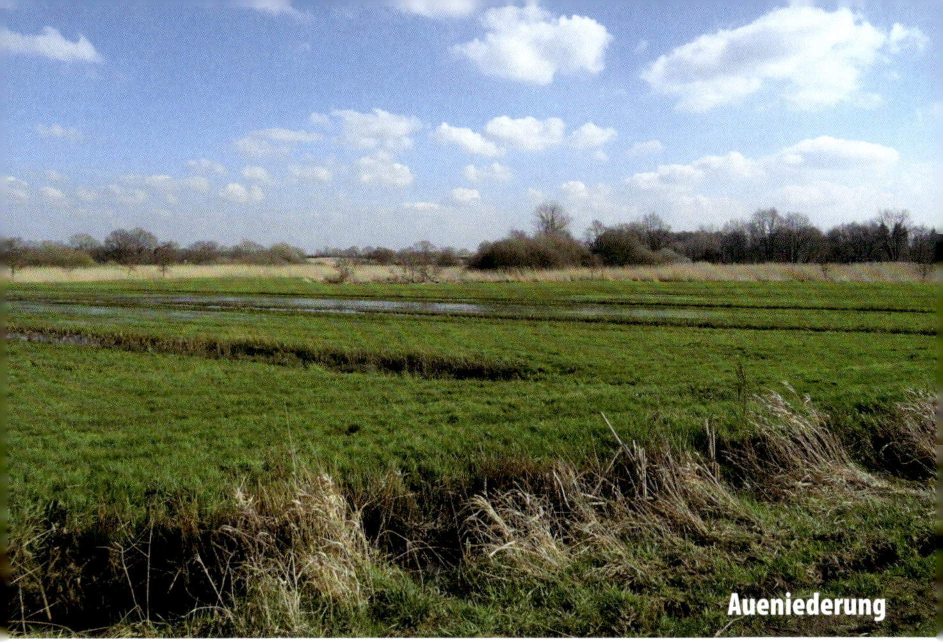

bedingungen und vielfältige Lebensräume. Hier verstecken sich Teichrohrsänger oder Rohrweihe. Viele Wirbellose und Insekten tummeln sich in den hohlen Schilfhalmen.

Schließlich gelangen wir an einen **See,** gehen den Weg links hoch und nähern uns Daudieck. Es geht durch die **malerische Aueniederung 7.** Das Gewässer durchfließt in diesem Bereich Abschnitte, die landwirtschaftlich genutzt werden. Es sind teils Äcker, teils Weide- und Wiesenflächen, die bis zum Uferrand der Aue mit seiner lichten Böschung heranreichen. Bäume, Büsche oder Sträucher findet man nur wenige am Fluss. Ungehindert kann die Aue in natürlichen Biegungen und Kurven durchs Tal fließen und als landschaftsgestaltende Kraft wirken.

Wir erreichen die kopfsteingepflasterte **Harsefelder Allee** und folgen ihr rechts nach **Gut Daudieck 8.** Vor uns taucht der romantische **Badesee** auf, weiter streifen wir zwei Krüppelwalmdachhäuser und ein lang gezogenes Wirtschaftgebäude, in dem das Künstlerpaar Christa Donatius und Michael Jalowczarz lebt. Danach halten wir uns geradeaus auf **Stucks Weg,** einer zwischen Feldern verlaufenden Asphaltstraße. Wenn

Stucks Weg ist gleichzeitig ein Teil des ***archäologischen Lehr- und Wanderpfads****. Westlich von Daudieck liegen etwa 50 Stein- und Hügelgräberfelder aus der Jungsteinzeit (3500 v. Chr.). Sie sind der älteste Nachweis einer Besiedelung des Horneburger Geestrands.*

diese einen Linksknick macht, gehen wir geradeaus und am Ende links in einen Feldweg. Wir wandern mitten durch die von kleinen Wäldchen unterbrochene Ackerlandschaft und treffen von Neuem auf **Stucks Weg,** der uns nach **Horneburg** führt.

Rechts auf der Straße **Im Stuck** spazieren wir bis zur **Wilhelmstraße.** Rechter Hand sollten wir uns nicht den **Forellenhof Wilke** 9 entgehen lassen. Es wird frischer Fisch auf einer Holzterrasse mit Blick auf die zauberhaften Fischteiche serviert.

Danach schlendern wir gestärkt immer geradeaus durch die **Wilhelmstraße,** queren zwischendurch die B 73, und bald taucht links von uns schon der Bahnhof auf.

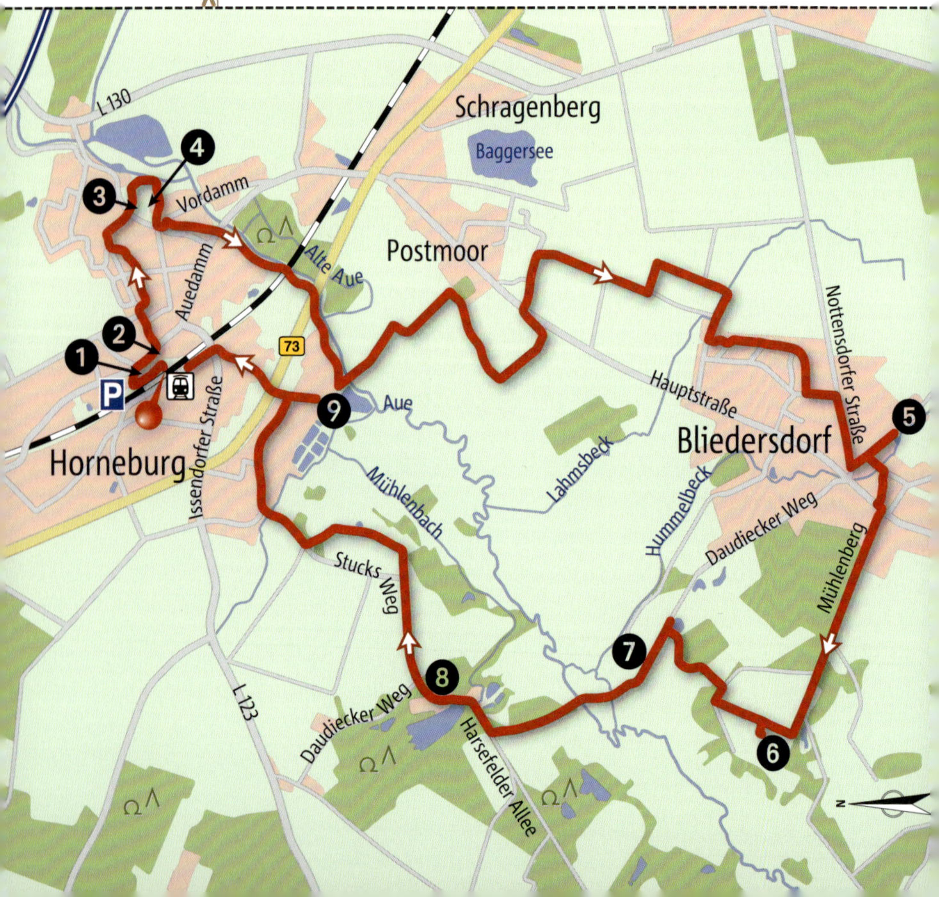

WIE & WANN:
Gut ausgebaute, naturbelassene Wege, kurze Strecken Asphaltwege; beste Zeit April bis Oktober

HIN & WEG:
Auto: P+R, Straße Zum Güterbahnhof, 21640 Horneburg (GPS: 53.510447, 9.574822)
ÖPNV: S 3 oder RE 5, Bahnhof Horneburg

ESSEN & ENTSPANNEN:
Nordik Edelbrennerei ❶ Café und Laden, Bahnhofstraße 4, 21640 Horneburg, Tel. (0 41 63) 8 66 92 60, www.nordik-edelbrennerei.de
Forellenhof Wilke ❾ Wilhelmstraße 41, 21640 Horneburg, Tel. (0 41 63) 24 55, www.forellenhof-wilke.de

ENTDECKEN & ERLEBEN:
Ornithologische Sammlung ❷ Im großen Sande 13, 21640 Horneburg, Besuchstermine unter Tel. (0 41 63) 22 17 vereinbaren
Schloss ❸ Marschdamm 2 c, 21640 Horneburg, Tel. (0 41 63) 63 20
Handwerksmuseum Horneburg ❹
Museumsdorf Bäuerliches Hauswesen Bliedersdorf ❺ Dohrenstraße 16, 21640 Bliedersdorf, Tel. (0 41 63) 77 98, www.bhbev.de (um in die alten Katen hineinzuschauen, ggf. spontan anrufen)

Entspannung ★★★★☆
Genuss ★★★★★
Romantik ★★★★★

Bockelsberg ❻
Malerische Aueniederung ❼
Gut Daudieck ❽ Atelierbesuch beim Künstlerpaar Donatius/Jalowczarz möglich, Tel. (0 41 63) 46 84, www.donatius-jalowczarz.de

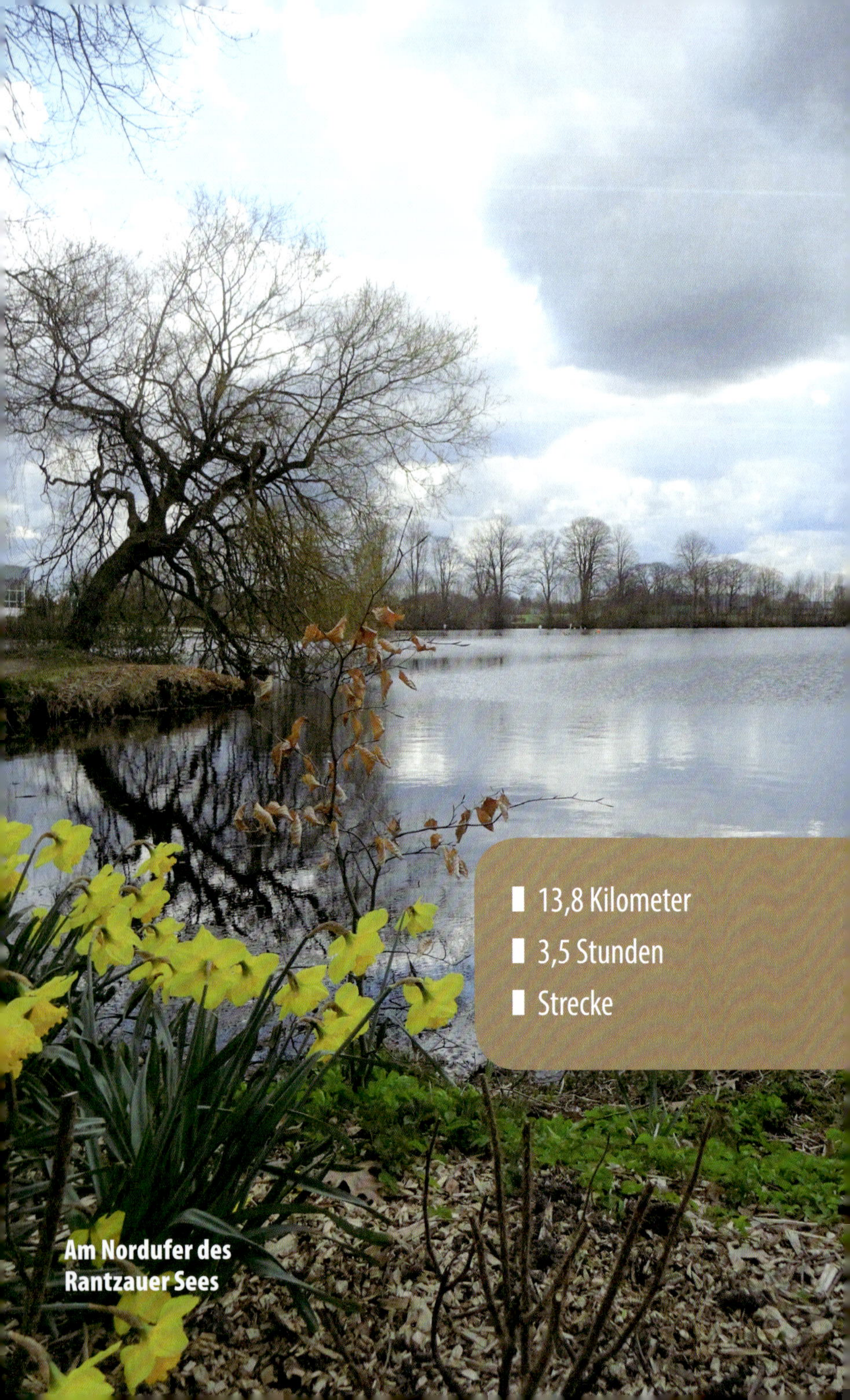

Am Nordufer des
Rantzauer Sees

Vom AKN-Haltepunkt Barmstedt Brunnenstraße gehen wir links die Brunnenstraße, dann rechts über die **Kleine Gärtnerstraße** und die **Seestraße** bis zu einem Kreisel, schließlich rechts direkt bis zum Nordufer des **Rantzauer Sees mit Schlossinsel 1.** Der See verdankt seine Entstehung dem Zufluss der **Krückau**. Wir haben Frühling, im Sommer könnten wir uns kostenlos im **Strandbad Rantzau** erfrischen.

In der idyllischen parkartigen Schlossanlage mit dem nachgebauten historischen Ensemble des ehemaligen deutschen Reichsgrafen Christian zu Rantzau lassen sich die aufregenden Zeiten der mächtigen und reichen Ritter von Barmstedt noch erahnen.

*Die **Reichsgrafen Rantzau** nutzten von 1650 bis 1726 das Schloss in Barmstedt als landesherrliche Residenz. Streitigkeiten prägten die Zeit ihrer Herrschaft, die nur drei Generationen lang währte. Danach verleibte sich das dänische Königreich die Grafschaft Rantzau ein.*

Wir verlassen das schöne Anwesen, auf dem zahlreiche Kunstinstallationen zu bewundern sind, über die Straße **Rantzau,** erst nach links, dann nach rechts. An der **Pinneberger Landstraße** halten wir uns 200 Meter rechts, um dann über die Straße links in den tiefen Rantzauer Forst einzutauchen. Auf dem **Krückau-Wanderweg** schreiten wir kräftig aus, immer dem schönen Holzschild nach.

Stadt, Land, Fluss

Von Rantzau nach Elmshorn

Wir kommen an eine Fünffach-Kreuzung, folgen dem **Radwegzeichen** halb rechts und stehen plötzlich vor dem **Rantzau-Gedenkstein** mitten im Wald. Zwei Bänke laden zum kurzen Verschnaufen ein. Hier ereignete sich 1721 der rätselhafte Grafenmord. Christian Detlev Rantzau, der Enkel des ersten Reichsgrafen

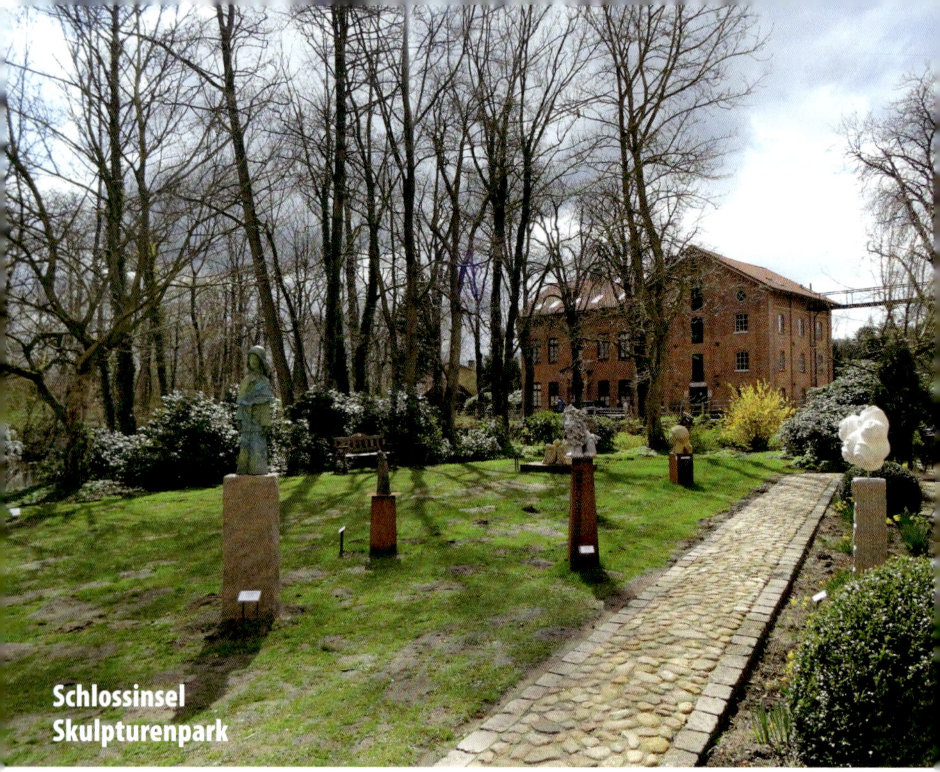

Christian, der um 1649 das Amt Barmstedt zur Rechtsgrafschaft erhob, starb an diesem Ort durch eine Kugel. Der Fall wurde nie aufgeklärt.

Über die Kreuzung geradeaus folgen wir immer dem gut begehbaren Wanderweg. Wir sehen den Radebrooksbach, der uns ein kurzes Stück bis zu einer Brücke begleitet, die wir überqueren und geradeaus weiterwandern. Noch viele andere Brücken werden wir heute überschreiten.

Wir halten inne und werfen einen Blick nach links, wo sich das Gewässer klar und schmal an moosigen Hängen seinen Weg bahnt und dabei eine verwunschene Landschaft zaubert. Seit wir den dichten Laub- und Nadelwald betreten haben, breiten sich ganze Teppiche sprießender Buschwindröschen aus.

Bei der nächsten Gabelung wandern wir rechts und dann links dem Wanderschild **Krückauerweg** nach, folgen ihm ungefähr 400 Meter geradeaus Richtung Bokholt und spazieren bei der auftauchenden Kreuzung in einem leichten Linksknick weiter. Wenig später erstreckt sich vor uns zu einer Seite weite Wiesenlandschaft mit vereinzelten Obstbäumchen und zur anderen ein Wohngebiet. Herrliche Stille umgibt uns anschließend im **Waldgebiet Bast** des Rantzauer Forstes. Wir gelangen an eine Kreuzung, nach der wir geradeaus an Wiesen und Feldern entlangstreifen.

Nach geraumer Zeit windet sich der Weg an Bokholt-Hanredder vorbei und ändert dabei häufig die Richtung: An einer T-Gabelung gehen wir rechts auf einem befestigten Feldweg, haben das Holzschild **Krückau-Elmshorn** vor uns und schlenkern dann nach links, bis wir auf die **Bokholter Landstraße** stoßen. Wir richten uns nach links aus, auf einem zweispurigen Weg, umsäumt von gestutzten Weiden. Es geht an Bauernhöfen und Stallungen entlang, wo wir Kühe muhen hören, an Stoppelfeldern und gemähten Feldern, und ab und

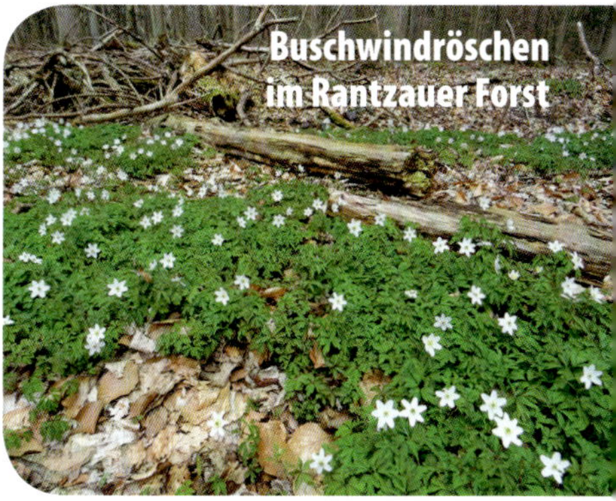

Buschwindröschen im Rantzauer Forst

Für die Seele

Die Schlossinsel Rantzau, erfrischende Waldlandschaft, die weite Krückauniederung und der Elmshorner Stadtsee versüßen uns die abwechslungsreiche Wanderung.

an schmücken am Wegesrand gelbe Tupfen den Boden um die Baumstämme. Das sind die leuchtenden, sternförmig angeordneten Blüten des Scharbockskrauts, eine wichtige Nahrungsquelle für Bienen und andere Insekten.

Wenn die Straße endet, ziehen wir rechts weiter an Feldern vorbei. Es wird wieder waldreicher. Der Weg

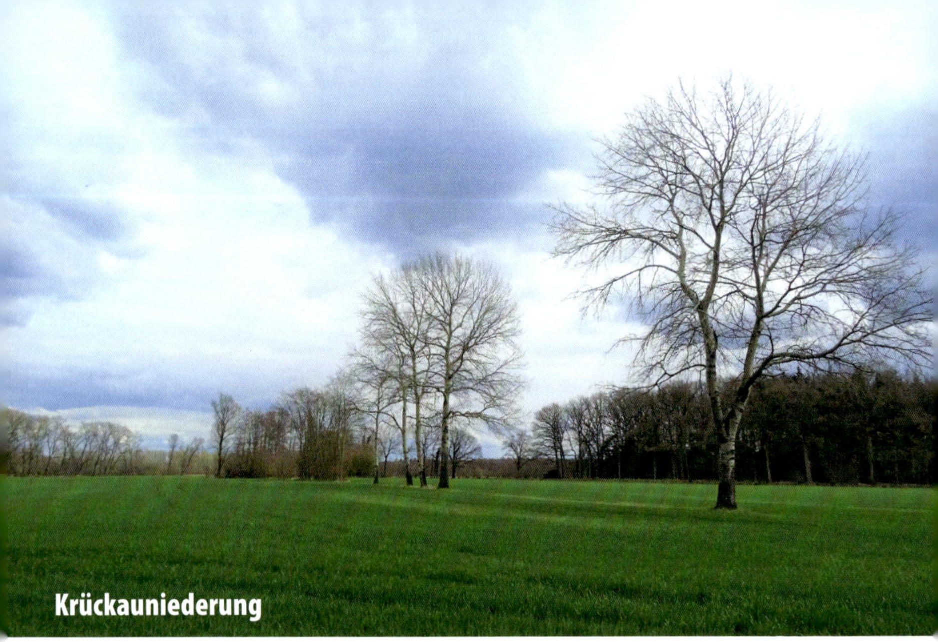
Krückauniederung

gabelt sich. Wir bleiben rechts, dem Wanderschild folgend, und gehen dann in einem Bogen nach links.

Die Ruhe wird jäh von der Autobahn A 23 unterbrochen, die wir kurz tangieren, unterqueren und seitlich ein kleines Stück begleiten müssen. In der offenen Landschaft der **Krückauniederung** wechselt nun die Wegbeschaffenheit: Anstatt auf Pfaden gehen wir auf Betonspurplattenwegen erst von der Krückau weg und nähern uns ihr später wieder. Dabei nutzen wir die schon vorhandene Wegverbindung **Widentwiete** und **Stabeltwiete.** Aus Gründen des Landschaftsschutzes will man hier landwirtschaftlich genutzte Flächen vor weiterer Zerschneidung durch Straßen und Wege bewahren. Die offenen, zusammenhängenden Grünlandbereiche bleiben für Erholung suchende Wanderer und vor allem als Lebensraum für Wiesenvögel erhalten. Im Oberlauf der Krückau schützt man die gefährdeten Laich- und Aufwuchsplätze des Flussneunauges.

Wir erreichen den Zusammenfluss von Krückau und Offenau mit einem malerischen **Picknickplatz ❷.** Die 40 Kilometer lange Krückau unterliegt dem Auf und Ab der Gezeiten. Sie ist nicht klar, sondern moorig eingefärbt, sie entwässert das Niederungsgebiet.

*Das stark bedrohte **Neunauge** ähnelt einem Aal. Es ist ein lebendes Fossil, ein Vorläufer der Fische, ohne Unterkiefer, welcher erst später in der Evolution entstand. Auge, Nasengrube und sieben Kiemenöffnungen auf jeder Seite sehen aus wie neun Augen.*

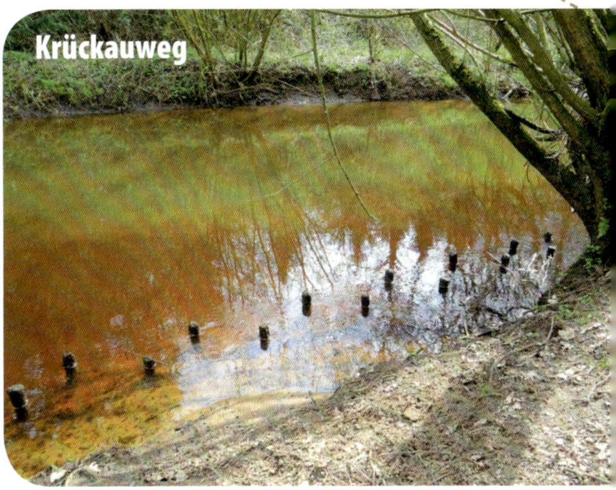

Krückauweg

Nun geht es romantisch immer am Fluss entlang, und zwar über 3 Kilometer. Der Weg ist herrlich naturbelassen, es ist luftig waldig unter Laubdächern.

Nachdem wir die Wittenberger Straße unterquert haben, wird die Krückau erheblich breiter. Entlang des **Krückauparks** geht es eher gemütlich und entschleunigt zu. Wir streifen das Schwimmbad **Badepark Elmshorn,** eine Anlage mit einer 102 Meter langen Rutsche und Beachvolleyball.

An der Straße **Mühlendamm** biegen wir nach links, überqueren sie an der Ampel und finden geradeaus ein kleinen Patt (rechts von Haus Nummer 22). Nun erreichen wir unmittelbar rechts über die Brücke den **Elmshorner Steindammpark** an dem Fluss Oberau, wahrnehmbar als **Stadtsee mit Landzunge ③.** Nörd-

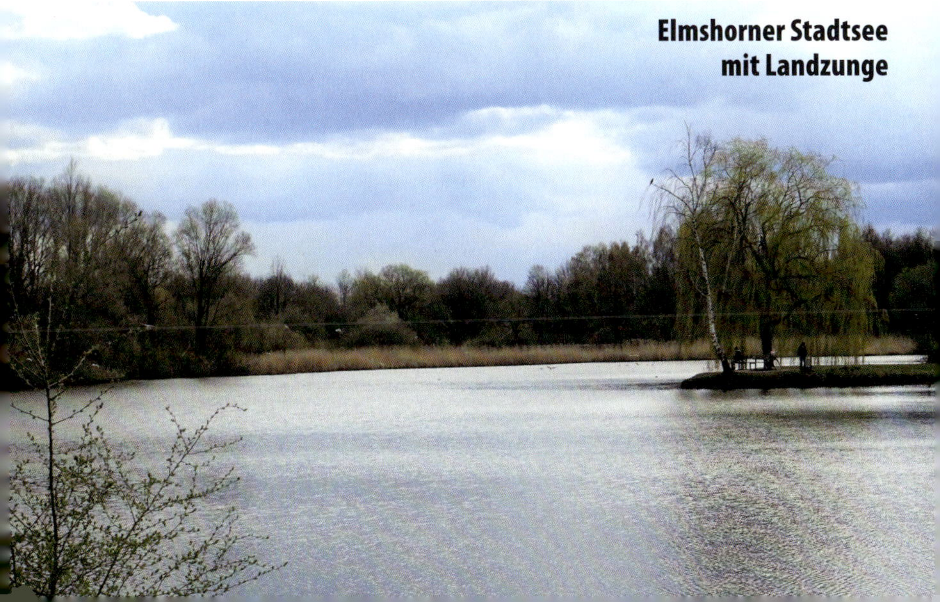

Elmshorner Stadtsee mit Landzunge

lich von ihm sorgte einst die **Wassermühle Piening** für gemahlenes Korn. Wir suchen uns eine Bank, genießen einfach die Ruhe mit Blick auf spiegelnde Wolken im Wasser und spüren, dass wir unseren Kopf durch diese Entschleunigungstour ganz frei bekommen haben.

Beim sichtbaren Parkdeck P+R befindet sich der direkte Zugang zum Bahnhof, von wo uns die AKN zum Ausgangspunkt zurückbringt.

Vorher lohnt noch ein Abstecher zum 5 Minuten entfernten, spannenden **Industriemuseum** 4 oder zum Hafen, der ein wichtiger Wirtschaftsstandort für die Walfängerei war und für die berühmten Frühstücksflocken von Peter Kölln heute noch ist.

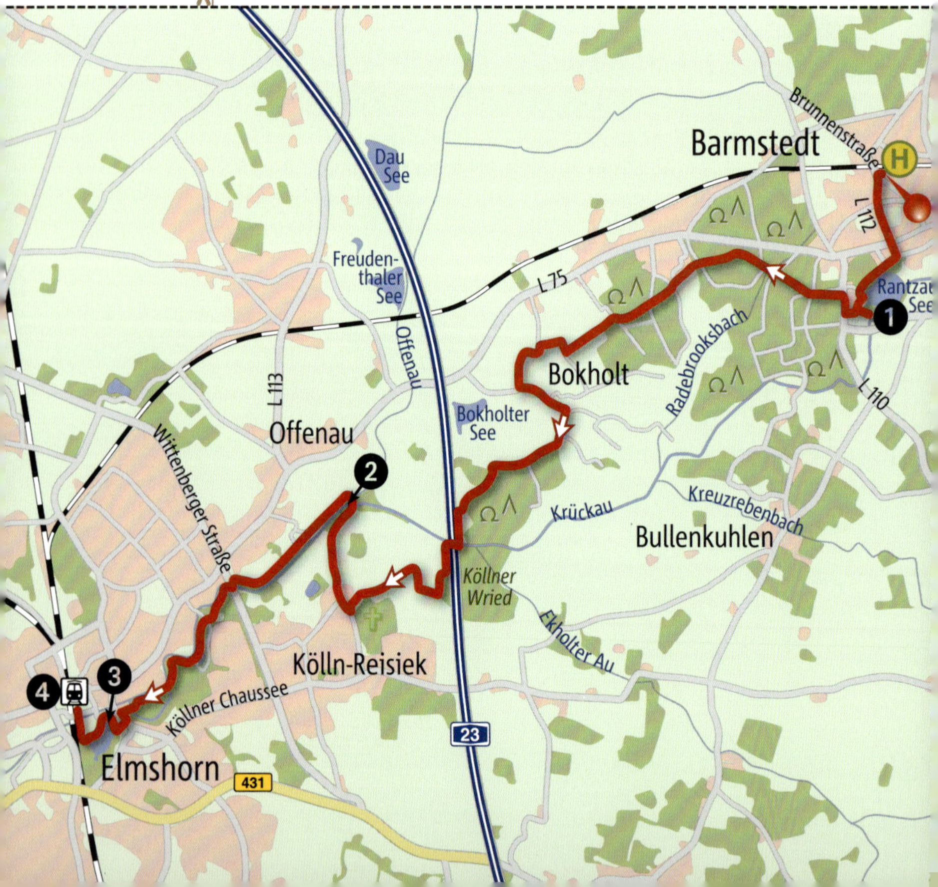

Alles auf einen Blick

WIE & WANN:
Gekieste, befestigte, teils asphaltiert Wege, gut ausgeschildert vom Norddeutschen Wanderverband; ganzjährig lohnend

HIN & WEG:
Auto: Parken in der Brunnenstraße 36, 25355 Barmstedt (GPS: 53.792478, 9.761428); alternativ Marktstraße 44, 25355 Barmstedt (GPS: 53.786964, 9.764046)
ÖPNV: RE 7, RE 70, RB 61, Bahnhof Elmshorn, von dort AKN A 3, Haltestelle Barmstedt Brunnenstraße; Rückkehr zum Ausgangspunkt: von Elmshorn AKN A 3, Haltestelle Barmstedt-Brunnenstraße

ESSEN & ENTSPANNEN:
Rucksackverpflegung nicht vergessen!
Diverse Einkehrmöglichkeiten gegen Ende der Tour in Elmshorn

ENTDECKEN & ERLEBEN:
Rantzauer See mit Schlossinsel ❶
Picknickplatz ❷ an der Mündung der Offenau in die Krückau
Elmshorner Stadtsee mit Landzunge ❸
Industriemuseum ❹ Catharinenstraße 1, 25335 Elmshorn, Tel. (0 41 21) 23 17 00, www.industriemuseum-elmshorn.de

Entspannung ★★★★☆
Genuss ★★★☆☆
Romantik ★★★★☆

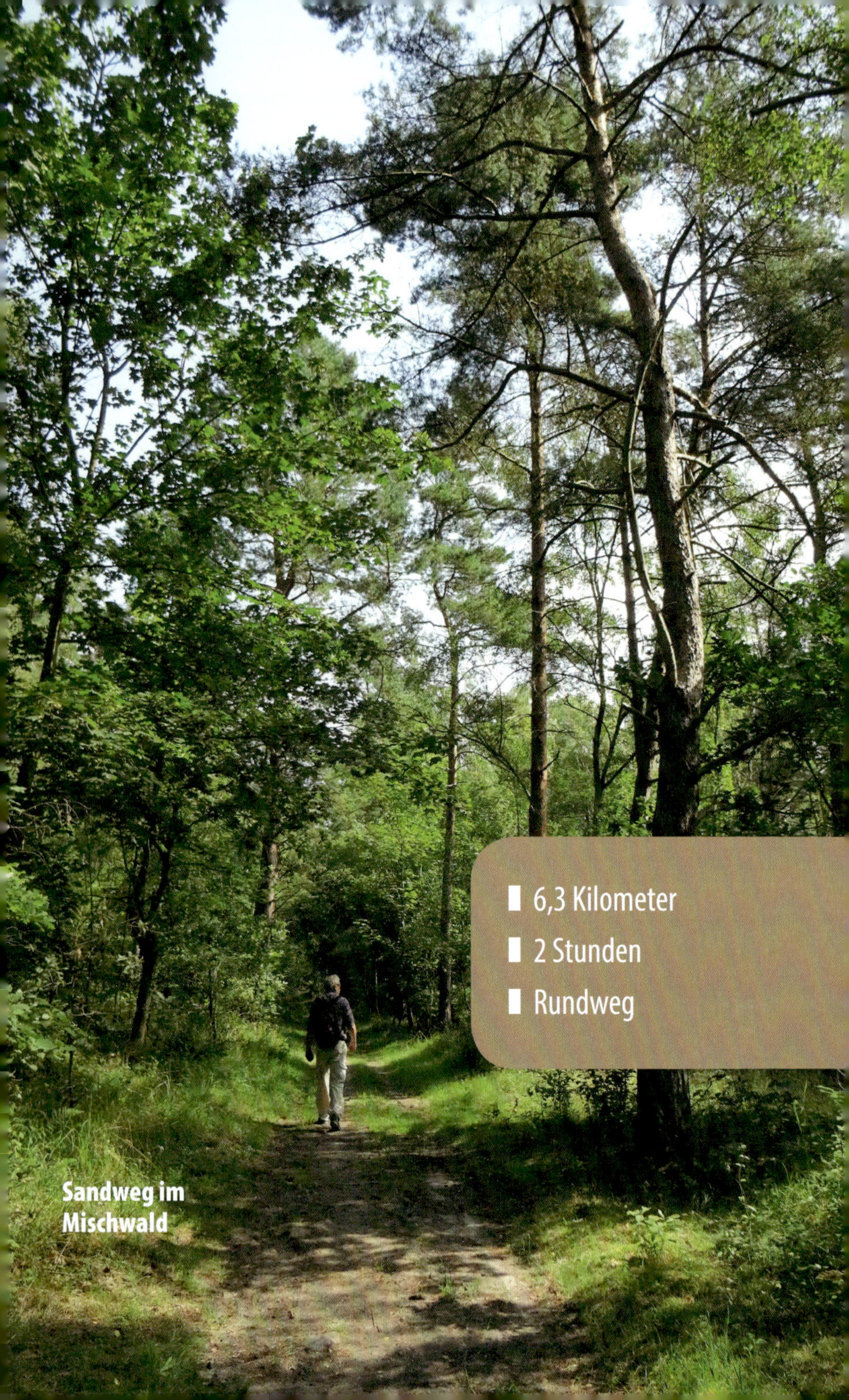

- 6,3 Kilometer
- 2 Stunden
- Rundweg

Sandweg im Mischwald

Wald & Sandberge

Ruinen in den Besenhorster Dünen

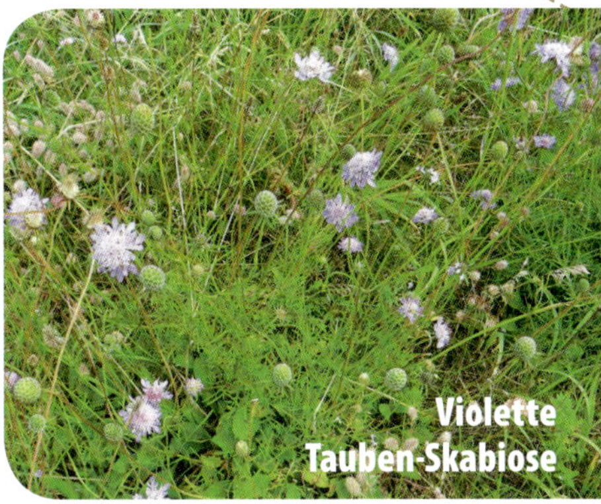

Violette Tauben-Skabiose

Wir beginnen unsere Wanderung von der Bushaltestelle Am Schleusenkanal in Geesthacht, wo uns ein Weg an einem Asphaltmischwerk und bald an geheimnisvollen Relikten einer alten Pulverfabrik entlangleitet. Links haben wir Sicht auf die weite **Elbsandwiese.** Wir bewegen uns direkt an der Grenze von Hamburg und Schleswig-Holstein im **Naturschutzgebiet Besenhorster Sandberge und Elbsandwiesen.** Wie der Name schon sagt, existieren zwei charakteristische Landschaftsformen, die für die Erhaltung der Biodiversität essenziell und nur an diesem Ort, in dieser Region noch so unberührt nebeneinander zu finden sind: einmal die eiszeitlichen, zu Dünen aufgewehten Sandablagerungen und zum anderen der kalkreiche Sandtrockenrasen mit feuchten Wiesenabschnitten.

Nachdem wir an den blumenbunten Elbwiesen mit Gewimpertem Kreuzlabkraut, violetter Tauben-Skabiose oder dem gelben Rainfarn vorbeigezogen sind, biegen wir rechts ein und gelangen auf den **Schwarzen Weg,** auf dem wir auch wieder zurückkommen werden. Wir begeben uns in luftigen Wald mit Eichen, Kiefern und Birken und lenken an einer Kreuzung unsere Schritte in einen kleinen Sandpatt rechts.

Kaiser Wilhelm I. schenkte das Gebiet westlich von Geesthacht 1871 Bismarck, der es wiederum an Max Duttenhofer zur Errichtung der ***Pulverfabrik*** *verpachtete. 1937 wurde ein Erweiterungsbau namens „Birke" in Betrieb genommen, der 1945 zerstört und 1953 entseucht wurde.*

Linker Hand, etwas entfernt, sehen wir durch das Laub schon die Silhouette von **Überbleibseln der Düneberger Pulverfabrik,** einer Munitionsproduktionsstätte mit ehemals 340 Gebäuden, die nach dem Zweiten Weltkrieg demontiert wurde.

Auf dem kleinen, verwunschenen Pfad schenken uns Wiesenstücke mit schönen Eichen Ruhe und neue Energie. Nach einer Weile führt ein kleiner Trampelpfad links an einem Baum vorbei, der nach einem Blitzeinschlag einer von Künstlerhand geschaffenen Skulptur gleicht. Hier wird es sandig. Im Übergang von den Elbwiesen zum Dünengebiet finden sich unbeeinträchtigt im Freistand aufgewachsene Eichenbestände, wie sie in Wirtschaftswäldern nicht mehr zu finden sind. Derartige Licht-Biotope im Kontakt zu den mit Blauem Schillergras bewachsenen Dünen stellen eine besondere Eigenart des Schutzgebiets dar. **Gehölzreiche Dünenlandschaft** ❶

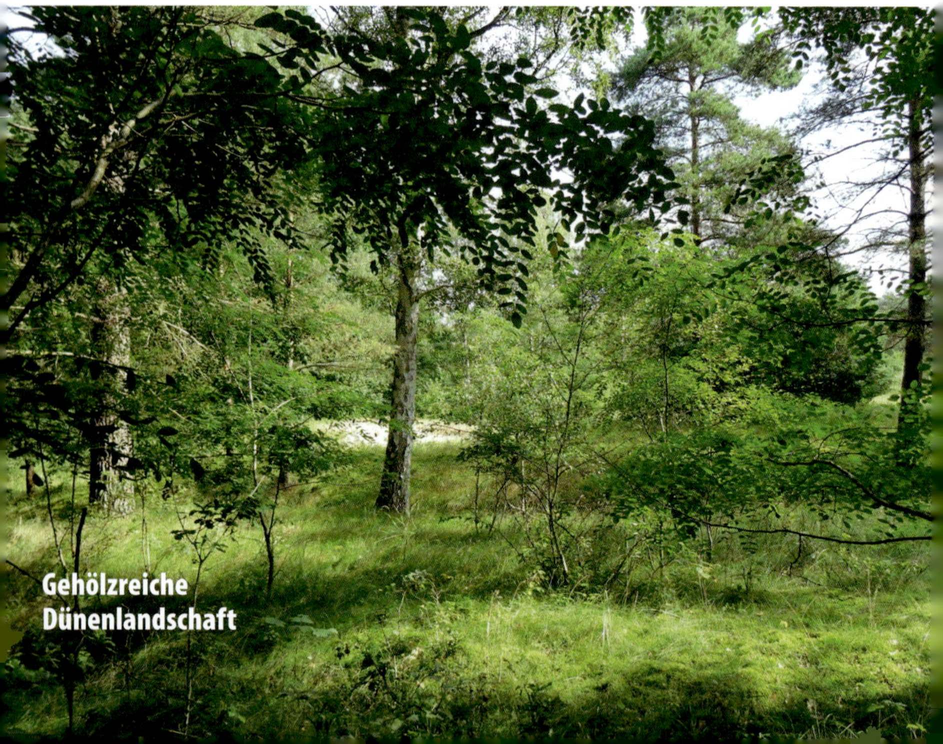

Gehölzreiche Dünenlandschaft

entfaltet sich rechts und links des Weges. Wir laufen den Berg hinunter und wandern geradeaus einen kleinen Patt weiter, nicht linksherum, sondern einen kleinen Anstieg hoch, auf dem viele Ameisen zu unseren Füßen krabbeln.

Wild und romantisch ist es hier, es geht einen kleinen Hügel mit vielen Büschen bergauf. Am sonnigen, warmen Hang entdecken wir eine zarte, pink leuchtende Kartäusernelke. Die Blütezeit dieser Art beginnt im Juni und dauert bis in den September. Immer noch befinden wir uns etwas oberhalb auf dem kleinen, herrlichen Pfad, streifen rechts und links Farn und wildes Gras, an dessen Halmen Käfer baumeln. Faszinierender Mischwald breitet sich vor uns aus. Wir wandern an einem umgestürzten Baum vorbei über einen sandigen Weg links wieder herunter in die Wildnis hinein.

*Spektakulär sind die bis zu 20 Meter hohen **Sanddünen** mit ihren Abbrüchen. Hier wachsen Silbergras, ganz selten Blauschillergras-Flure und der distelähnliche, blau blühende Feldmannstreu.*

Von rechts sind Straßengeräusche der B 404 (Lüneburger Straße) zu hören. Ein Laternenpfahl ragt plötzlich aus dem Nichts auf. Er markiert den Verlauf eines Transportwegs der ehemaligen Pulverfabrik, Zeuge

Für die Seele

Elbwiesen, Sandberge und die Geesthachter Schleuse sorgen für Erholung, Entspannung und Abwechslung. Geheimnisvolle Ruinen begeistern unser Fotografenauge.

einer bewegten Vergangenheit des heutigen Naturschutzgebiets. Angenehm federt der Boden unter unserem Schuhwerk. Ganz unterschiedliche Pilzarten gedeihen auf dem weichen Moos. Wir spazieren rechts in den Hauptweg, den überwiegend Birkenansammlungen säumen, und nähern uns der Unterführung unter der B 404. Wir halten uns links von ihr und gehen dann links schnell wieder hinein in den tiefen Wald. Westlich von uns erhebt sich der Düneberg, eine große Düne, wir befinden uns noch an seinen Ausläufern und passieren schon eine Weile immer wieder mal Mauerreste des ehemaligen Munitionswerks.

An der vor uns liegenden Weggabelung nähern wir uns den **offenen Dünen und Sandtrockenrasen ❷,** die links 100 Meter von uns entfernt liegen. Den Abstecher sollten wir uns gönnen! Diese in der Nacheiszeit aus Flussablagerungen aufgewehten Talsanddünen erstreckten sich ursprünglich vom Geestfuß der Geesthachter Altstadt mit Ausläufern bis nordwestlich des Voßmoors. Sie stellen ein typisches Urstromtalbiotop dar. Derartige waldoffene, sonnenexponierte Sandpartien sind Lebensraum für zahlreiche Wärme liebende Tierarten, insbesondere für Insekten. Hier fühlen sich Blauflügelige Ödlandschrecke, Federlibelle, Ameisenjungfer und Sandlaufkäfer wohl. Dazu erleben wir Vogelarten wie die Nachtigall, den Klein- und Grünspecht.

Zurück an der Gabelung, gehen wir links (oder weiter rechts, wenn wir nicht den Abstecher gemacht haben). Wir bewegen uns ungefähr 300 Meter geradeaus. Dann gehen wir links auf einen großen, breiten Waldwanderweg mit dem **Reitverbot-Schild.**

Nun begegnen uns häufiger alte Zeitzeugen wie Ziegelmauerreste, Betonpfosten, Lichtmasten oder dank der Kraft der Natur bereits überwachsene Trümmer abseits des Weges. Im westlichen Teil des Wald- und Dünengebiets werden wir auf zerstörte Bunkeranlagen stoßen.

Wir bleiben auf dem angenehmen, zwischendurch sandiger werdenden Weg und orientieren uns auf ihm immer rechts. Die abwechslungsreiche Natur beschert uns herrlich unterschiedliche Seelenlagen, die Ruhe kommt ganz von selbst. Ab August zaubern in dieser Wildnis Ebereschen mit ihren erbsengroßen, leuchtend roten Beeren Farbkleckse in die Landschaft.

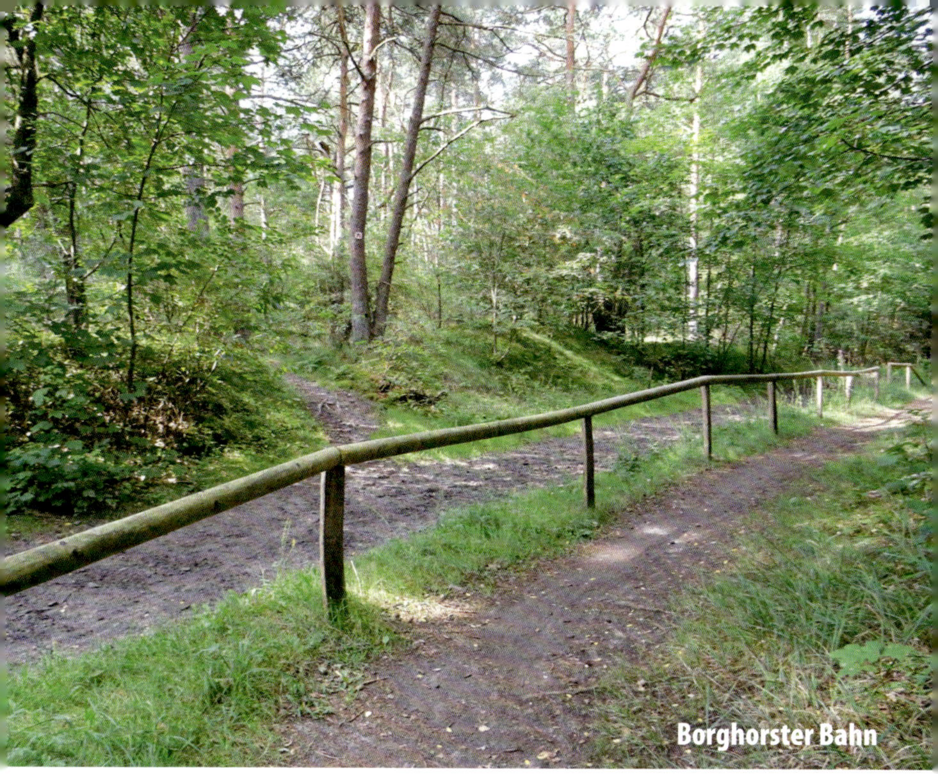

Bald erreichen wir die **Borghorster Bahn,** die durch eine schöne Holzbarriere in einen Pferde- und Wanderweg geteilt ist. Diese überqueren wir und gehen gegenüber geradeaus einen kleinen Waldpfad weiter. Ein verwunschenes Stück Natur, in dem sich zwischen Tannen zerstreute Pulverfabrik-Relikte verbergen, erwartet uns auf sehr schmalen Pfaden und sandigen Wegen. Bis uns ein Zaun zwingt, links weiterzugehen. Hier verläuft die Grenze zum benachbarten **Naturschutzgebiet Borghorster Elblandschaft** der Hansestadt Hamburg.

Wir treffen erneut auf die **Borghorster Bahn.** Rechts erblicken wir einen schönen Sandhügel, der uns verlockt, eine Pause einzulegen – diese Dünenlandschaft vermittelt so stark die Sehnsucht nach Meeresweiten. Dann wenden wir uns nach links und wandern die Borghorster Bahn etwa 100 Meter zurück.

Auf der rechten Seite suchen wir eine Markierung mit **durchgestrichenem Hufeisen,** denn dort müssen wir abbiegen. Allerdings kommen wir nicht umhin, uns

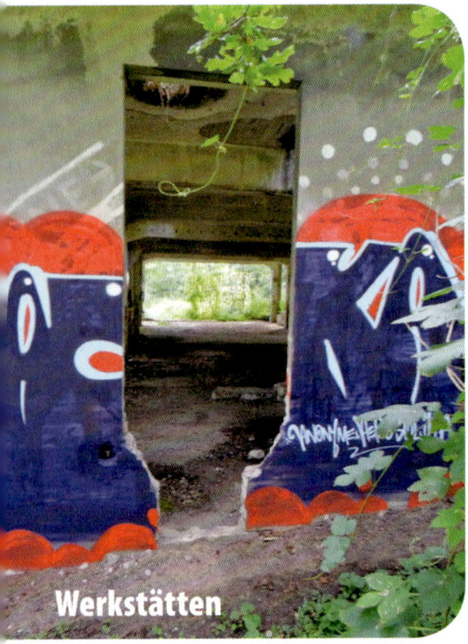
Werkstätten

unter einer Barriere durchzuwinden. Neben dem Trampelpfad liegt ein nackter, langer Stamm. Danach halten wir uns rechts. Es geht immer in südwestlicher Richtung in leichtem Auf und Ab dahin, wir wandern erfüllt durch einen geschlossenen Dünenwald. Später machen wir eine Links-Schlaufe. Es kommen mehrere Trümmerareale.

Bizarre Bunkerruinen ❸, mit Graffiti bekleckst, verlocken zum Fotografieren. Diese Bunker von 1937 wurden für Testverläufe bei Sprengstoffzündungen genutzt. Die aufgebauten Mauern dienten dazu, die Kraft der Sprengung abzufangen.

Wir wandern Richtung Süden, bis wir an eine Kreuzung kommen. Dort folgen wir dem Hauptweg nach links. Schöner Mischwald mit besonders hohen Bäumen breitet sich vor uns aus. Während wir durch diese friedvolle Umgebung ziehen, lassen wir die Stille in uns eindringen, unsere Gedanken schweifen in die Ferne. Kaum zu glauben, wie laut es auf dem Gelände vor Jahrzehnten mit 20.000 arbeitenden Menschen gewesen sein muss.

An der nächsten Kreuzung stapfen wir rechts, durch eine mit vielen Wildblumen bewachsene Wiese, und wandern kurz darauf rechts auf einem etwas breiteren Weg in den Wald hinein. Bei jedem Schritt federt der weiche Boden. Nach einer Weile beobachten wir Bussarde, die plötzlich aus ihrem Versteck in den blauen Himmel fliegen.

Etwa 800 Meter bleiben wir auf dem breiteren Weg und erreichen alsbald die nächste Gabelung. Dort gehen wir rechts und wieder rechts. Ein letzter Abstecher führt uns zu zwei großen Ruinen, den sogenannten **Werkstätten ❹** der Pulverfabrik im schütteren Dünen-Kiefernwald.

Nach dem kleinen Abstecher schreiten wir geradeaus den großen Weg weiter, stoßen auf den uns schon bekannten **Schwarzen Weg** und folgen ihm nach rechts. Wir erblicken die ausgedehnten **Elbsandwiesen** 5 rechter Hand, die von der Dynamik der Elbe beeinflusst werden: Bei länger andauerndem Hochwasser steigt in den tieferen Bereichen der Elbwiesen das „Qualmwasser" nach oben und sorgt für nasse Senken in der sonst eher trockenen Landschaft. In den Gewässern laichen Amphibien wie der Kammmolch oder Moorfrosch, und hier ist auch der Lebensraum des Urzeit-Krebses *Lepidurus apus*. Das etwa 3 Zentimeter große Tier ist ein Erfolgsmodell der Evolution und hat sich seit etwa 200 Millionen Jahren kaum verändert. Die Krebse müssen in der kurzen Zeit des Wasserstandes ihren Lebenszyklus abschließen, um dann, sich aus Dauereiern regenerierend, auf das nächste große Hochwasser zu warten.

Mit etwas Glück können wir durch ein mitgebrachtes Fernglas seltene Bodenbrüter wie Wiesenpieper,

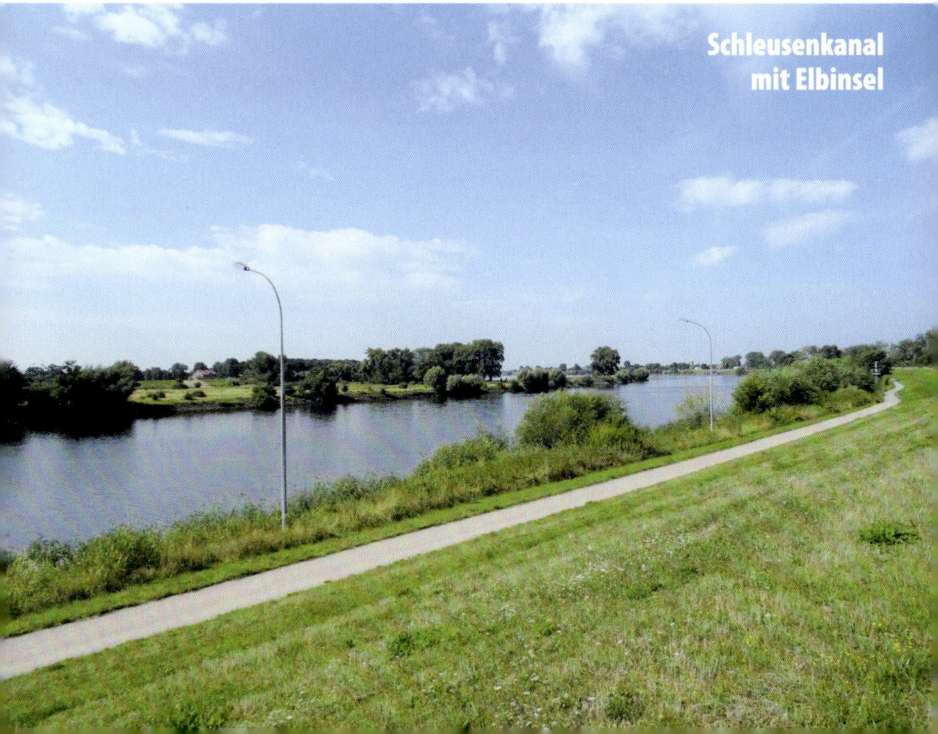

Schleusenkanal mit Elbinsel

Feld- und Heidelerche beobachten, bevor wir zurück zur Bushaltestelle oder zum Parkplatz marschieren.

Zum Schluss böte sich an, am unteren Schleusenkanal die beeindruckende **Geesthachter Schleuse** 6 mit zwei Schleusenkammern zu besuchen. Sie gehört zur einzigen Staustufe der Elbe in Deutschland. Zwischen Schleusenkanal und Staustufe liegt die **Elbinsel** mit einem herrlichen Badesandstrand samt Grillmöglichkeiten.

Die **Aussichtsplattform im Naturschutzgebiet Borghorster Elbwiesen** an der Straße vom Parkplatz aus Richtung Hamburg ist ebenfalls ein schöner Ort, der unserer Seele guttut: Sehnsüchtig blicken wir auf die Ozeanriesen, die flussauf und flussab fahren.

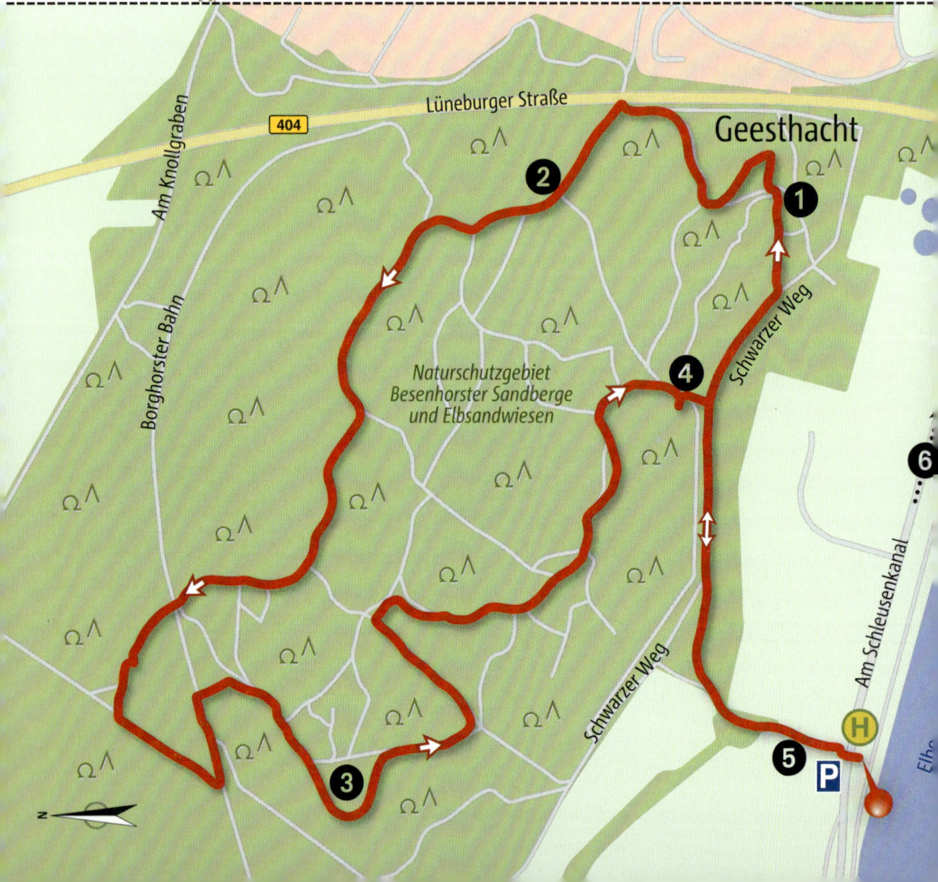

Alles auf einen Blick

WIE & WANN:
Feldwege, Sandwege, Pfade und ein kurzes Stück Asphaltweg und Straße; ganzjährig lohnend

HIN & WEG:
Auto: Parkplatz Am Schleusenkanal, 21502 Geesthacht (GPS: 53.436125, 10.321403)
ÖPNV: S 21, Haltestelle Bergedorf, von dort Bus X 80, Haltestelle Geesthacht An der Post, von dort Bus 439, Haltestelle Geesthacht Am Schleusenkanal

ESSEN & ENTSPANNEN:
Keine Einkehrmöglichkeit unterwegs; bitte an Rucksackverpflegung denken!

In der Nähe interessant:
Haus Anna Elbe, Altengammer Hauptdeich 82, 21039 Hamburg, Tel. (0 40) 41 92 88 73 oder SMS an (01 76) 48 33 29 16, www.haus-anna-elbe.de

ENTDECKEN & ERLEBEN:
Gehölzreiche Dünenlandschaft ❶
Offene Dünen und Sandtrockenrasen ❷
Bizarre Bunkerruinen ❸

Entspannung ✱✱✱✱✱
Genuss ✱✱✱✱
Romantik ✱✱✱

Werkstätten ❹
Elbsandwiesen ❺
Geesthachter Schleuse ❻

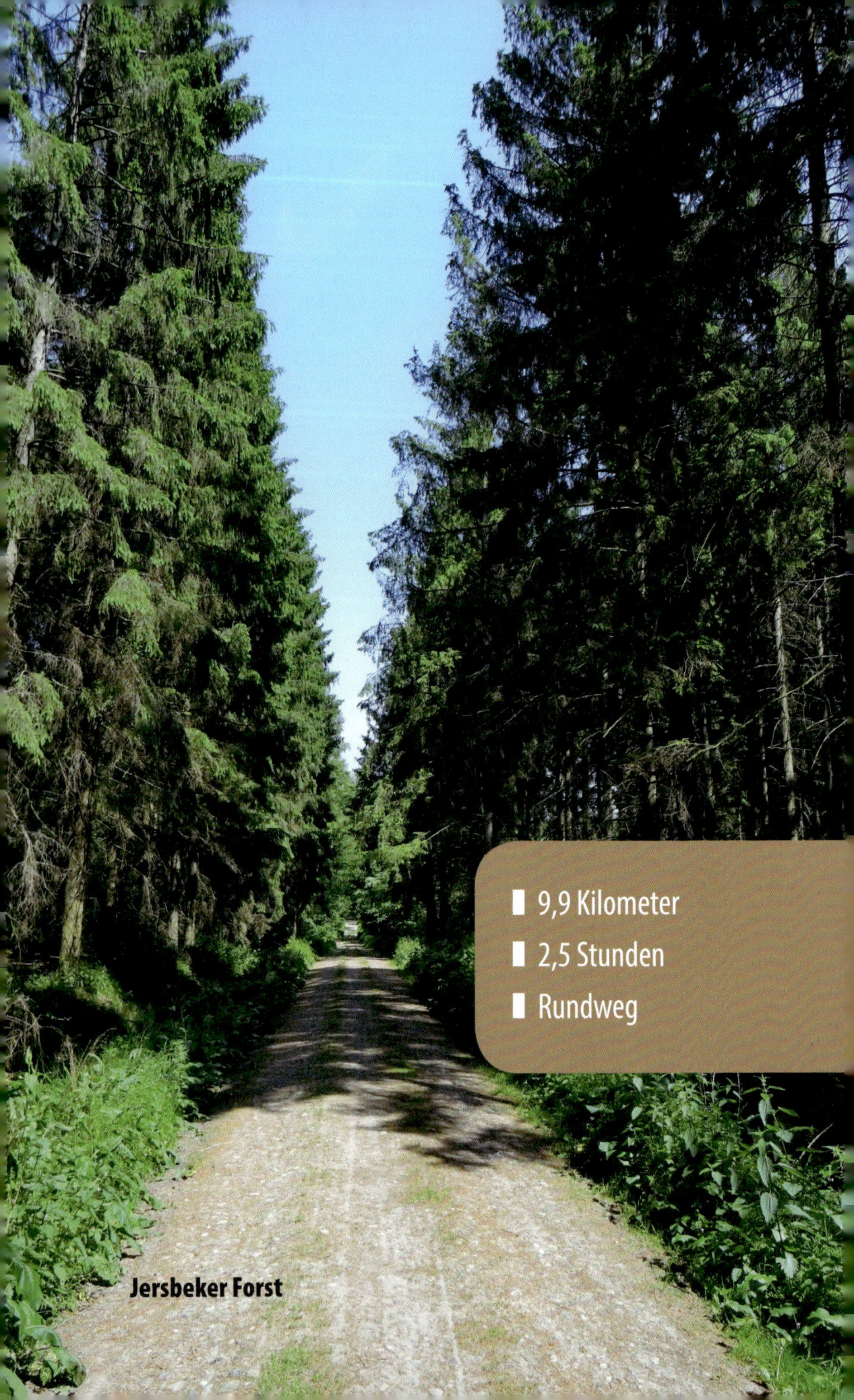

Jersbeker Forst

Wir beginnen unsere Runde auf dem Parkplatz des Landgasthofs Zum Fasanenhof, in den wir nach unserer Wanderung einkehren werden.

Es erwarten uns Zeugnisse historischen Esprits und der jahrhundertealte Jersbeker Forst, der uns das Gefühl gibt, draußen zu Hause zu sein. Wir spazieren die **Alte Dorfstraße** links sanft abwärts und sind umschlossen von schönen Feldern, Wiesen und vereinzelten Häusern. Der harte Asphaltbelag verwandelt sich nach einer Weile in den angenehmen Untergrund eines breiten Sandwegs. So kommen wir an die wenig befahrene Straße **Langereihe.** Wir queren sie, halten uns danach noch ein kleines Stück an ihr rechts entlang und folgen dann wiederum links einem versteckten, sehr schmalen Feldweg. Es eröffnet sich ein wunderschöner Weitblick auf Kornfelder, Äcker und angrenzende Wälder. In einer Rechtskurve an einem trockengelegten Graben entlang umrunden wir ein Feld. Herrlich bunte Feldblumen, Kamille und Phacelia, die auch Bienenfreund oder Büschelschön genannt wird, locken Hummeln und andere Insekten an. Wir stromern auf dem romantischen kleinen Pfad geradeaus. Am Ende queren wir die **Allee in Jersbek,** gehen sie ein Stückchen links entlang und dann den ersten Feldweg wieder rechts hinein. Üppig hat sich Klatschmohn ausgebreitet.

*Die **Jersbeker Allee** ist eine etwa 700 Meter lange, als vierreihige Lindenallee von Benedikt von Ahlfeldt 1730 angelegte Straße zum Gut Jersbek. Nordwestlich schließt sich die etwa 1 Kilometer lange Rosskastanienallee von Bargfeld-Stegen an.*

Auf Spurensuche

Im Reich der Jersbeker Gutsherren

Es folgt schöner dichter Mischwald, der Auftakt des **Jersbeker Forstes ❶.** Wir sind jetzt an einer Gabelung angekommen und halten uns links beziehungsweise weiter geradeaus. In diesem friedvollen dunklen Nadelwald lassen wir die Stille in uns eindringen, sodass unsere Gedanken frei und leicht werden. Wir halten uns immer links und sind bald wieder im Mischwald angelangt. Nach einer längeren Strecke könnten wir geradeaus oder rechts gehen. Wir wandern scharf rechts wieder in den Wald hinein.

Nach circa 500 Metern laden Bänke zu einer Pause ein. Auf einem links abzweigenden Weg reitet jemand an aufgestapelten Baumstämmen vorbei, wir wandern aber den Weg weiter rechts hoch bis zur nächsten Kreuzung. Dort schlagen wir scharf rechts ein und marschieren immer geradeaus auf den Jersbeker Park zu. Auf dieser längeren Wegstrecke überwiegen Buchen. Sie ragen inmitten des beginnenden **Begräbniswalds „Waldfrieden am Barockpark"** des Jersbeker Forstes empor. Eichen, Kirschen oder auch Eschen und Ahorne säumen die Wege, von denen wir bald den Blick entweder in die freie Landschaft, zur 300 Jahre alten Eichen- oder zur vierreihigen Lindenallee des Barockparks schweifen lassen.

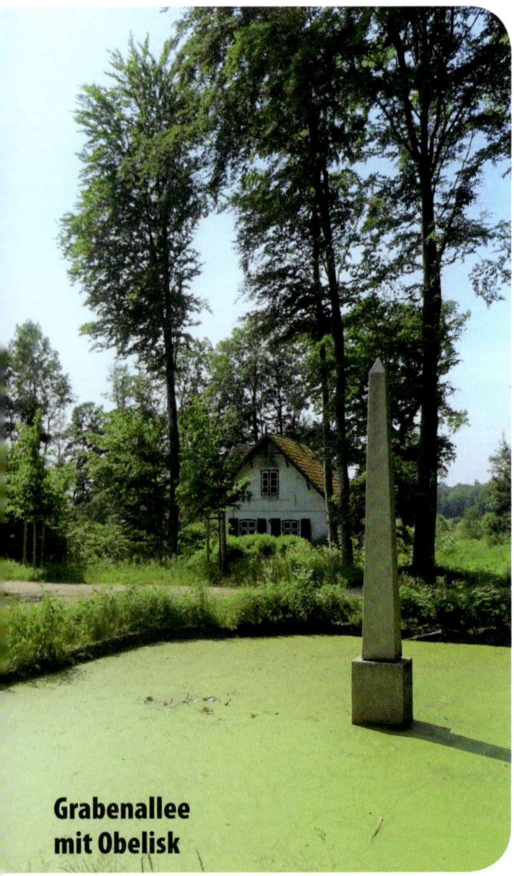

Grabenallee mit Obelisk

Eine ganze Weile lang haben wir eine Art **Grabenallee** vor uns, aufgespalten in zwei parallel verlaufende Wege. Wir gehen auf einen **Obelisken** ❷ zu. Erhaben steht er in der Hauptachse des Parks inmitten eines kleinen achteckigen Wasserbeckens, das auch als Feuerlöschteich dient.

Wir begeben uns links ein kurzes Stück wieder in den Friedwald, der einen Teil des Forstes ausmacht. Ein herrlicher Weg inmitten von dunklem, dichtem, archaischem Wald gibt zwischendurch zur rechten Hand den Blick auf weite Felder und saftig grüne Wiesen des Gutsbetriebes frei. Nordöstlich des Parks, nun links von uns, befindet sich die **Freimaurer-Grabanlage des Paschen von Cossel** ❸ und seiner Frau. Geheimnisvolle Symbole und die Inschrift: „Dem Unbekannten-Bekanntesten/Unsichtbaren-Sichtbarsten/Dem Worte/Ewige Anbetung" zieren den Gedenkstein im Zentrum. Er enthält Elemente aus der ägyptischen Mythologie, besonders die acht großen Himmelsgötter sollen den intellektuellen Adeligen interessiert haben.

__Paschen von Cossel__, Gutsbesitzer in Jersbek von 1774 bis 1805, galt als streitsüchtig, gebildet und wunderlich. Er soll bei Fackelschein im Wald beerdigt worden sein. In seiner Halle loderte ein „ewiges Feuer". Seinen Grabstein zieren rätselhafte Worte, Hexagramm und Mondsichel.

Längs des Waldfriedens sind wir auf einen Parkplatz zugesteuert, gehen links auf dem **Oberteicher Weg** eine Eichenallee entlang und dann gleich wieder rechts auf das gepflegte **Golfclubhaus** zu. Wir durchschreiten das große Holztor und betreten links einen geheimnisvollen Patt. Der Wegesrand ist in weiße Blütenwolken des Wiesenkerbels gehüllt. Diese typische

Für die Seele

Mit Zeit und Muße streifen wir durch stille Wälder und auf Adels Spuren, nehmen jeden Moment kostbare Augenblicke wahr und gelangen so zu seelischer Balance.

Maipflanze ist ein wunderbares Wildgemüse. Die Blüten und Blätter, die denen der Karotte ähneln, sind sogar essbar.

Wir spazieren außen am Golfplatz entlang, dann nehmen wir ihn nicht mehr wahr, streifen einen Tümpel und wandern in einer Rechtskurve an der Kerbelwucherung entlang. Wir stapfen nun auf einem schwer

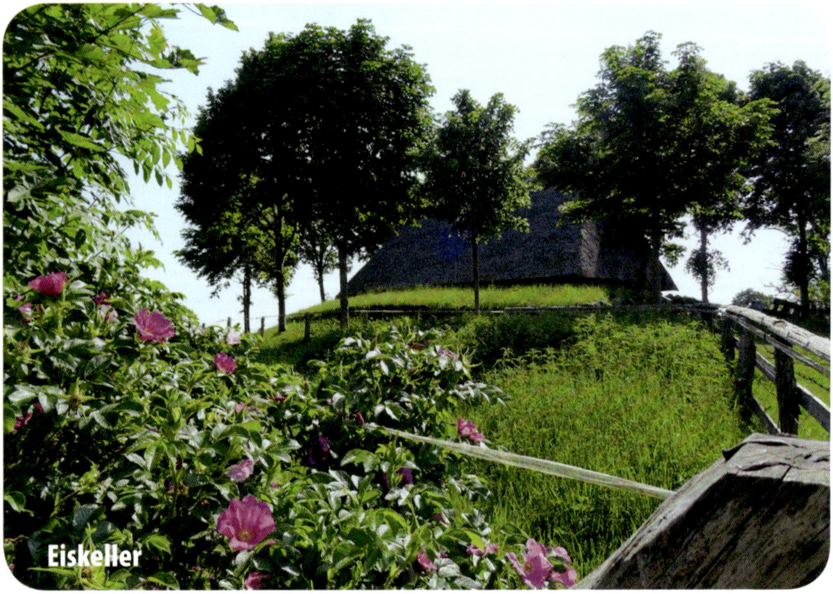

Eiskeller

begehbaren, unebenen Lehm-Wiesenweg, der gesäumt ist von blühenden Wildblumen. Überall schnellen kleine Heuschrecken hoch, schillernde Libellen umschwirren uns. Dann bewegen wir uns auf einem Stück Golffeld, biegen schließlich wieder in einen Graspatt links ein und sehen direkt vor uns einen Parkplatz.

Wir schwenken links erneut in die Straße **Oberteicher Weg** ein. Rechts von uns erblicken wir einen glitzernden großen **Teich** mit zwei majestätischen Schwänen, aber auch viel Entengrütze. Im Hintergrund erhebt sich der **Jersbeker Gutshof** – ein malerisches Bild mit dem Gutshaus in der Ferne und der sattblauen, glatten Seefläche davor. Jetzt überqueren wir die Straße **Allee** mit Fahrradweg an den Seiten und laufen rechtsherum auf das Ortsschild **Jersbek** zu. Rechts auf einer Anhöhe steht der reetgedeckte **Eiskeller** ❹. Er diente zur Kühlung von Lebensmitteln des Wirtschaftshofes. Der trichterförmige Innenraum war einst jedes Jahr bis zum Rand mit Natureis gefüllt. Dicke Findlinge verkleideten die Außenwände.

Ein kurzes Stück noch, und wir erreichen über die Straße hinweg das **Torhaus** und den **Jersbeker Barockgarten ⑤**, fast eine kleine Ausgabe von Versailles. Er präsentiert sich uns mit einer großen Informationstafel. Das zweigeschossige Torhaus, um 1678 unter Hans-Adolf von Buchholz erbaut, erhielt unter Bendix von Ahlefeldt seine heutige Form mit Walmdach und Dachreiter – dessen außen angebrachte Uhr für den Wirtschaftsbetrieb unentbehrlich war. Im Keller befand sich das Gutsgefängnis. Der Durchgang zum **Herrenhaus Jersbek** von 1620, in dem Freimaurer-Grafen ihre Ideen umsetzten, wird dezent vom Torhaus abgeschirmt. Zwischen dem Torhaus und dem Herrenhaus ließ von Ahlefeldt den Park anlegen. Der mittig angelegte Lindenkreis diente dem kunstsinnigen Gutsherrn für den Empfang.

*Die im Kreis gepflanzten zwölf Linden im **Jersbeker Barockgarten**, auch „Zwölf Apostel" genannt, waren ein kleiner „grüner Salon" für Gäste im Sommer. Die Linden bilden eine Art Pufferzone zwischen den streng geometrisch angelegten Flächen.*

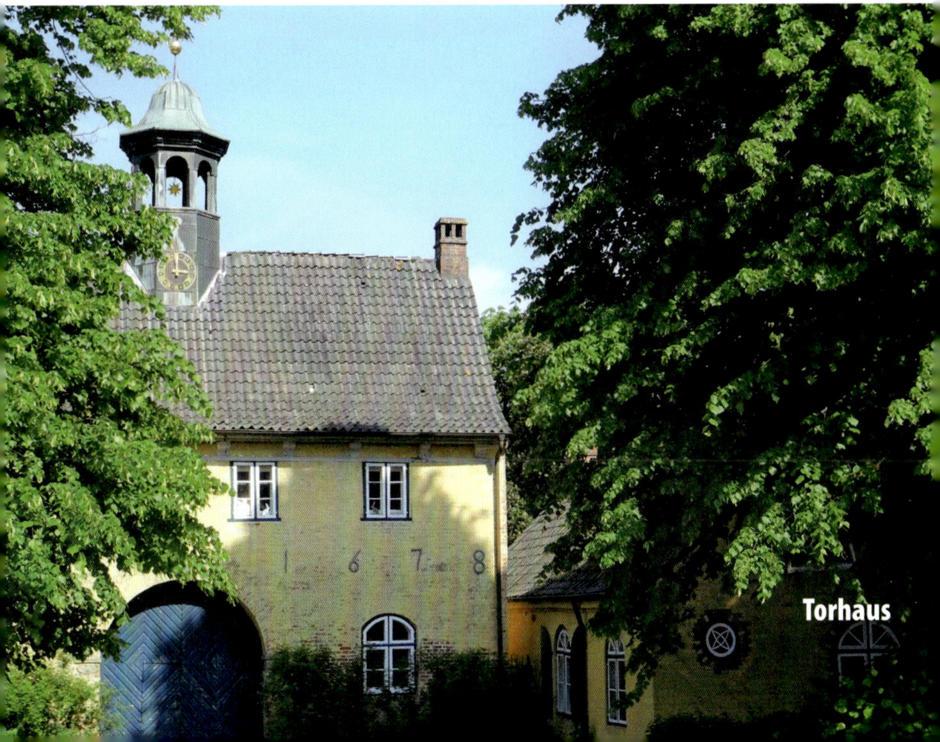

Torhaus

Entschleunigungstour 15

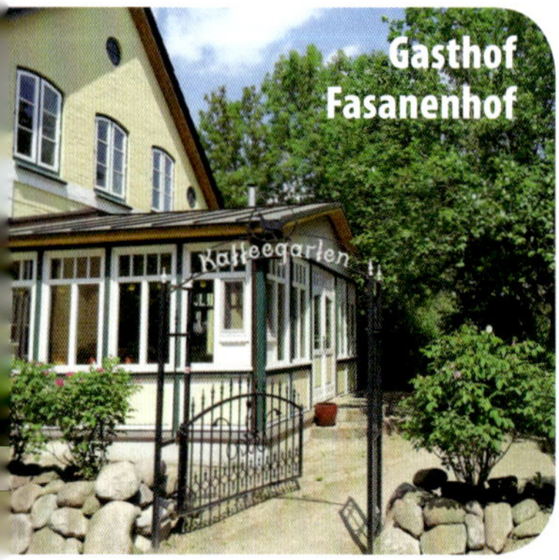

Gasthof Fasanenhof

Nach diesem Ausflug in die Vergangenheit beenden wir unseren begeisternden Wandertag mit einer Einkehr im **Landgasthof Zum Fasanenhof 6.** Er geht auf das gutseigene Wirtshaus zurück, das der Jersbeker Gutsherr Bendix von Ahlefeldt zur Beherbergung seiner Gäste bauen ließ. 1755 schenkte Ahlefeldts Sohn Jasper das Gasthaus mitsamt dem nahe gelegenen Fasanengehege seinem Kammerdiener J. Ph. Hopfe „für langjährige treue Dienste“. Nach mehreren Besitzerwechseln wurde der Bau an den Rand des Küchengartens verlegt und 1862 nach einem Brand in der heutigen Form neu erbaut.

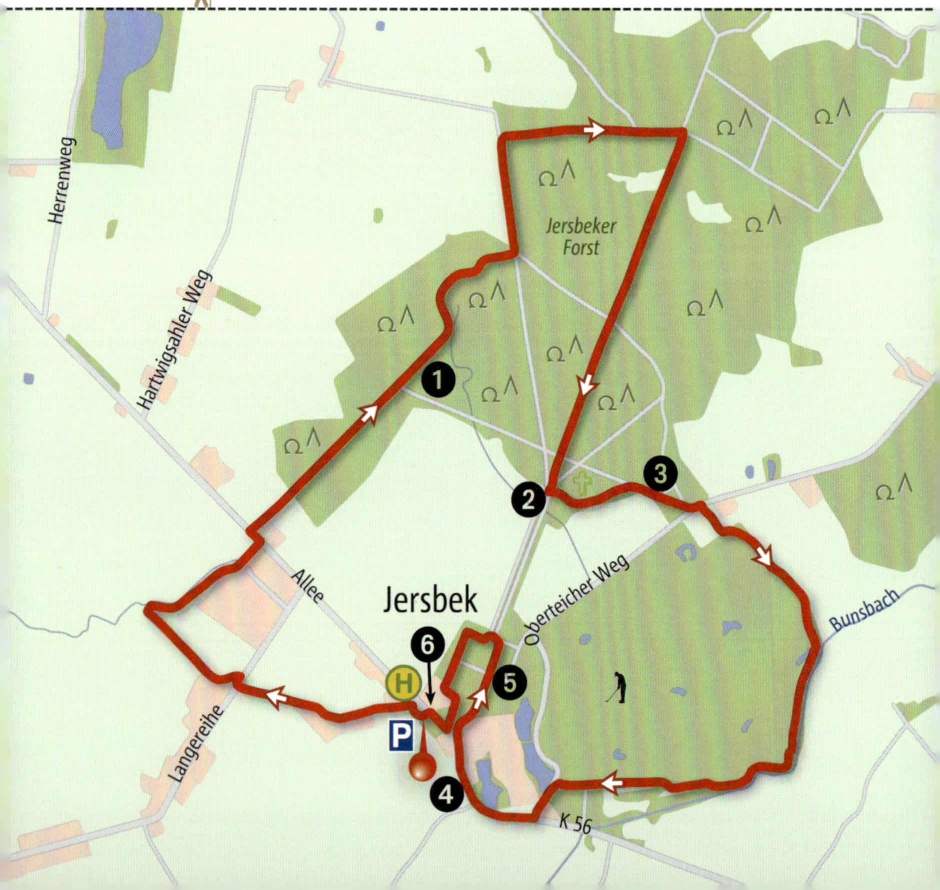

Alles auf einen Blick

WIE & WANN:
Waldwege und -pfade, einige Abschnitte über Asphalt- und Schotterstraßen; ganzjährig schön

HIN & WEG:
Auto: Parkplatz gegenüber dem Fasanenhof, Allee 18, 22941 Jersbek (GPS: 53.74225, 10.21990)
ÖPNV: R 10, Bahnhof Bargteheide, von dort AST (Anrufsammeltaxi) 8111 (Bargteheide/Jersbek/Bargfeld-Stegen), Haltestelle Jersbek Barockgarten – Anmeldung 30 Min. vorher unter Tel. (0 45 31) 1 74 00

ESSEN & ENTSPANNEN:
Landgasthof Zum Fasanenhof ❻ Allee 18, 22941 Jersbek, Tel. (0 45 32) 18 49, www.zumfasanenhof.de

ENTDECKEN & ERLEBEN:
Jersbeker Forst ❶ **Obelisk** ❷
Grabanlage des Paschen von Cossel ❸
Eiskeller ❹ Allee 2, 22941 Jersbek, Besichtigung anmelden unter Tel. (0 45 32) 66 20 oder 72 64, www.jersbeker-park.de
Jersbeker Barockgarten ❺ Allee 16, 22941 Jersbek, www.jersbeker-park.de

Entspannung ★★★★☆
Genuss ★★★☆☆
Romantik ★★★★★

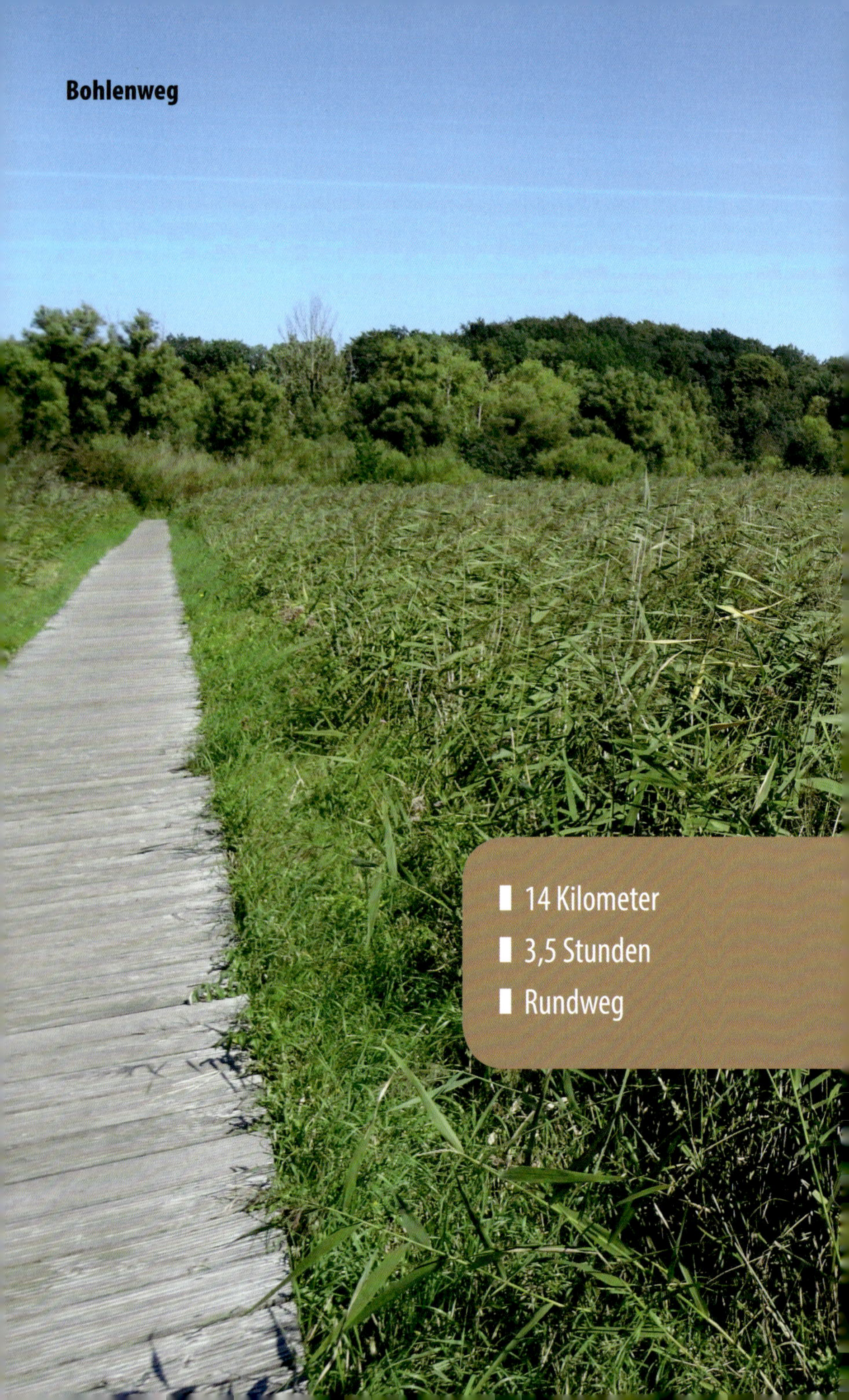
Bohlenweg
14 Kilometer
3,5 Stunden
Rundweg

Wir schwenken von der Ausgangshalle des Bahnhofs Bad Oldesloe links Richtung Busbahnhof, biegen rechts in die **Tyll-Necker-Straße** ein und erhaschen schon einen Blick ins Grün der Natur, wenn wir eine Treppe hinunter auf die Straße **Sülzberg** zusteuern. Wir überqueren sie umsichtig und gehen etwas schräg, links versetzt, durch eine versteckte Anlage an einem Spielplatz vorbei immer geradeaus in Richtung Kurpark. Archaische Bäume ragen wie Skulpturen in die Höhe. Links sehen wir luftigen Mischwald. Nach einer Weggabelung, an der wir den Abzweig halb links wählen, gehen wir zügig immer geradeaus. Hier fließt die Beste, die den Park wie eine Schleife umspielt. Wir halten uns rechts und stoßen auf den **Salzteich im Kurpark** ➊. Wo einst Gradierwerke am Fluss und Badehäuser am See standen, spiegeln sich romantisch Baumgestalten im Wasser. Den Südrand des Salzteichs nimmt eine Schilffläche ein.

*Bereits im Mittelalter besaß Bad Oldesloe **Salinen**. Schautafeln erinnern an die Ära der Salzgewinnung und den einstigen Kurbetrieb. Es gibt einen als Lehrpfad konzipierten Salzpfad. Im Moor informieren zehn Erlebnisstationen mit QR-Code über Flora und Fauna.*

Wir orientieren uns nach rechts, ziehen an einem Platz für Freiluftgottesdienste vorbei, folgen dem Weg weiter geradeaus, biegen dann links ein und passieren

Auf Bohlenwegen

Im Hügelland an Beste und Trave

Tennisplätze. So gelangen wir zum Bouleplatz, stoßen geradeaus auf die **Kurparkallee** und halten uns links. Beim Queren der Brücke über die Beste erblicken wir auf der nahe gelegenen Anhöhe die Turmspitze der 1763 errichteten, spätbarocken **Peter-Paul-Kirche** ➋. Diese erreichen wir rechts die **Kirchstraße** hinauf an der

Beste entlang. Dann steigen wir ein Treppchen zum ehemaligen Pfarrhaus von 1760 wieder hinunter. Rechts liegt vor uns das **Café Mocca** in der angrenzenden Altstadt. Wir umrunden aber jetzt die Kirche, vorbei am romantischen **Café Wecklies ③,** und steuern geradeaus auf ein weißes herrschaftliches Haus zu, an dem wir rechts in einen von Hecken gesäumten Schleichweg einbiegen. Auf Holzstufen steigen wir durch etwas Laubwald zur Trave hinab. Wir überqueren die Brücke, unser Blick gleitet zur ehemaligen alten Kornwassermühle mit Salinenrad, das ehemals auch der Pumpenantrieb der bis 1865 existierenden Saline war.

Auf der anderen Flussseite stapfen wir noch ein Stückchen geradeaus durch Backsteinhäuschen-Überdachungen, halten uns auf der Fußgängerzone links und flanieren zum **Marktplatz am Rathaus mit Gänselieselbrunnen ④.** Wir spazieren über die **Hagenstraße,** laufen danach die gleichnamige Straße leicht rechts versetzt zwischen den Häusern **30 a–c** geradeaus über einen kleinen Patt weiter und gelangen zum Haus am Bürgerpark. Wir haben nun das zweite Mal die Trave überquert, die sich in einer S-Kurve durch die Stadt windet. Den **Parkplatz Am Bürgerpark** lassen wir hinter uns und schreiten links auf einer Allee mit gestutzten Linden auf einen Kletterpark zu, vor dem wir rechts einbiegen und nun geradewegs auf das **Travebad** zusteuern. Etwas weiter rechts liegt der ehemalige Badepavillon der alten Flussbadeanstalt von 1914. Wir halten uns geradeaus am Travebad entlang, um dann endlich auf Kopfsteinpflaster-Stufen hinab zur **Trave** zu steigen. Wir wandern links auf einem schönen, naturbelassenen Weg, über uns das Blätterdach des Mischwalds. Am gegenüberliegenden Ufer sichten wir einen

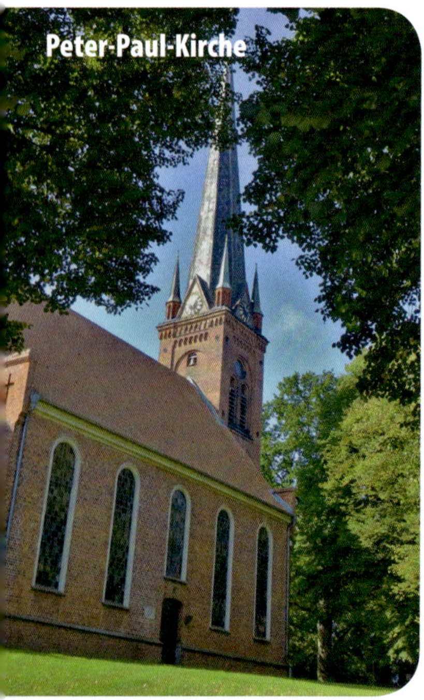
Peter-Paul-Kirche

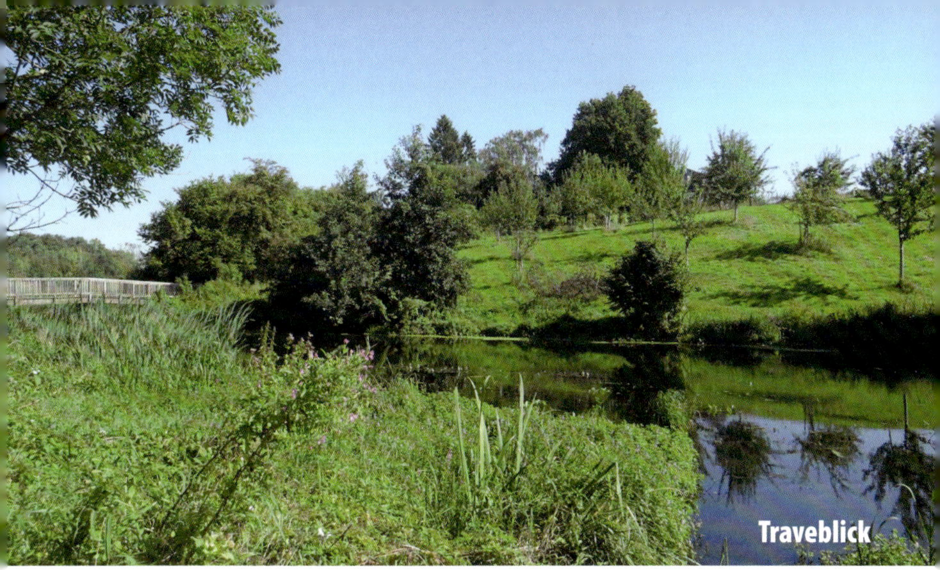

Grau- und einen Silberreiher, die auf Fallobstwiesen schreiten. Der Fluss ist an dieser Stelle breit und bleiglatt, beim Hineinblicken gerät man geradezu in hypnotische Entspanntheit. Wir steuern auf eine gebogene Holzbrücke und eine **Bank mit Traveblick** 5 zu.

Der Weg führt uns links an der Brücke vorbei, am Ufer gedeihen der hellviolette Wasserdost, dessen Fiederblätter dem Hanf ähneln, und das Indische Spring-

Für die Seele

Wir lassen die Seele die Unwiederbringlichkeit des Moments genießen, was angesichts kleiner Naturwunder und eines erhabenen Klosters besonders leichtfällt.

kraut. Wir queren eine kleine Brücke und streifen ein großes, verwildertes Schilfareal, in dem ein Schwanenpaar seine Kleinen versteckt. Nach der Ersteigung eines Hangs nehmen wir den mittleren von drei Pfaden und genießen die Kühle unter einem dichten, wild verzweigten Ästedach. Die Trave hat sich etwas weggeschlängelt. Durch die Bäume werden wir romantischer

Bootshäuschen gewahr, gerahmt von bunten Blumen, prächtig tragenden Apfelbäumen und Gemüsebeeten. Dahinter windet sich die Trave mal breiter, mal schmaler vor einer leicht hügeligen Moränenlandschaft.

Wir gelangen an eine archäologische Infotafel zum **Fresenburger Wall** 6 aus dem 9. Jahrhundert, der Wallberg ist in der Ferne noch erkennbar. Entlang eines Heckenwegs stapfen wir rechts ein Treppchen, am **Bootsverein Obertrave** vorbei, abwärts zum Fluss.

Ein Weg führt uns immer geradeaus dicht an Kleingärten entlang, die die Sicht auf den Fluss erschweren. Bei der zweiten Möglichkeit biegen wir rechts ab, orientieren uns danach scharf links und streifen eine Siedlung. Jetzt gehen wir rechts den Weg zur **Grünen Brücke,** der uns, schon am Naturschutzgebiet Brenner Moor entlang, bis zu einem endlos langen Holzbohlenweg lotst. Die Holzstege knarren unter unseren Schritten und leiten uns durch das **Brenner Moor** 7, das **größte binnenländische Salzmoor Schleswig-Holsteins.** Seine kleinen Tümpel, offenen Landschaften und die Stille ringsumher geben uns das Gefühl vollständiger Entschleunigung.

*In der Trave-Niederung liegen die **Wolkenweher Niederung und das Brenner Salzmoor**. Das vom tief liegenden Salzstock ins Moor aufsteigende Wasser lässt Tier- und Pflanzenarten vorkommen, die es sonst nur im Bereich der Meeresküsten gibt.*

Fresenburger Wall

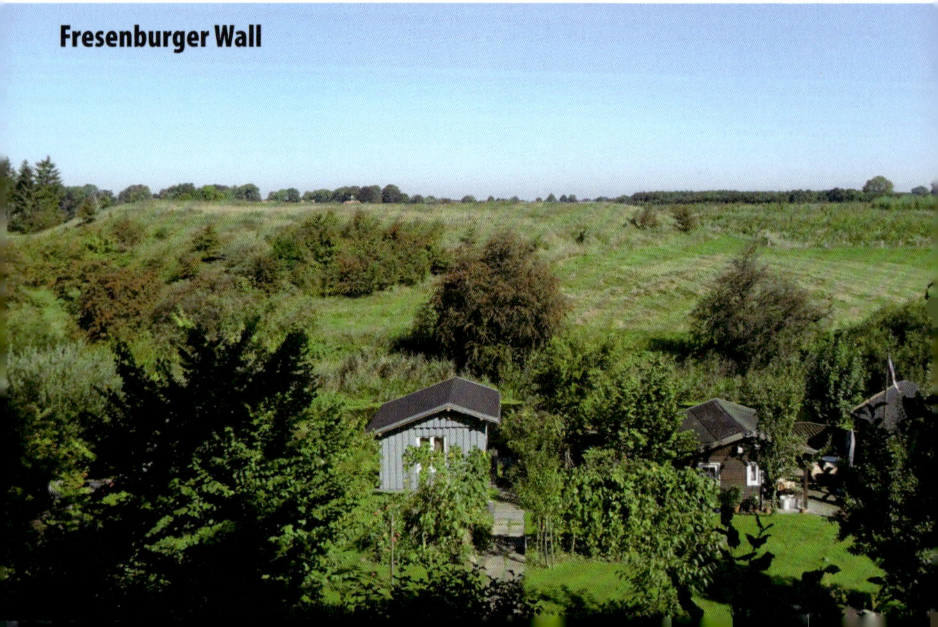

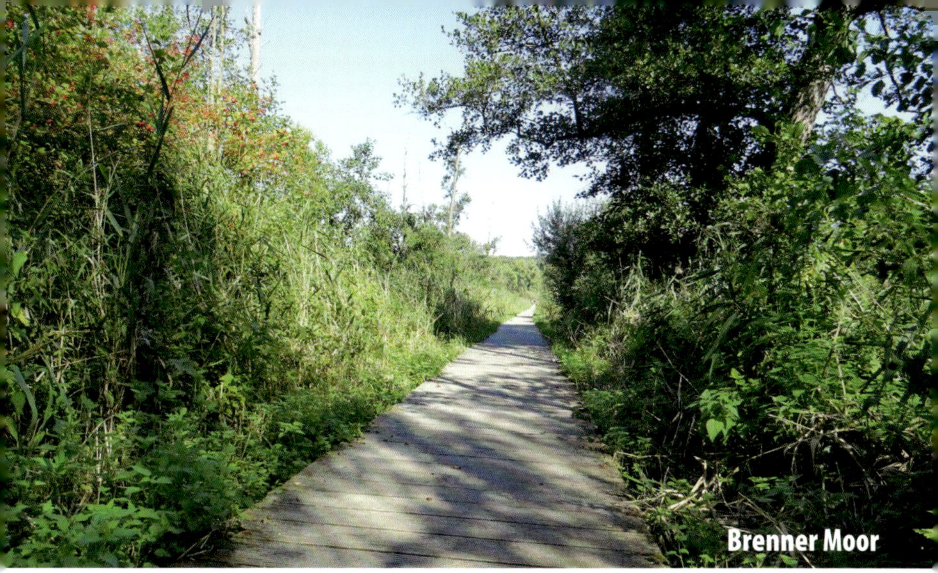

Brenner Moor

Über Holzbrückchen und auf Bohlen werden wir unaufhaltsam zur **Grünen Brücke** ⑧ geleitet. Wir werden sie auf dem Rückweg queren, laufen nun aber links auf einem angenehmen Sandweg weiter. Zu beiden Seiten haben wir freie Stellen im Schilfgürtel mit Aus- und Einblicken in die Tümpellandschaft. Pinker Blutweiderich gedeiht am Ufer, ein Blässhuhn stürzt sich zwischen Rohrkolben mit ruckender Kopfbewegung ins Wasser.

Wir gehen geradeaus den Wanderweg nach **Nütschau** weiter und nach einer Rechtskurve über eine gebogene Holzbrücke und an einer Weide mit kräftigen Holstein-Büffeln vorbei. Wir folgen eine Weile dem Weg, biegen dann links ab und treffen auf einen **Bildstock** ⑨, in dem als bronzene Skulptur Maria mit Kind steht. Wir steigen rechts einen Berg hoch und lassen uns auf einer Bank unter Kiefern und Birken nieder. Hier tanken wir Kraft für den Rest des Aufstiegs, blicken in die tiefe Ebene, auf schottische Hochlandrinder und zum Gipfel des Hügels. Oben angelangt, spazieren wir links in die **Schlossstraße**. Eine um 1800 angelegte **Lindenallee**

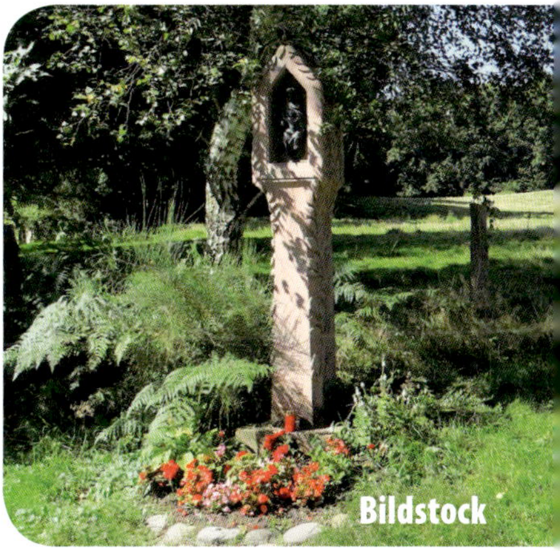

Bildstock

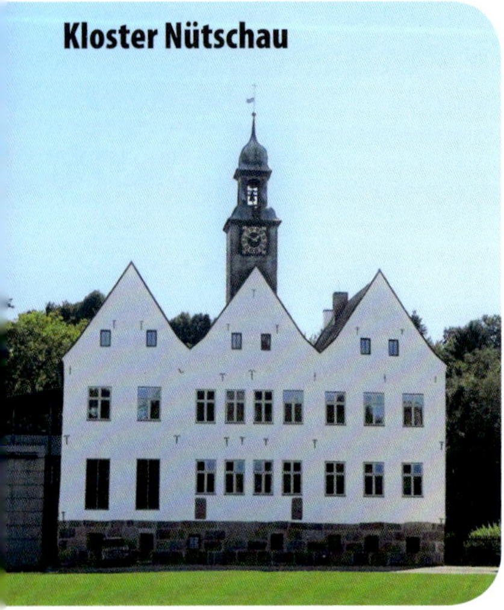

Kloster Nütschau

führt uns zum **Nütschauer Kloster** ⑩. Seit 1951 wird es von den Benediktinern genutzt. Erbaut wurde das dreigiebelige Herrenhaus vom dänischen Stadthalter Heinrich Rantzau 1577.

Vom Kloster aus halten wir uns rechts auf der **Schlossstraße,** die wir so lange entlangspazieren, bis ein Weg rechts an einem Privathaus vorbeiführt. Auf diesem Weg gelangen wir in einem leichten Bogen zum **Teufelsteich,** der rechts von uns liegt. Bei der nächsten Gabelung gehen wir nicht den Hauptweg, sondern links durch Dickicht hindurch an einem Gewässer ein schmales Pfädchen, das wir ganz für uns allein haben. In der Nähe lag einst die **Wallburg Nütschauer Schanze,** die 830 als Teil der karolingischen Grenzbefestigungen den „Limes Saxoniae" zwischen Elbe und Kieler Förde schützen sollte.

Nur wenige Minuten später stellen wir überrascht fest, dass wir bereits wieder mitten im Moor sind. Links kommen saftige, offene Wiesenflächen, danach ein dunkler Wald. Ein Weg, den wir schon auf dem Hinweg genommen haben, führt uns zur **Grünen Brücke.** Diesmal überschreiten wir die Trave – mit herrlichem Ausblick. Wir biegen rechts ab und nehmen den Weg durch den Auwald zum **Gut Altfresenburg,** das nach einem Entwurf von Christian Frederik Hansen 1791 entstand.

Links liegen zur Anlage gehörige Backsteinhäuser von 1868. Rechts glitzert der dunkle Kupferteich. Wir gehen geradeaus einen Weg hoch, rechts liegt das malerische Torhaus mit Glockenturm. Dann geht es über eine Brücke, wir bleiben rechts, streifen eine Bank und halten uns wieder rechts. Links von uns erstreckt sich eine von luftiger Waldlandschaft umgebene hügelige Streuobstwiese mit roten Äpfeln. Sie wurde vom NABU angelegt, um artenreiche Lebensräume für Flora und Fauna zu bieten. Das Obst darf gepflückt werden!

Wir stoßen auf den **Königsteich,** gehen rechts und kommen wieder nach Bad Oldesloe hinein. Jetzt stapfen wir ein Treppchen hoch, gehen die Straße **Am Stadion** leicht links entlang und dann gleich wieder rechts einen Spazierweg in den Wald hinein. Wir kommen erst links, dann wieder rechts aus dem Waldstück heraus und gelangen zum **Trave-Stadion VFL Oldesloe.** Am Fußballstadion halten wir uns links, quetschen uns durch ein quietschendes Eisentor, um links auf einer Holzbrücke über die Trave zu gelangen. Leicht links versetzt bringt uns eine Unterführung unter dem Konrad-Adenauer-Ring hindurch zum Parkplatz, den wir auf dem Hinweg überquert haben. Links liegen der **Kunstrasenplatz „Exer"** und das **Ristorante Agostino ⑪,** wo wir uns bei einer Einkehr regenerieren können.

Durch den Bürgerpark an der Bürgermeisterinsel vorbei schlendern wir zurück, überqueren die Trave, um dann links am Kultur- und Bildungszentrum entlang und wieder leicht rechts über einen Parkplatz, immer der Kirchturmspitze nach, in die Innenstadt zu gelangen. Auf der Fußgängerzone streifen wir

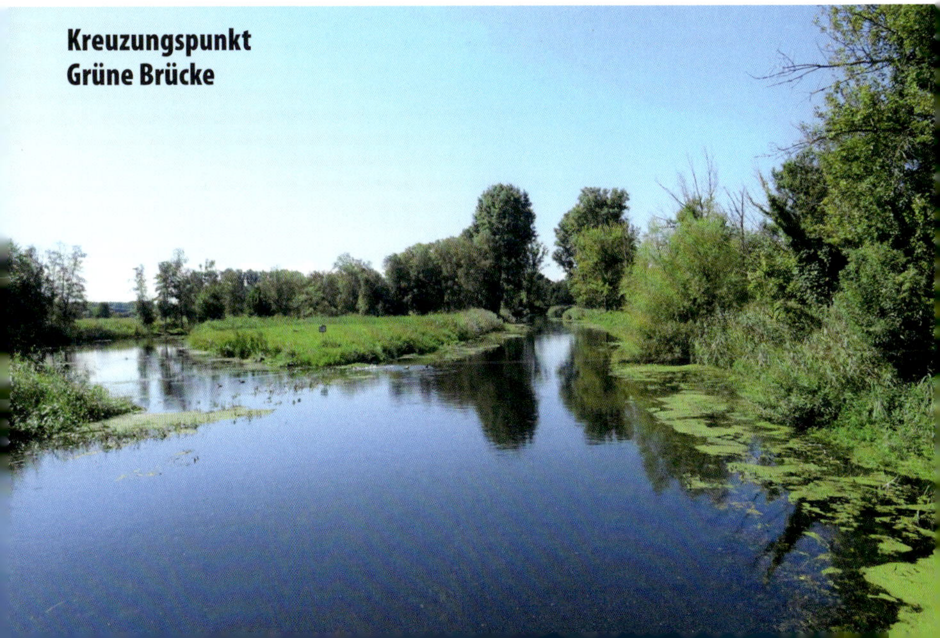

Kreuzungspunkt Grüne Brücke

rechts in der Mühlenstraße 7 den kunstvollen **Bronzebrunnen „Bürger einer Stadt"** von Siegfried Assmann. Wieder links kommen wir ins **Heiligengeistviertel** zum **Café Mocca ⑫,** eigentlich das Blaue Haus, ehemaliger Bootsumschlagplatz an der Einmündung der Beste in die Trave und Folterkammer (Gedenktafel).

Am **Beste-Flüsschen** halten wir uns rechts – die Einbuchtungen erinnern an niederländische Grachten. Dann kommen wir auf die **Besttorstraße,** gehen links in die **Bahnhofstraße** und stoßen dabei links auf das **Torhaus** (1824) des **Alten Friedhofs,** eines der ersten Bauwerke des Hamburgers Alexis de Chateauneuf. Rechts bringt uns die **Reimer-Hansen-Straße** zum Bahnhof zurück.

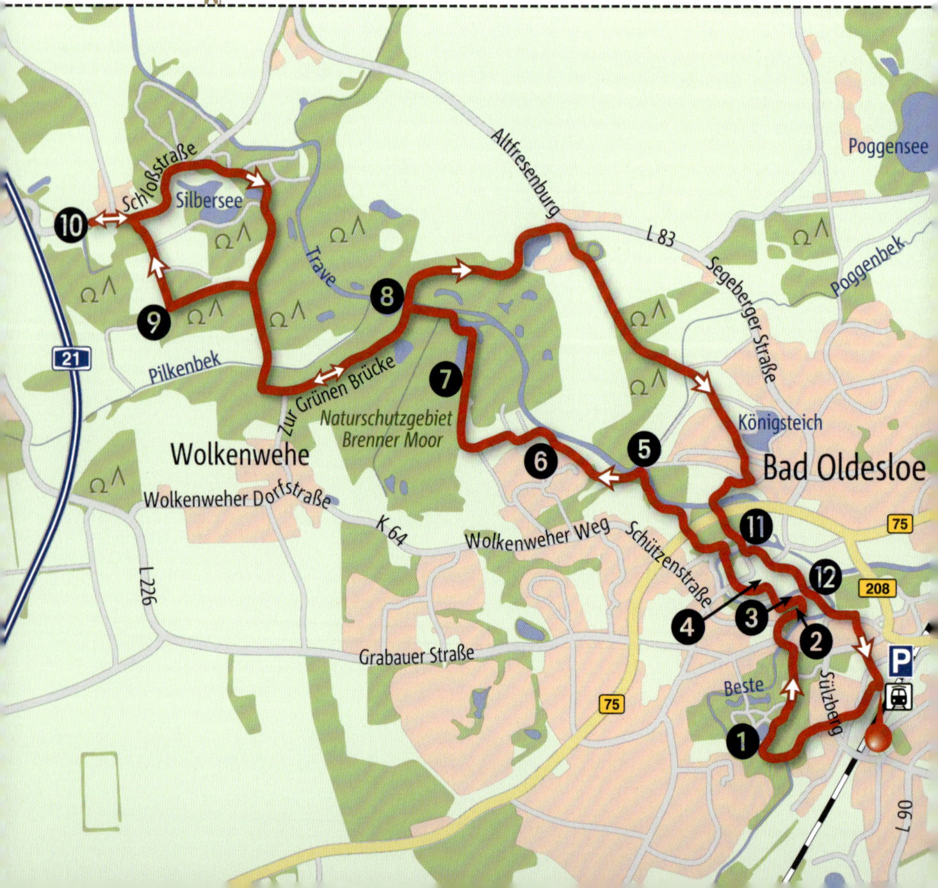

Alles auf einen Blick

WIE & WANN:
Wald- und Feldwege, langer Bohlenweg und schmale Pfade;
beste Zeit April bis Oktober

HIN & WEG:
Auto: Parkplatz Käthe-Kollwitz-Straße, 23843 Bad Oldesloe (GPS: 53.805705, 10.382605)
ÖPNV: RE 8, Bahnhof Bad Oldesloe

ESSEN & ENTSPANNEN:
Bio-Café Wecklies ❸ Kirchberg 2, 23843 Bad Oldesloe, Tel. (0 45 31) 4 33 99 30, www.wecklies.info
Ristorante Agostino ⓫ Am Bürgerpark 6, 23843 Bad Oldesloe, Tel. (0 45 31) 8 97 22 22, www.ristorante-agostino.de
Café Mocca (Blaues Haus) ⓬ Hude 5, 23843 Bad Oldesloe, Tel. (0 45 31) 8 97 87 26, www.mocca-oldesloe.de

ENTDECKEN & ERLEBEN:
Salzteich im Kurpark ❶
Peter-Paul-Kirche ❷
Marktplatz am Rathaus mit Gänselieselbrunnen ❹ Mühlenstraße 18–20 (Markt: Mi. und Sa.)

Entspannung ✸✸✸✸✸
Genuss ✸✸✸✸✸
Romantik ✸✸✸✸✸

Bank mit Traveblick ❺
Fresenburger Wall (Infotafel) ❻
Brenner Moor ❼
Grüne Brücke ❽
Bildstock ❾
Nütschauer Kloster ❿

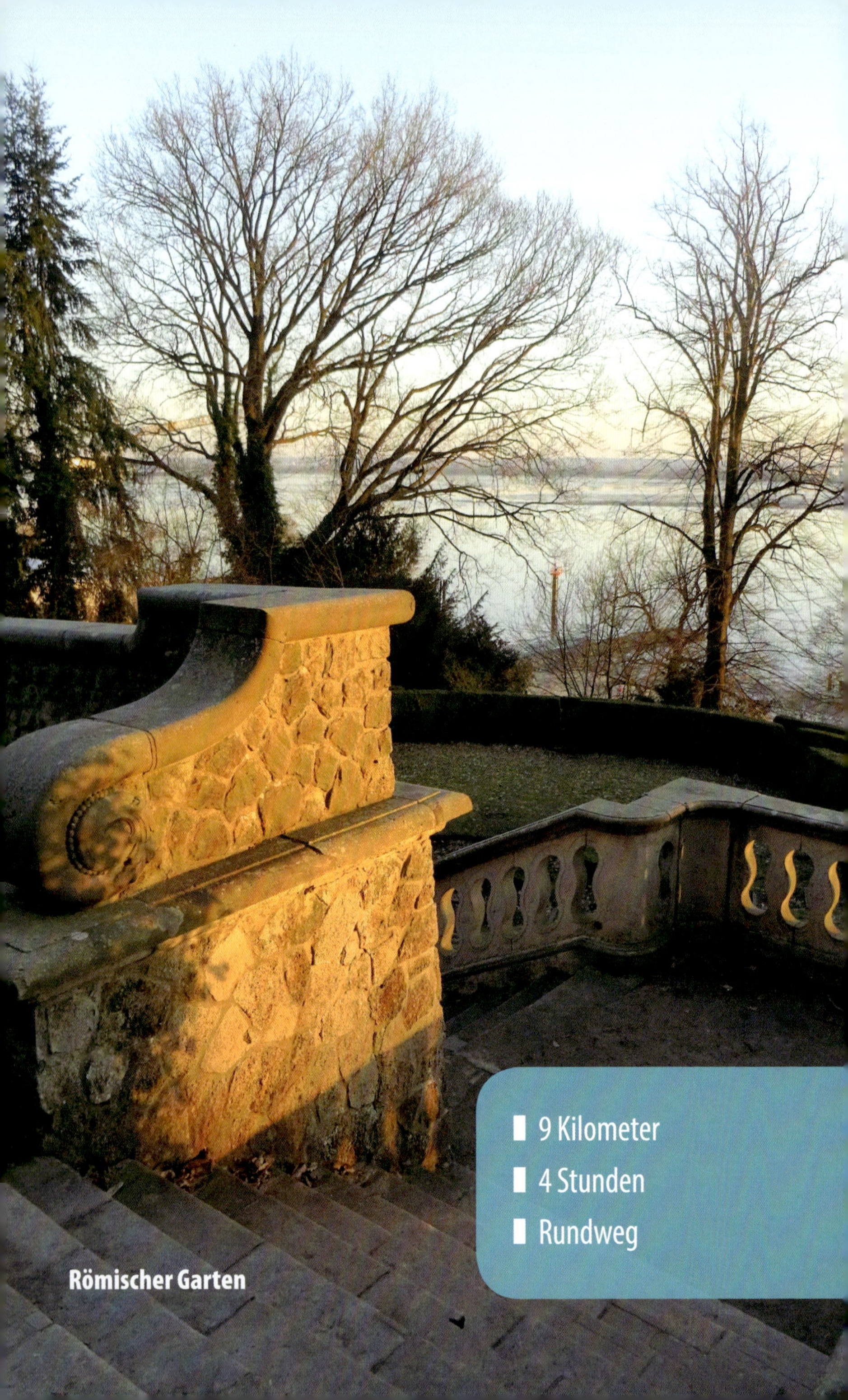

Römischer Garten

Auf uns wartet das Positano des Nordens. Am Bahnhof Blankenese halten wir uns rechts und treffen nach wenigen Schritten auf die **Blankeneser Bahnhofstraße,** die wir am **Gedenkstein** für die Gefallenen bei der Erhebung Schleswig-Hosteins gegen Dänemark 1848 hinunterschlendern. In die **Dormienstraße** biegen rechts ein und gleich danach links in die **Mommsenstraße.** Nachdem wir die Oesterleystraße überquert haben, gelangen wir geradeaus auf einem kleinen Pfad mitten in den Wald zum **Hessepark,** der bis 1926 der gleichnamigen Bankiersfamilie gehörte. Gezielt wenden wir uns geradeaus dem ehemaligen Löschwasserteich zu, heute ein Schulfreibad, das einem engagierten Lehrer in den Fünfzigerjahren zu verdanken ist. Wir queren eine Straße und zielen über **Flashoffs Treppe** hinunter zur **Blankeneser Hauptstraße.** Von dort aus drängeln wir uns über die **Grube** (Richtung **Op'n Bulln**) zwischen Treppen und niedrigen alten Fischerhäusern hindurch. Unten am **Strandweg** angekommen, sehen wir eine Häuserkette von unterschiedlicher Schönheit. Eine der schönsten Perlen ist das Haus am Strandweg Nr. 83 im Altländer Stil, an dessen Giebelseite der Spruch des plattdeutschen Dichters Klaus Groth steht: „Nord un Süd, de Welt is wiet, Ost un West, to Hus is best."

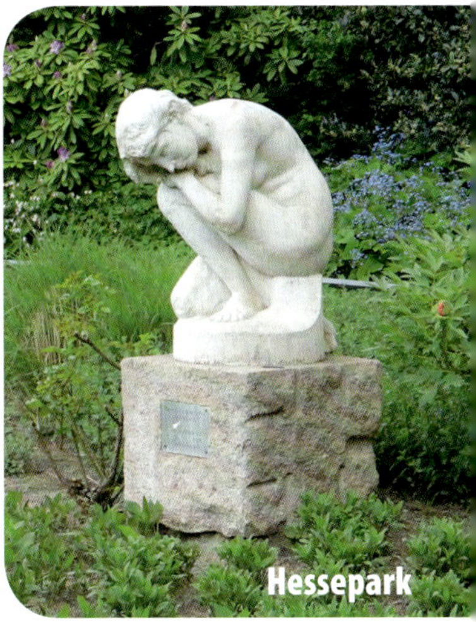

Hessepark

In der **Kajüte SB 12 ①,** die davor am Strand liegt, könnten wir später etwas trinken.

Italien-Sehnsucht

Elbstrom & Elbhöhen in Blankenese

Zunächst aber kommen wir am Fähranleger **Op'n Bulln** mit seinem **Restaurant** an, die Bullenplanken liegen lang und schmal da wie bei einem Schiffsdeck, leise wiegend, auf und ab schwingend in Flut und Ebbe. Der Ostwind riecht hier nach Rost, Gewürz, Petroleum und Teer, der Westwind nach See. Am Anleger machen in der Saison die Ausflugsschiffe und die Personenfähre aus Cranz fest. Von hier lässt sich das schöne Panorama auf den Süllberg und das dunkle Grün der umliegenden Parks, umrahmt von einem Häusergewirr inmitten blühender Gärten, ähnlich gut überblicken wie von einem Schiff auf der Elbe. Links erhebt sich das neue, 33 Meter hohe, rot-weiß gestreifte **Unterfeuer.** Auf der anderen Elbseite, in Neuenfelde an der Este-Mündung neben dem Airbus-Werk, existierte bis zur Insolvenz 2021 Deutschlands älteste Werft Pella Sietas.

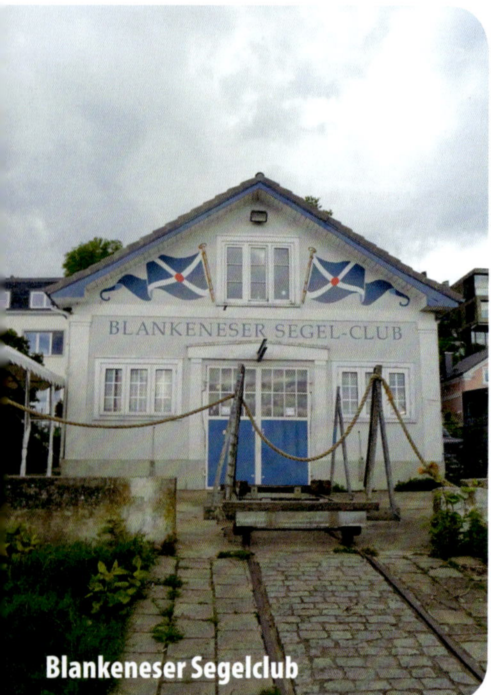

Blankeneser Segelclub

Unsere Schuhe werden sich jetzt 1,5 Kilometer Richtung **Falkensteiner Ufer** in samtweichen Sand graben, Möwengeschrei begleitet unseren Weg, und neben uns baumeln seidig behaarte Kätzchen an Korbweiden. Bei Ebbe ragt nach einer Weile vor uns das **Wrack am Blankeneser Strand** ❷ aufrecht aus der Elbe. Nach der Inspektion mithilfe der Informationstafel folgen wir einem Schild rechts zum **Hohen Elbufer** treppauf und gelangen geradewegs in den südländischen **Römischen Garten** ❸ von 1880.

Wir verlassen ihn Richtung Osten, uns geradeaus haltend, und nehmen eine Holztreppe nach oben. An einer Bank die Treppe wieder hinab, sehen wir einen Wegweiser zum **Bismarckstein** oder das **weiße Kreuz des europäischen**

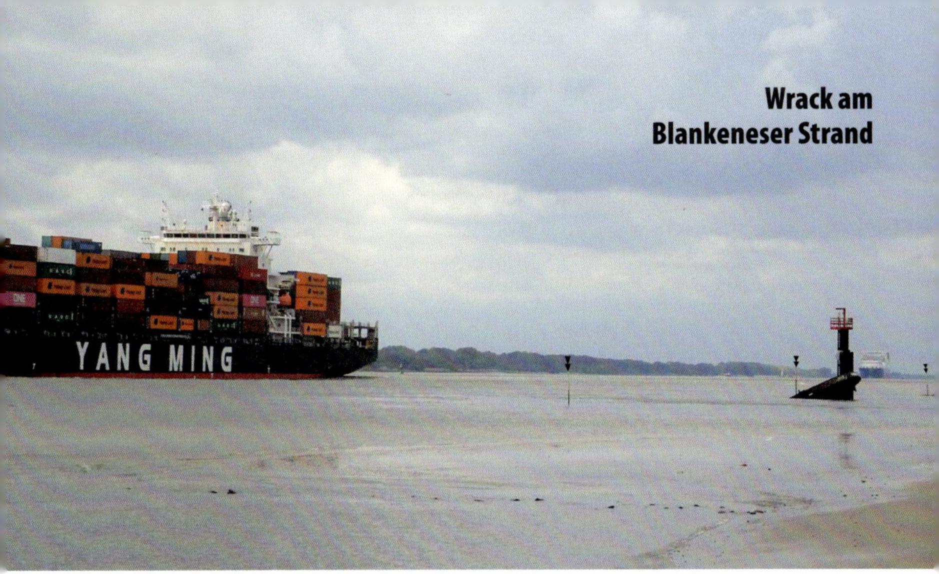

Wrack am Blankeneser Strand

Fernwanderwegs und beschreiten diesen Pfad. Eigentlich gehen wir die ganze Zeit geradeaus, bis eine Treppe abwärts zur Straße **Falkentaler Weg (Bushaltestelle Elbhöhenweg)** führt. Auf der anderen Seite steigen wir eine kleine Treppe hinauf und wandern rechts bergan durch dichte Waldromantik auf dem breiten **Elbhöhenweg.** Die Baumwipfel rauschen wie Meeresbrandung im stürmischen Frühlingswind, und das Grün der Bäume explodiert geradezu. Wir erleben an dieser Stelle noch recht ursprünglich die Geestkante der vorletzten Eiszeit (Saale-Eiszeit) am Elbufer zwischen Wedel und Blankenese.

Dann schwenken wir an einer Kreuzung halb links, ein Schild weist zum **Süllberg/Waseberg** hin. Bei der übernächsten Möglichkeit wenden wir uns nach rechts und wir befinden uns unterhalb einer Terrasse, die wir

Für die Seele

Am Elbstrand und im Treppenviertel fühlen wir uns wie in einer adriatischen Hafenstadt; das Kreischen der Möwen und das Plätschern der Wellen fühlt sich an wie Urlaub.

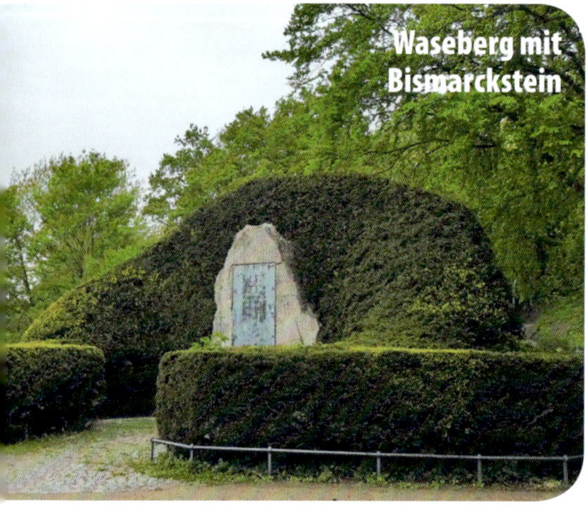

über eine Treppe erreichen. Wir durchqueren die kleine Anlage mit dem **Marineehrenmal,** auf dem, nicht kenntlich gemacht, ein Zitat von Hans Leip, dem Erfinder von Lili Marleen, zu lesen ist. Von den Bänken aus eröffnet sich ein atemberaubender Blick auf die breiter werdende Elbe und weit weg die Gefängnisinsel Hahnöfersand, auf der Siegfried Lenz in seiner „Deutschstunde" den jungen Siggi Jepsen einen Aufsatz über „Freuden der Pflicht" schreiben lässt. An einer Infotafel vorbei steigen wir 87 Meter bergauf zum **Waseberg ❹.** In „Wase" steckt „verwesen", und im Mittelalter existierte ein Galgen in der Nähe jeder Burg – eine solche stand im 11. Jahrhundert gegenüber auf dem Süllberg.

Auch wenn der aussichtsreiche Punkt hier Bismarckstein heißt, gibt es an dieser Stelle keinen Bismarck aus Stein (ein Kaufmann wollte einen solchen 51 Meter hoch aufstellen), stattdessen den baufälligen Aussichtsturm aus Ziegelsteinen.

Am **Sibbertstein** begeben wir uns scharf rechts über **Krumdals Weg** und **Krumdal** hinunter bis zur **Sechslingstreppe.** Unentwegt locken interessante Ein- und Ausblicke zwischen eng stehenden Häusern; man wähnt sich eher in einer adriatischen Hafenstadt als im nüchternen Norddeutschland. Sogar die Insel **Neßsand** ist zu sehen. Wir kommen in einen kurzen Regenschauer, alles leuchtet in noch intensiveren Farben als vorher.

Wir stapfen links die **Sechslingstreppe** hoch, biegen links in den **Rutsch,** und kurz danach schwenken wir nach rechts in die **Elbterrasse** treppauf. Nach einigen Minuten marschieren wir an der Hausnummer 3a links **Schnudts Treppe** hoch und steuern rechts auf den versteckten **Kaffeegarten Schuldt** 5 zu. Einen Moment verweilen wir, tanken Kraft, genießen Waffeln mit heißen Kirschen und eine herrliche Aussicht. Von hier lohnt auch der kleine Abstecher über die **Süllbergstreppe** zum **Fischerhausmuseum** 6 von 1570.

Der schon erwähnte Hans Leip lebte links an der Süllbergsterrasse 37. Wir aber tapern gut gesättigt links weiter in die **Süllbergsterrasse** am **Atelier von Karen Ahrens** vorbei, um anschließend rechts die **Bornholdts Treppe** bis zur **Hans-Lange-Straße** hinabzusteigen (hier liegt auch das **Treppenkrämer Bistro** 7). Zwischen Hausnummer 38 und 40 biegen wir in einen kleinen Weg ab. Die Blankeneser Hauptstraße müssen wir überqueren, um geradeaus die **Schlagemihls Treppe** emporzusteigen, dann nochmals über eine Straße, die ebenfalls Blankeneser Hauptstraße heißt, und die **Charitas-Bischoff-Treppe** hinauf. An der Straße **Am Kiekeberg** schwenken wir links und sofort zum **Hessepark** rechts in den **Friederike-Klünder-Weg,** an einer beeindruckenden Blutbuche vorüber. Hier schließt sich unsere Runde, wir können uns entscheiden, ob wir direkt zur

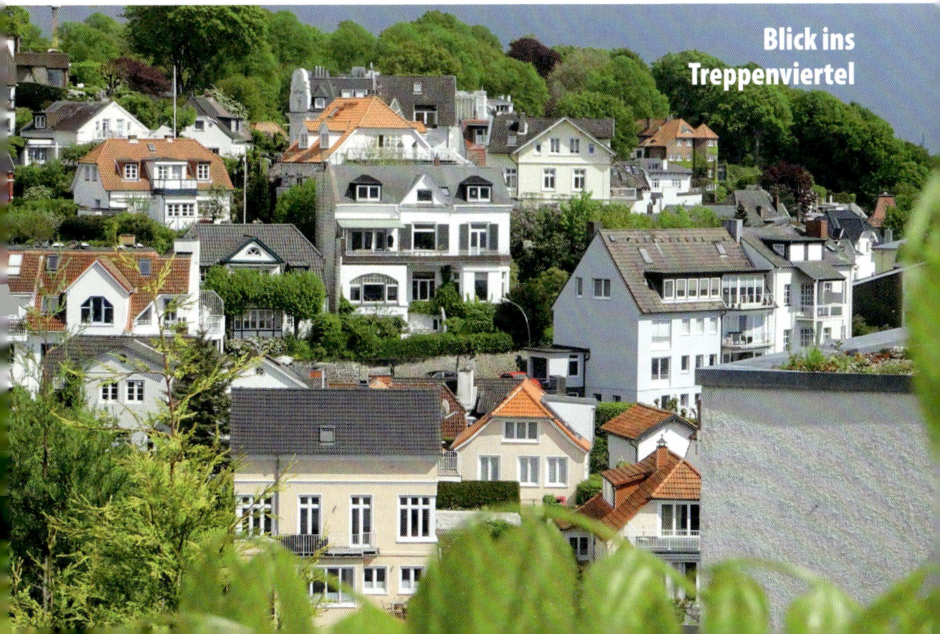

Blick ins Treppenviertel

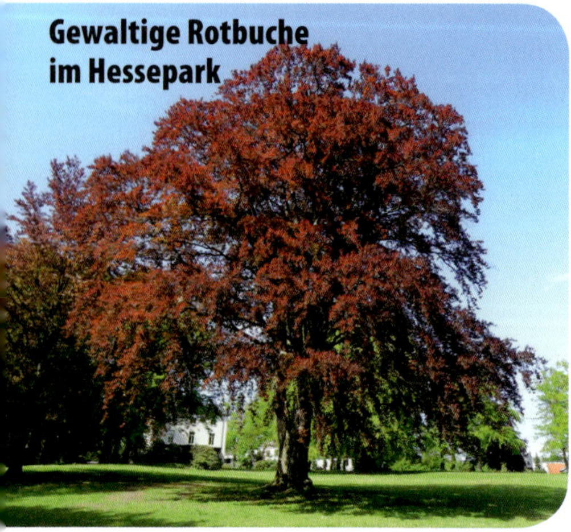
Gewaltige Rotbuche im Hessepark

S-Bahn zurückgehen oder die längere Variante in Angriff nehmen.

Wer weitergehen möchte, gönnt sich in der Grünanlage mit einem Ring aus Schatten spendenden Kastanien eine Pause. Eingebettet in Rhododendron-Sträucher hockt die **Kleine Elbschönheit,** eine Skulptur von Arthur Bock. Wir setzen unsere Wanderung auf **Am Kiekeberg** fort, schlagen rechts ein und steigen links die **Beckers Treppe** hinab. An einer Gabelung bleiben wir rechts und steuern auf die **Blankeneser Hauptstraße,** um gegenüber schräg links die Treppe **Am Hang** hinunterzuschreiten. In diesem Straßen- und Treppengewirr am Hangfuß waren von jeher Fischer, Lotsen und Schiffer mit teils spannender Biografie ansässig.

__Hinrich Backhaus__ lebte in Paarmanns Weg 1. Zu seiner Zeit, um 1900, sanken viele Fischdampfer in schwerer See. Als er selbst in Seenot geriet, entdeckte er, dass die Glattdeckkonstruktion daran schuld war. Seine Erkenntnisse revolutionierten die Bauweise von Kuttern.

Wir steigen links die Treppe **Paarmanns Weg** hoch und finden auf einer Bank vor der Paarmann-Villa einen sympathischen Fischdampferkapitän sitzen – er ist aus Kunststoff und lebensgroß. Sodann spazieren wir die **Strandtreppe** kurz links und gleich rechts die **Osterweg-Treppe** hoch. Es folgt ein schmaler Patt zwischen den Häusern, links steigen wir die **Bröers Treppe** aufwärts. Es bieten sich erneut großartige Ausblicke auf den Fluss und romantische kleine Fischerhütten, eine nach der anderen.

Wir kommen zu **Baurs Weg,** den wir links gehen, dann rechts eine kleine Treppe hoch. So erreichen wir die Straße **Baurs Park** und halten uns scharf rechts.

Auf sandigem Gehweg trotten wir geradeaus die Treppchen runter. Wir betreten den bekanntesten **Blankeneser Schönausguck,** unter uns liegt der Segelclub, dicke Pötte und laut tuckernder Motorboote ziehen vorbei. Über uns zwitschert und tiriliert es. Beseelt stapfen wir eine weitere Treppe abwärts, durchgehend mit gigantischem Fernblick, dabei lotst uns der **Hohe Elbuferweg** immer parallel zur Elbe durch den Wald geradeaus zu **Baurs Park** 8. Wir durchqueren ihn mit Höhen und Tiefen und in Serpentinen. Zielen zum **Kanonenberg** 9 und wandern durch Mischwald geradewegs der klassizistischen **Villa des Kaufmanns Georg Friedrich Baur** entgegen. Den Kanonenberg ließ er errichten, um seine einlaufenden Schiffe beobachten und mit Böllerschüssen begrüßen zu können.

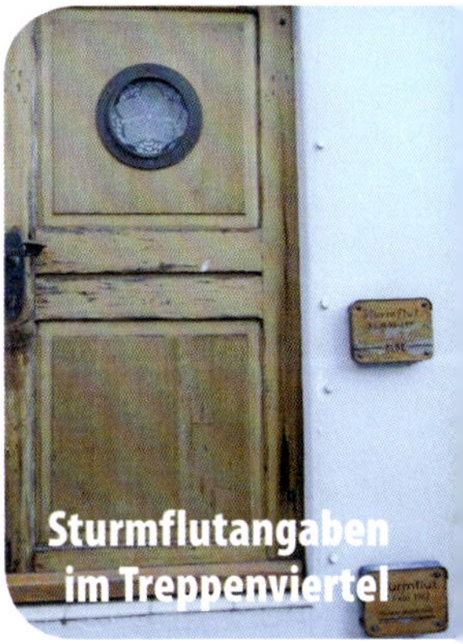

Sturmflutangaben im Treppenviertel

Wenn wir den **Mühlenberger Weg** erreichen, lenken wir nach rechts, dem Schild **Hirschpark** folgend, um links die **Panzerstraße** hinunterzugehen, die keine Straße ist, sondern aus vielen Treppchen besteht. Diese laufen wir etwa 300 Meter treppauf, treppab (am Stolperstein Jacob Lurie vorbei), queren die Straße Mühlenberg und erreichen über den **Blankeneser Kirchenweg** den bereits 1620 angelegten **Hirschpark.** Am südöstlichen Ende einer Lindenallee steht ein imposanter, 270 Jahre alter **Bergahorn.** Der malerische Aussichtspunkt vermittelt uns das Gefühl, auf Augen-

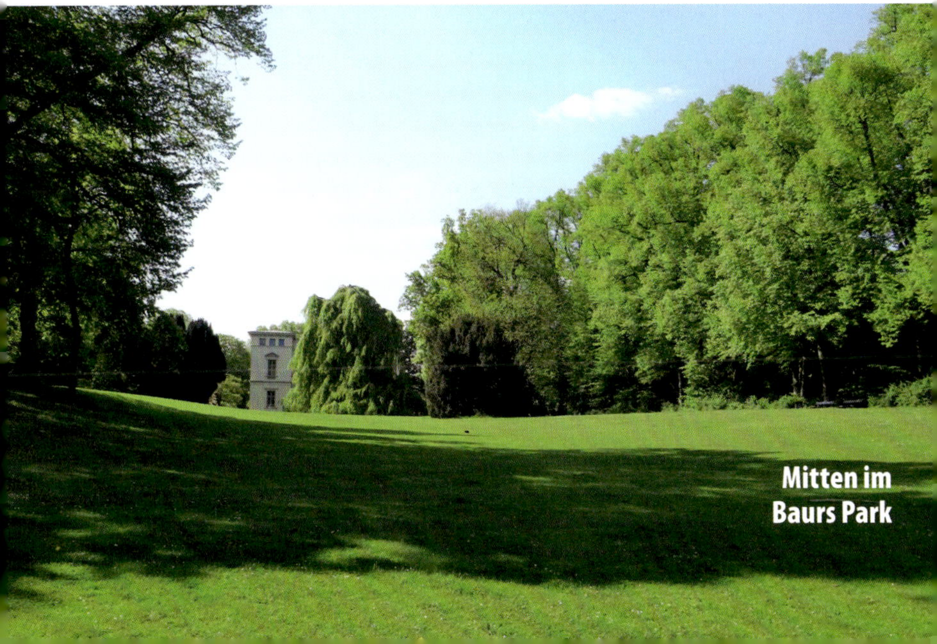

Mitten im Baurs Park

Ohne Kaufmann ***J. C. Godeffroy*** *(1813–1885) bestünden der Klövensteen und die Elbhänge vielleicht noch heute nur aus kahlem Sand. Nicht mal 200 Jahre ist es her, dass er eine umfangreiche Aufforstung aus Buchen, Eichen und Kiefern vorantrieb.*

höhe mit dem Himmel zu sein. Und standhaft erhebt sich unter uns das neue Blankeneser Oberfeuer.

Wir lassen die Elbe hinter uns, flanieren in den Hirschpark, dem Schild **Landhaus Witthüs** nach, und schlagen den Weg links zum **Landgut Godeffroy** **10** ein.

Dahinter liegt das idyllische, reetgedeckte Café **Witthüs** **11**, das ehemalige Wohnhaus des Schriftstellers und Orgelbauers Hans Henny Jahn. In der Nähe steht ein Findling aus Norwegen, dem Land seines Exils.

Von der **Gätgensstraße** aus kommen wir in 800 Metern (ausgeschildert) zum Ausgangspunkt. Dazu schwenken wir links in die **Elbchaussee,** um rechts über die **Godeffroystraße** und wieder rechts über den Weg **Ole Hoop** zum S-Bahnhof zu gelangen.

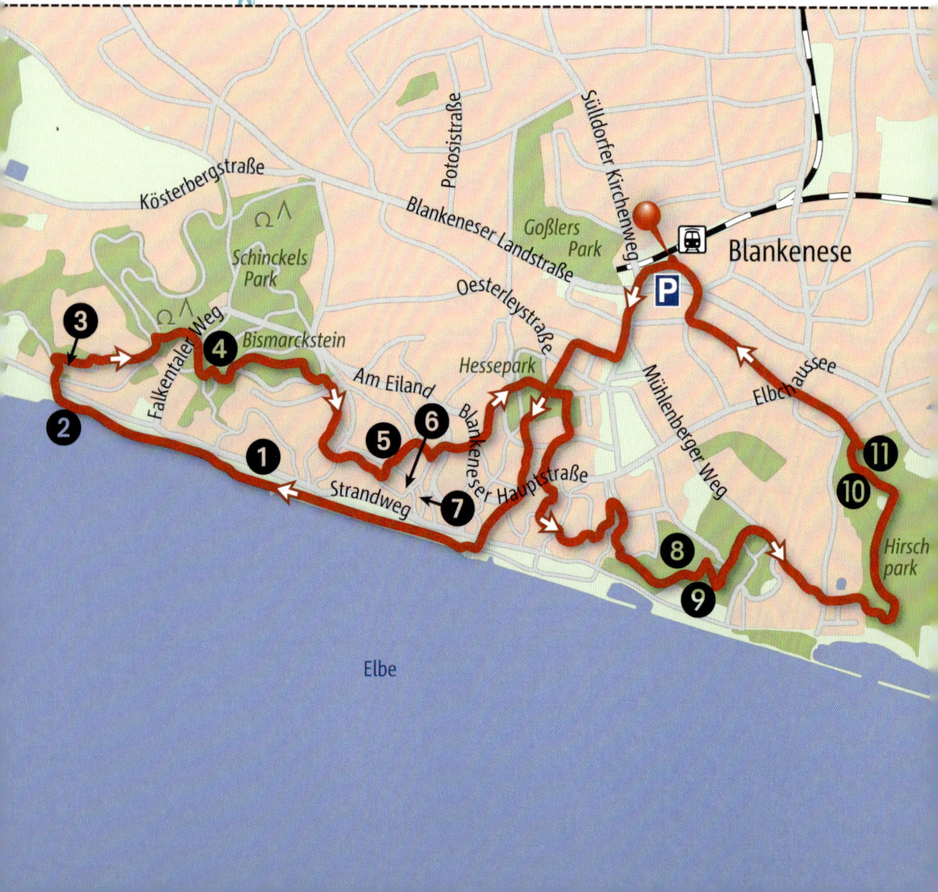

Alles auf einen Blick

WIE & WANN:
Wald-, Ufer- und asphaltierte Wege sowie über 2000 Treppenstufen; zu jeder Jahreszeit schön

HIN & WEG:
Auto: Parkhaus Sülldorfer Kirchenweg 2 b, 22587 Hamburg (GPS: 53.564167, 9.812367)
ÖPNV: S 1 oder S 11, Haltestelle Blankenese; Wanderung kann abgekürzt werden mit Bus 488 „Bergziege", Ringlinie im Treppenviertel, www.nimmbus.de/fahrplanbuch/plaene/488-1.htm

ESSEN & ENTSPANNEN:
Kajüte SB 12 ❶ Strandweg 79, 22587 Hamburg, Tel. (0 40) 86 64 86 40, www.kajuetesb12.de
Kaffeegarten Schuldt ❺ Süllbergsterrasse 30, 22587 Hamburg, Tel. (0 40) 86 24 11, www.kaffeegarten-schuldt.de
Treppenkrämer Bistro ❼ Hans-Lange-Straße 23, 22587 Hamburg, Tel. (0 40) 86 62 84 81
Witthüs Restaurant & Teestube ⓫ Elbchaussee 499 a, 22587 Hamburg, Tel. (0 40) 86 01 73, www.witthues.de

ENTDECKEN & ERLEBEN:
Wrack am Blankeneser Strand ❷
Römischer Garten ❸
Waseberg ❹
Fischerhausmuseum ❻ Elbterrasse 6, 22587 Hamburg, Tel. (0 40) 86 40 53
Baurs Park ❽
Kanonenberg ❾
Landgut Godeffroy ❿

Entspannung ✱✱✱✱✱
Genuss ✱✱✱✱✱
Romantik ✱✱✱✱✱

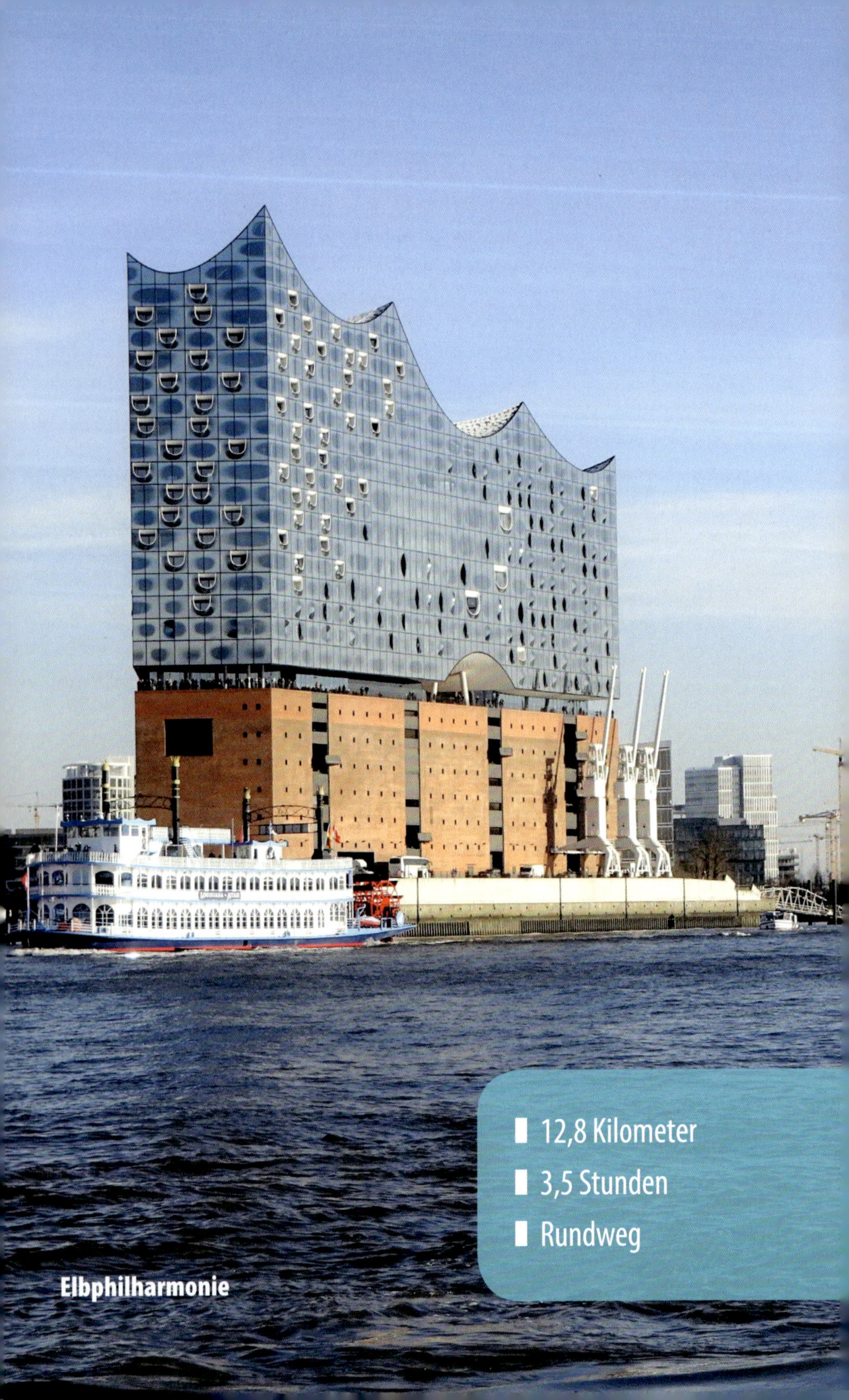

- 12,8 Kilometer
- 3,5 Stunden
- Rundweg

Elbphilharmonie

Vom Anleger Landungsbrücken schippern wir mit der Fähre Linie 62 an gewaltigen, dröhnenden Kränen vorbei, die gerade dabei sind, riesige Containerschiffe zu entladen. Für den Tour-Einstieg ist dies eine Hamburg-typische Fahrt mit vielen Eindrücken. Wir steigen beim **Fähranleger Finkenwerder** aus. Die ehemalige Elbinsel ist seit der Flutkatastrophe 1962 durch Deiche mit dem Land verbunden.

Uns gegenüber erblicken wir am Bubendey-Ufer die nautische Zentrale Seemannshöft in Waltershof und weiter rechts im Köhlfleet-Hauptdeich 1 die seit 1767 bestehende Schiffswerft von Cölln. Die Bundeswehr bestellte dort schon Sturmboote. Auf dem Rückweg werden wir daran vorbeikommen.

Das Schild mit der Aufschrift **Gorch Fock** weist uns die Richtung geradeaus zum **Butendeichsweg,** dann rechts in den **Focksweg** und nach einer bunt bemalten Mauer wieder rechts zum **Köhlfleet Hauptdeich.** Wir schlendern links entlang der Elbe, durch die sogenannte Kapitänssiedlung, ein in den 1920er- und 1930er-Jahren entstandenes Wohngebiet nördlich des alten Ortskerns. Wir kommen am **Restaurant Finkenwerder Elbblick ①** vorbei – die traditionelle Finkenwerder Scholle mit Speck und Zwiebeln ist hier einfach köstlich. Dann spazieren wir zum **Freibad Finkenwerder im Gorch-Fock-Park ②.** Es ist nicht groß, dafür aber gehört die Bühne der Elbe: Vor Becken und Liegewiese ziehen Kreuzfahrtschiffe und Containerriesen vorbei. An der Spitze des Parks haben wir einen herrlichen Panoramablick.

*Geologisch ist die Entstehung der Insel **Finkenwerder** wohl auf mehrere schwere Sturmfluten zwischen dem 12. und 13. Jahrhundert zurückzuführen. Damals brach die Insel Gorieswerder auseinander; Finkenwerder ist die westlichste der neu entstandenen Inseln.*

An der Waterkant

Durch das dörfliche Finkenwerder

Wir erreichen am Werftkanal den **Steendiekkanal mit Jachthafen ③,** der mehr und mehr verschlickt. Schicke Segel-, Hausboote, Motorjachten und Ausflugsdampfer zaubern maritimes Flair. Voller Urlaubsgefühle promenieren wir zur gegenüberliegenden Seite des Hafens. Auf einem Pfahl am Ufer hockt eine Möwe mit aufgeplustertem Gefieder und zieht ihren Kopf ein. Wenn wir das Kreischen dieser Vögel hören, kann das Meer nicht mehr weit sein. Mit ausgebreiteten schmalen Flügeln schwingen sie sich in die Lüfte und drehen elegant ihre Kreise. Unsere Gedanken und Erinnerungen fliegen mit – wir assoziieren Freiheit und Unabhängigkeit mit dem Wasservogel.

Nun kommen wir in ein faszinierendes Gebiet: An diesem Punkt scheint eine Art neuer Stadtteil zu entstehen. Zunächst streifen wir das architektonisch sehr futuristische Gebäude des Zentrums für Angewandte Luftfahrtforschung (Hein-Saß-Weg 22) – aktuell das wohl angesehenste Innovationszentrum Europas mit modernsten Testlabors. Dahinter reihen sich andere Firmen der gleichen Branche, darunter auch Airbus oder Lufthansa Technik. Davor erstreckt

Steendiekkanal

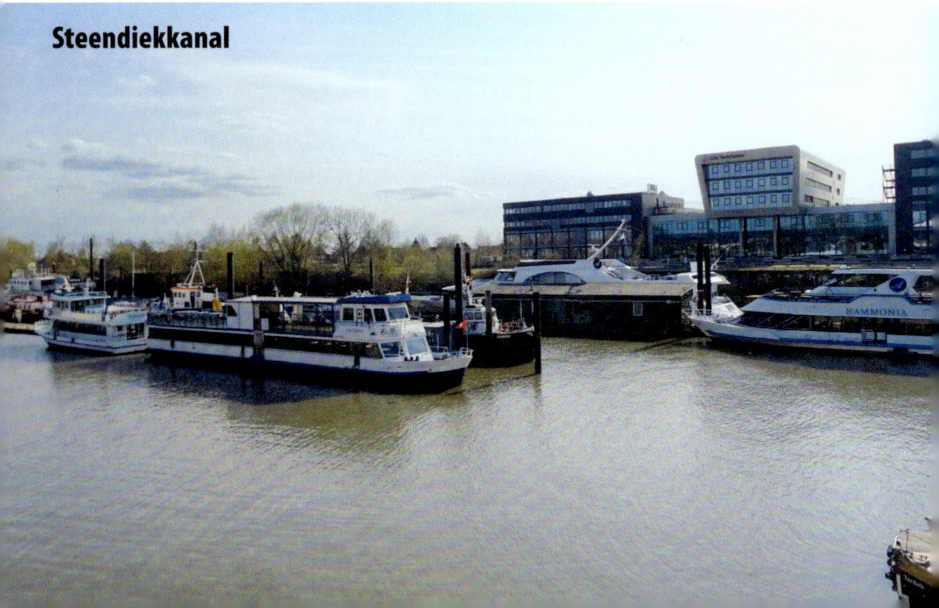

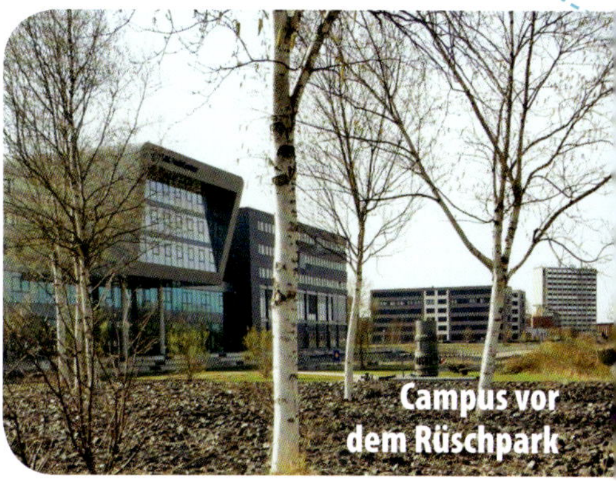
Campus vor dem Rüschpark

sich am Steendiekkanal der klar gegliederte **Campus mit Kunstobjekten** ❹. Hier verteilen sich gewaltige, ausgediente Schrauben, Turbinen und Propellerkappen, wahrscheinlich von Containerschiffen, als Kunstwerke. Immer am Wasser entlang steuern wir auf den **Rüschpark** ❺ zu. Der Park, ein in den 1970er-Jahren stillgelegtes Werftgelände, ist 21 Hektar groß. In der Elbuferböschung wurden Reste der Werftanlagen zu einer rot lackierten **Aussichtsplattform** ❻ umgestaltet.

Dieser Beobachtungsposten schenkt uns eine traumhafte Rundumsicht und ist ein schöner, ruhiger Ort, der zum Verweilen und Nachdenken anregt. Wir schauen zu, wie die dicken Pötte an uns vorbeiziehen und in immer weiterer Entfernung als Punkt am Horizont verschwinden. Südwestlich haben wir Einsicht in die gigantische **Airbus-Werft** und können mit Glück verfolgen, wie das beindruckende Frachtflugzeug Beluga im Landeanflug die Elbe überquert. Auf der gegenüberliegenden Elbuferseite sehen wir Teufelsbrück, den Elbstrand und den Jenischpark. Wir atmen tief ein und aus und sind in diesem Moment von Grund auf zufrieden.

Zur Uferbefestigung wurde hier Hochofenschlacke aufgetürmt. Von der Treppe des roten Turms aus betrachtet, lassen sich mit etwas Fantasie in den

Für die Seele

Hafenbrise, Elbromantik und zauberhafte, in Obstplantagen gelegene Häuschen auf dem Süder- und Osterfelddeich stärken unsere Seele.

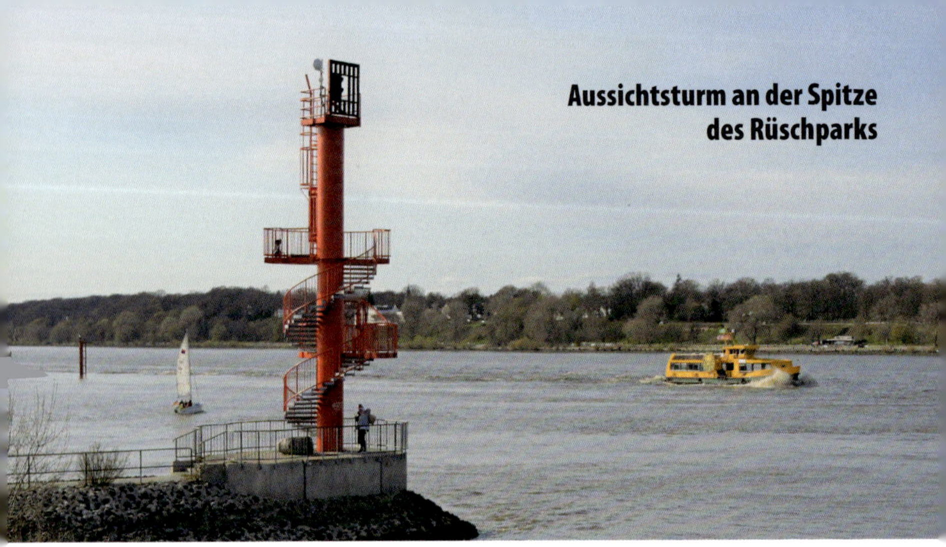

Aussichtsturm an der Spitze des Rüschparks

schweren Schlackenbrocken sogar Tierfiguren wie ein Vogel oder ein ruhender Drache erkennen – eine entspannende Beschäftigung.

Gleich nebenan gibt es eine weitere **Fähranlegestelle,** die Haltestelle **Rüschpark.**

Vom Aussichtsturm gehen wir geradeaus den **Rüschweg,** die Elbe lassen wir hinter uns. Rechts erspähen wir am Rüschkanal freigelegte Stahlbetonreste des ehemaligen **U-Boot-Bunkers Fink II** 7 aus dem Zweiten Weltkrieg. Informationstafeln auf der dem Bunker gegenüberliegenden Landspitze ergänzen die Anlage, die seit 2006 ein **Mahnmal** ist.

*„Fink II" war der Tarnname eines **U-Boot-Bunkers**, mit dessen Bau Zwangsarbeiter 1941 auf dem Gelände der Deutschen Werft begannen. 1945 wurde er durch Bomben zerstört und später von den Briten gesprengt. 2002 entdeckte man ihn bei Bauarbeiten an der Airbus-Landebahn.*

Schließlich flanieren wir parallel zum Kanal, an dessen Inseleinbuchtung sich das Restaurant **Yachtblick** 8 befindet. Wir laufen links kurz in den **Leegerwall** und biegen rechts in den neueren Teil des **Rüschparks,** der sportlich genutzt wird. Ein hübsch gestalteter Garten leitet ins angrenzende Finkenwerder über. Wir verlassen den Park über den **Rüschweg,** sehen die **Gedenkstätte** zur Erinnerung an ein Außenlager des **KZ Neuengamme** und gelangen auf den **Neßdeich.** Im Haus Nr. 6, weiter rechts, 1 Kilometer hinunter, wurde Johann Kinau (1880–1916) geboren. 1913 erschien unter dem Pseudonym Gorch Fock sein Roman „Seefahrt ist not!". Das **Gorch-Fock-Haus** 9 kann besichtigt werden.

Wir queren die Straße **Neßdeich** und gehen sie links, um gleich darauf mit einem scharfen Rechtsknick durch eine Wohnsiedlung auf den **Slipstek** zu stoßen. Diesen gehen wir links weiter, immer am **Nordmeergraben** entlang, überqueren eine Brücke und schwenken nach rechts. Ein herrlicher Patt am Flüsschen **Finkenwerder Fleet** lenkt uns an Wiesen, Feldern und Obstplantagen vorbei. An der Gabelung bei einem kleinen, von Schilfrohr umsäumten Park richten wir uns nach links zum **Neßkatenweg,** gehen den Deich hoch und halten uns etwa 500 Meter geradeaus. Auf unserem Weg streifen wir zahlreiche, durch Gräben begrenzte Apfelbaumplantagen.

Wenn der Neßkatenweg endet, spazieren wir auf dem **Akeleiweg** am Rand von Kleingärten (Gartenbauverein Finkenwerder e. V.) immer geradeaus, noch einmal circa 500 Meter.

Wir verlassen die Schrebergartenanlage und begeben uns nach links auf den **Finkenwerder Westerdeich.** Vor uns breitet sich das Naturschutzgebiet Westerwei-

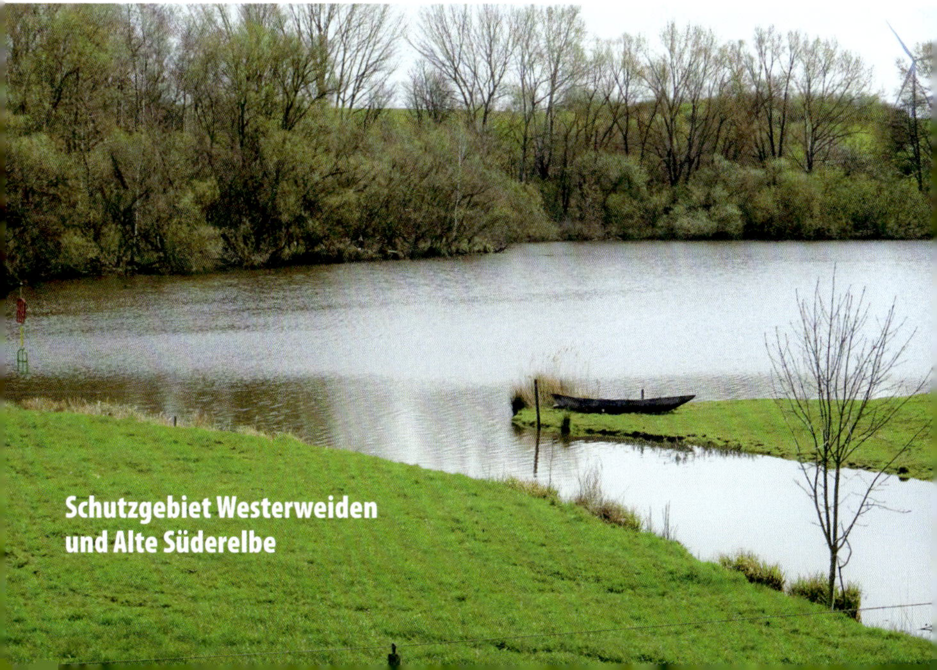

Schutzgebiet Westerweiden und Alte Süderelbe

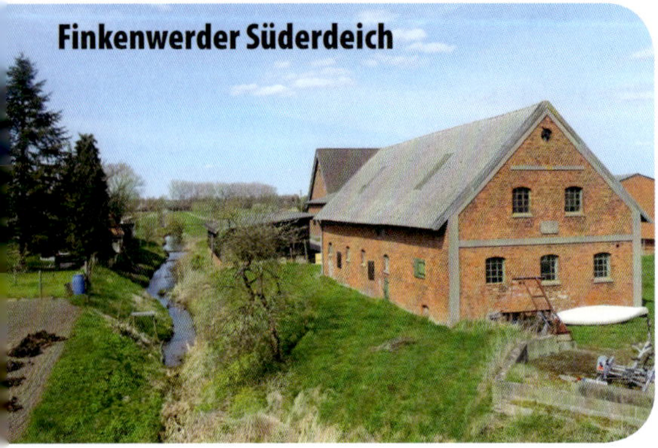
Finkenwerder Süderdeich

den aus. Das Flussmarschland mit saftigen Wiesen ist geprägt durch einen ländlichen Charakter und wurde bereits vor 800 Jahren für die Pferde- und Rinderhaltung genutzt. Dahinter erstreckt sich das Biotopschutzareal Neß, das einen harmonischen Übergang zwischen dem Airbus-Werksgelände und den Westerweiden darstellt. Der Landschaftsabschnitt wird durch ein laufendes Pflegekonzept ausgebaut, damit sich neben Kornweihe, Steinschmätzer, Schafstelze, Nonnengans, Wachtel und Braunkehlchen noch weitere Vogelarten ansiedeln.

Jenseits der grünen Weiden liegt ein zweiter geschützter Landschaftsraum, die Finkenwerder Süderelbe. Die **Schutzgebiete Westerweiden und Finkenwerder Süderelbe** ⑩ grenzen direkt aneinander und schützen den naturnahen und schönsten Bereich der Alten Süderelbe. Wir genießen ein fantastisches Panorama. Röhrichte, Hochstaudenflure, Kleingewässer und Auwaldreste begleiten uns auf dem **Finkenwerder Süderdeich.** Gleichzeitig erleben wir idyllischen Dorfcharme durch liebevoll gepflegte Gärten, Häuschen, Katen und Höfe, dabei haben wir rechts immer die **Alte Süderelbe** im Blick (hier sagt man noch jedem „Moin"). Unsere romantische Seele wird stark berührt. Wir spazieren an üppig bepflanzten Blumenbeeten, Magnolienbäumen und sogar bunten Tulpen am Straßenrand vorbei und blicken auf blühende Obstbäume in der Ferne und die beiden markanten Kirchtürme im geografischen Zentrum der Insel am Landscheideweg. Hier verlief die ehemalige Landesgrenze, die den südlichen, preußischen Teil Finkenwerders vom nördlichen, hamburgischen trennte.

Dann wandern wir nach einem Linksknick so lange geradeaus, bis wir scharf rechts auf den **Osterfelddeich** einbiegen können. Nach circa 1,5 Kilometern erreichen wir den **Finkenwerder Vorhafen.**

Zu guter Letzt treten wir auf dem **Aue-Hauptdeich** unseren Rückweg an. Wir haben zwei Möglichkeiten: Entweder nehmen wir den Fußweg direkt auf der Deichkrone. Dann erkennen wir im Hintergrund die rot-blauen Werft- und Lastkräne des Hamburger Hafens deutlich in ihrer ganzen Größe. Oder aber wir laufen unten vor dem Deich entlang und vermeiden damit die extrem steife Brise. Dann kommt es uns vor, als seien wir auf einer Nordseeinsel.

Der Weg führt zum Köhlfleet mit dem **Kutterhafen** und seinen Oldtimern: Hochsee-Fischkutter **HF 231 Landrath Küster,** ein Anderthalbmaster, oder **M. S. Altenwerder,** ein ehemaliger HADAG-Dampfer. Aber auch

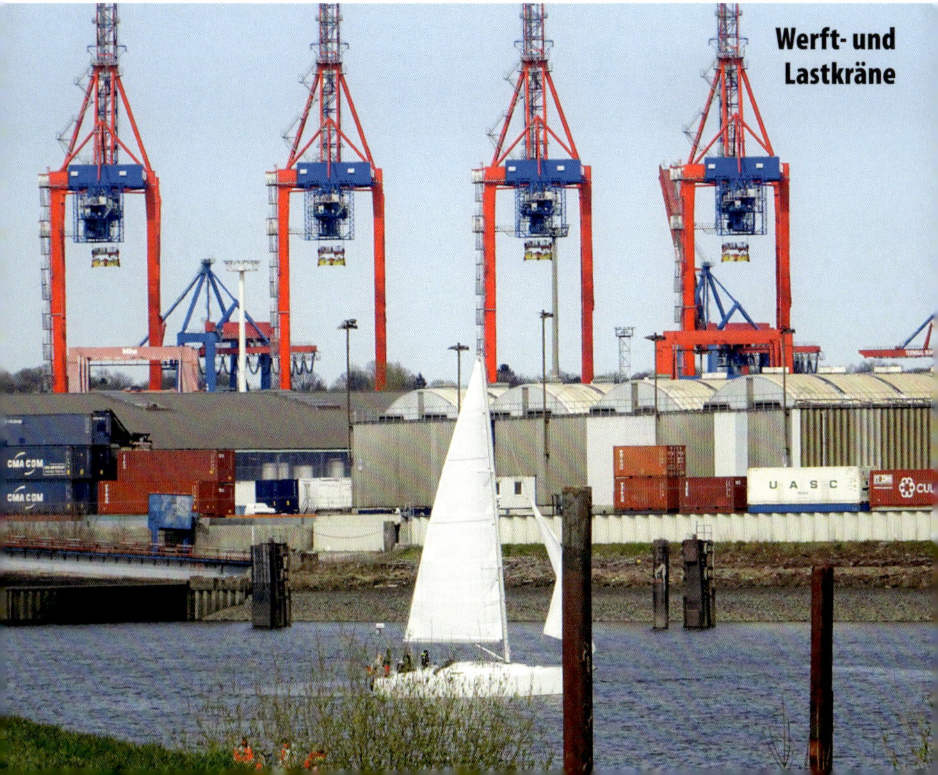

Werft- und Lastkräne

der etwas modernere zweimastige **Gaffelschoner Avontuur** von 1920 hat neuerdings hier seinen Heimathafen, wenn er nicht gerade in aller Welt auf der Suche nach Genussmitteln für Hamburg unterwegs ist. Wir sehen Boote und Schiffe, die auf der Slipanlage zu Wasser gelassen werden, und können an diesem nostalgischen Ort unsere Seele baumeln lassen. Wie die alten Kapitäne lauschen wir dem Wind, welche Geschichten er uns erzählt, oder schauen den Fischern zu, wie sie bei Sonnenaufgang ihre Kutter vom Anker lassen. Bei manchen kann man sogar mitfahren.

Bevor wir auf die andere Elbseite zurückschippern, sollten wir uns im **Dampfer-Imbiss** ⑪ noch eine Currywurst oder einen Backfisch zur Stärkung gönnen.

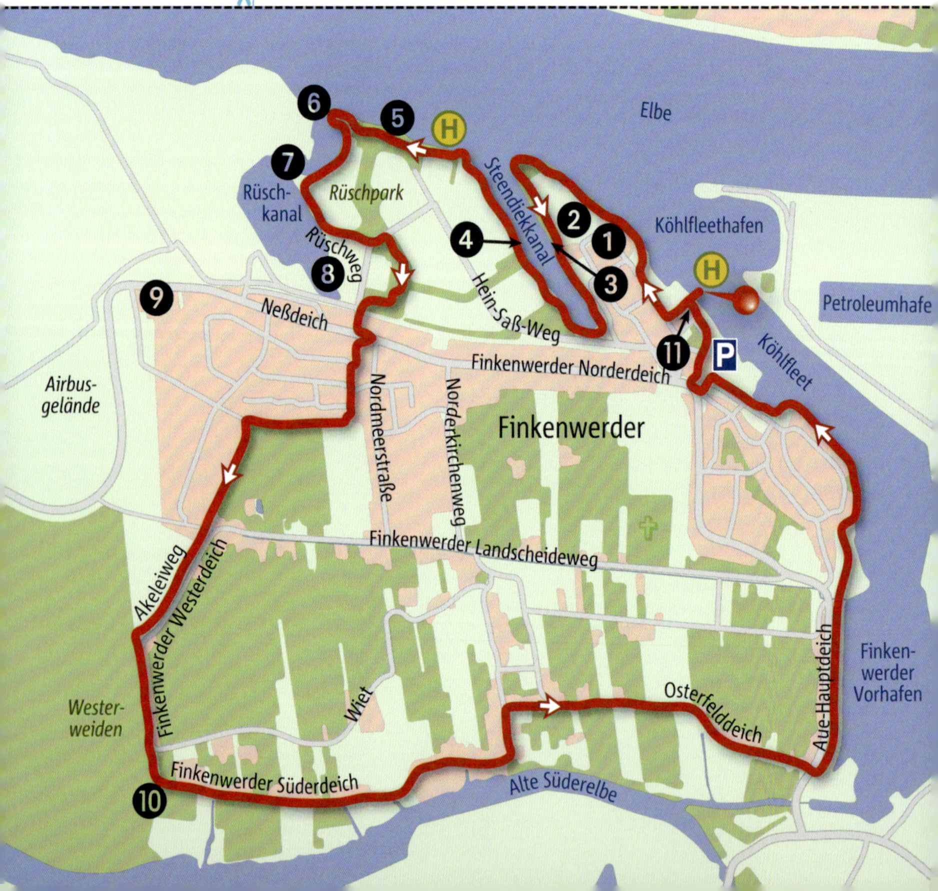

Alles auf einen Blick

WIE & WANN:
Sand-, Schotter- und asphaltierte Wege; zu jeder Jahreszeit schön

HIN & WEG:
Auto: Parkplatz Benittstraße 19–21, 21129 Hamburg (GPS: 53.534123, 9.878955); alternativ Freiflächen für den Wochenmarkt im Finksweg, 21129 Hamburg (GPS: 53.534060, 9.876346)
ÖPNV: HADAG-Fähre 62 von den Landungsbrücken, Brücke 3, bis Fähranleger Finkenwerder; HADAG-Fähre 64 fährt Teufelsbrück–Rüschpark–Finkenwerder, www.hadag.de

ESSEN & ENTSPANNEN:
Restaurant Finkenwerder Elbblick ❶ Focksweg 42, 21129 Hamburg, Tel. (0 40) 7 42 51 91, www.finkenwerder-elbblick.de
Yachtblick ❽ Neßpriel 12, 21129 Hamburg, Tel. (0 40) 40 28 80 07 90, www.yachtblick-hamburg.de
Dampfer-Imbiss ⓫ Benittstraße 7, 21129 Hamburg, Tel. (0 40) 7 42 94 14, www.partyservice-finkenwerder.de

ENTDECKEN & ERLEBEN:
Freibad Finkenwerder im Gorch-Fock-Park ❷ Finksweg 82, 21129 Hamburg, www.baederland.de
Steendiekkanal mit Jachthafen ❸
Campus mit Kunstobjekten ❹
Rüschpark ❺
Aussichtsplattform ❻
Mahnmal U-Boot-Bunker Fink II ❼ Führungen: www.finkenwerder-geschichtswerkstatt.de
Gorch-Fock-Haus ❾ Nessdeich 6, 21129 Hamburg, Tel. (0 40) 7 43 41 86, www.heimatvereinigung-finkenwerder.de/gorch-fock-haus
Schutzgebiete Westerweiden und Finkenwerder Süderelbe ❿

Entspannung ✱✱✱✱✱
Genuss ✱✱✱✱✱
Romantik ✱✱✱✱✱

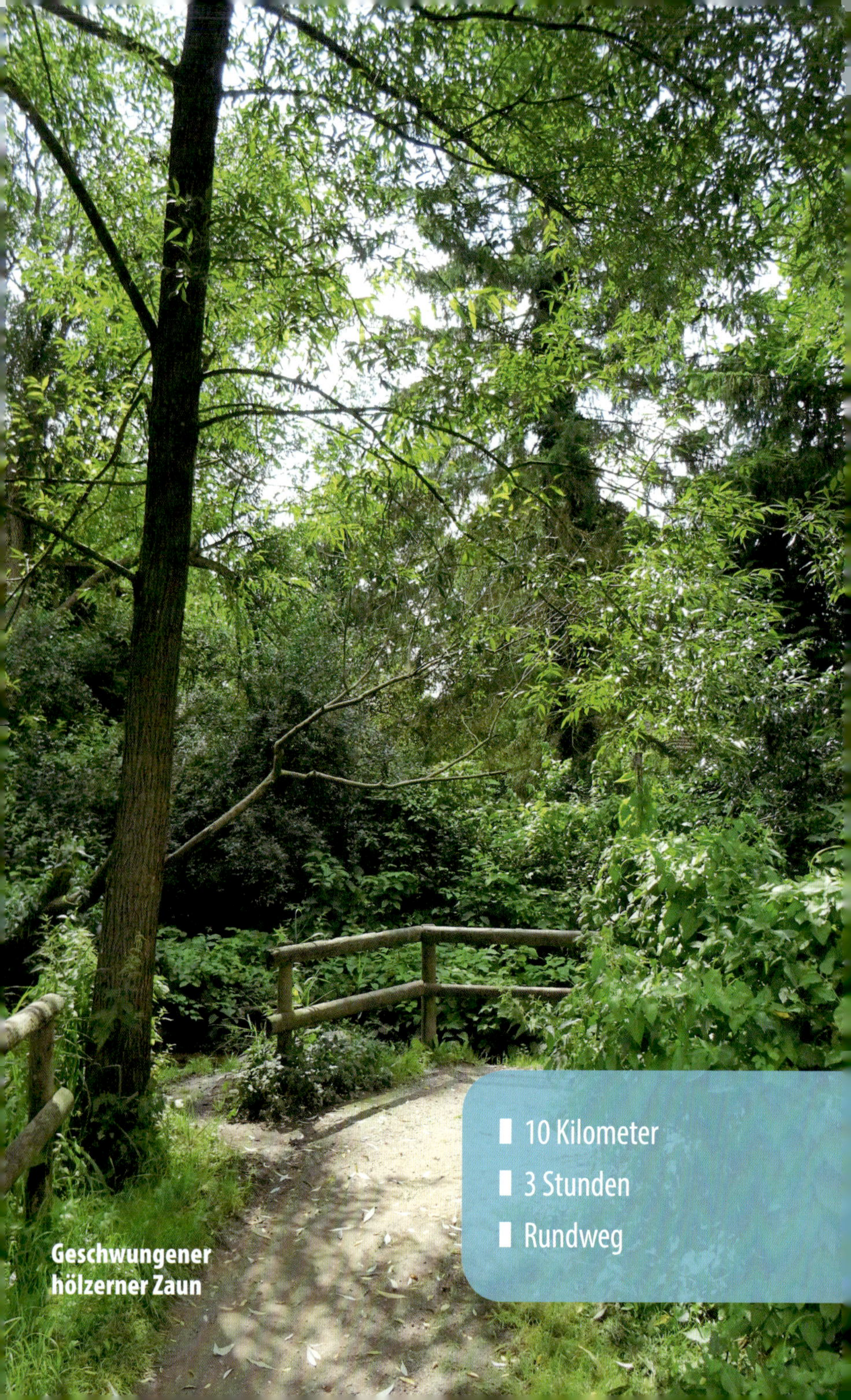

Geschwungener hölzerner Zaun

Wir steigen von der backsteinroten, burgartigen **U-Bahn-Station Buckhorn** in Volksdorf zur Brücke hoch und bewegen uns links.

Das Gebäude des **U-Bahnhofs Buckhorn** entstand zwischen 1913 und 1918. Architekt Eugen Göbel (1875–1937) entwarf im Auftrag von Oberbaudirektor Fritz Schumacher unter anderem die 16 U-Bahnhöfe der Walddörferbahn zwischen Barmbek und Ohlstedt.

Hinter der Brücke biegen wir gleich links auf einen befestigten Weg ab und nehmen die schräge Abzweigung rechts mit der Markierung **gelber Pfeil** und schwarze Umrandung **(Alsterwanderweg)** in den tiefen Wald hinein. Der ständigen Reizüberflutung innerhalb des Stadtgebiets zu entkommen, empfinden wir als großes Glück. Wir lassen die Stille zu und nehmen unser Umfeld mit allen Sinnen auf. Die großzügigen Wege durch den üppig wuchernden Mischwald helfen uns dabei.

Nach einer Weile überqueren wir die Straße Volksdorfer Damm und spazieren geradeaus auf einem kleinen Patt weiter. Ihm folgen wir dann rechts in den Wald hinein, dabei erscheint wieder unsere Pfeil-Markierung. Wir laufen über die Straße **Streekweg** in die Straße **Timmermoor** (wieder sehen wir den Pfeil) und auf einem asphaltierten Weg immer geradeaus.

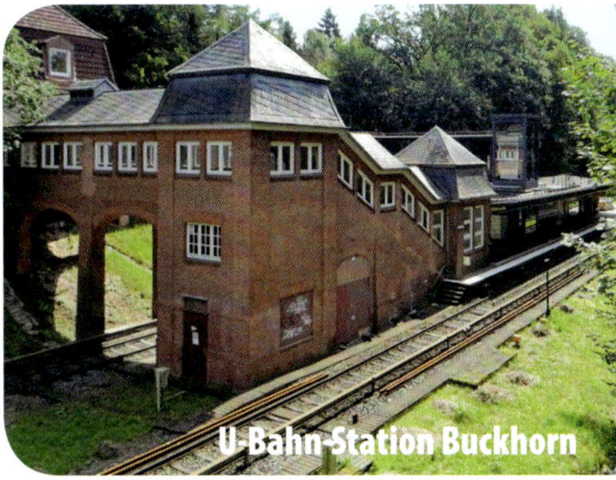
U-Bahn-Station Buckhorn

Den Weg, den wir bisher gegangen sind, werden wir auch bei der Rückkehr zum U-Bahnhof wieder benutzen. Bei der nächsten Gabelung beginnt der eigentliche Rundweg, indem wir links abbiegen und am **Wasserwerk der Wald-**

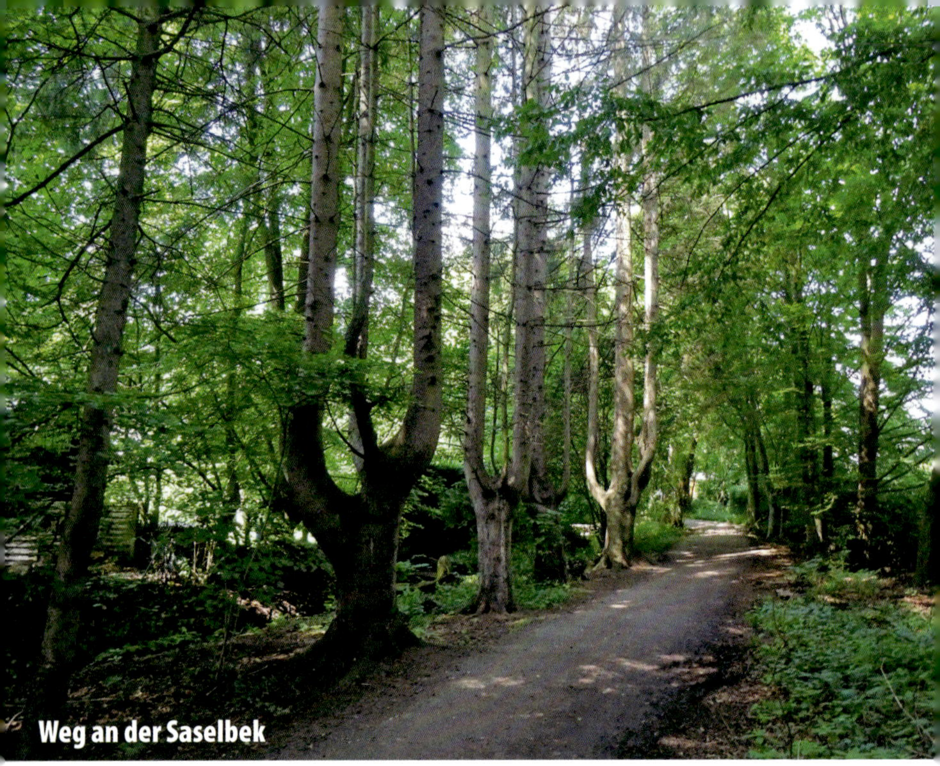

Weg an der Saselbek

dörfer entlanglaufen. Auf einer hölzernen Brücke halten wir kurz inne, um das flink über große Kieselsteine fließende, wunderbar klare Wasser des Baches **Streekbek** zu beobachten und strömen zu hören. Wir setzen unseren Weg fort und passieren dabei die Ortsgrenze zwischen Bergstedt und Volksdorf. Ein kurzes Stück wandern wir auf befestigtem Weg, halten uns dann bei einer Gabelung rechts, an den Häusern linker Hand entlang, und durchstreifen einen Wiesenabschnitt, an dessen Rand hoher, violetter Wald-Phlox (Flammenblume) wuchert. In der Abenddämmerung verbreitet diese Pflanze einen starken Duft, der an Geißblatt oder Flieder erinnert.

Nach über 200 Metern mal lichterem, mal dichterem Waldweg orientieren wir uns für nur 10 Meter nach links und gehen gleich wieder nach rechts ins Gehölz hinein. Auf einer Rastbank strecken wir kurz die Beine aus und bewundern den von Vogelgezwitscher durchtönten alten Mischwald. An einer **T-Kreuzung** biegen wir scharf rechts ab und wandern über eine weitere Kreuzung geradeaus weiter bis zu einem Zaun, an dem wir uns nach links immer Richtung Süden halten. Auf der folgenden Strecke schenkt uns waldreiche, unberührte Natur neue Energie, auf der anderen Seite bewundern wir versteckte Villen. Die stolzen Bewohner dieses Fleckchens Erde haben die schiere Wildnis direkt vor Augen. Wir gehen geradeaus auf einem schönen, breiten Sandweg eine Anhöhe hinauf und wieder hinab, streifen eine Bank und kommen auf eine robuste Holzbrücke zu, vor der wir uns nach rechts wenden.

Neben uns fließt die glasklare **Saselbek,** die uns verleitet, mit nackten Füßen durch das flache Wasser zu waten. Herrlich ist es, das kalte Nass auf samtsandigem Untergrund zu spüren. Wir schreiten nun wieder mit Schuhen (doch mit bedächtiger Geschwindigkeit) im Schatten von Blätterdächern dicht am Wasser entlang. Uns fällt am Bach eine Reihung hoher, ungewöhnlich gewachsener Fichten auf. Aus dem Hauptstamm wachsen nach fast 1,5 Metern mehrere neue Stämme. Die Wipfel sind angeordnet wie ein Kandelaber. Diese Naturszenerie wandelt sich, wenn der gut gedämpfte Waldboden durch morastige Areale führt, wo sich leuchtende Blätter in Tümpeln spiegeln. Durch das Grün erblicken wir gelegentlich großzügige Grundstücke – die Nähe zum Alsterlauf ist ein Pluspunkt dieses Stadtteils im Nordosten Hamburgs, der perfekte Mix aus Urbanität und Ländlichkeit ein anderer.

Für die Seele

Muntere Bäche erquicken uns, Steilhänge mit Tälern lassen unsere Herzen höherschlagen und lichte Laubmischwälder mit imposanten Bäumen schenken uns Kraft.

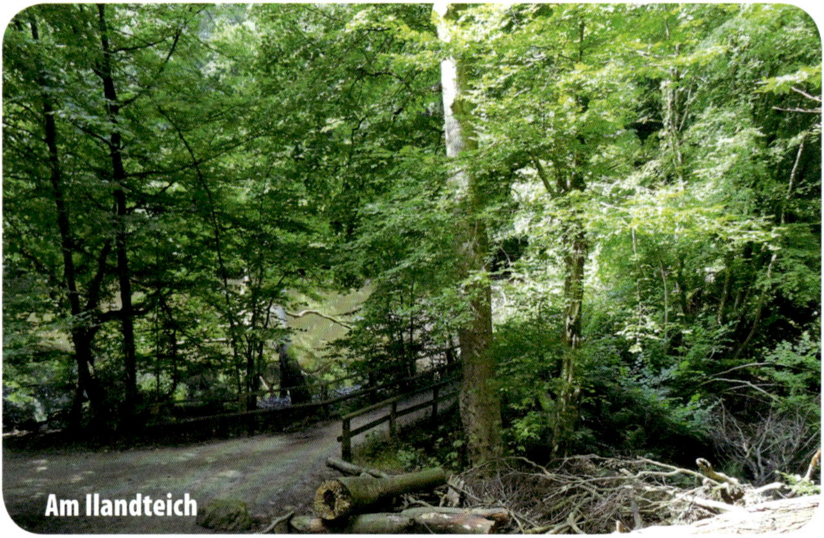

Am Ilandteich

Der Weg verläuft jetzt circa 3 Kilometer immer neben der sich schlängelnden Saselbek. Dabei überqueren wir einmal die Straße Hamraakoppel, und danach schwenken wir kurz rechts in den **Birkenweg,** von dem gleich links ein heller Sandweg abgeht. Wir erfreuen uns an einer offenen Graslandschaft, die von prachtvollen Häusern auf einer Anhöhe begrenzt wird, und an weiß blühenden Wildrosenbüschen, aus denen Hagebutten hervorlugen. Entlang eines geschwungenen hölzernen Zauns bewegen wir uns in einer Rechtskurve abwärts, nehmen dicke Brombeersträucher wahr – und plötzlich umgibt uns wieder die pure Natur, in der sich die Saselbek durch moorige Abschnitte windet. Während wir eine Steigung an einem Holzgeländer entlang erklimmen, sichten wir ein Schild mit der Aufschrift **Aalwisch.** Oben am Geländer angelangt, wenden wir uns bei der nächsten Gabelung nach links in den Mischwald hinein, atmen die kräftige Waldluft und bleiben bei den folgenden Abzweigungen immer links. Unser Weg ist erhöht, und unter uns plätschert idyllisch die Saselbek.

Wir überqueren umsichtig die stark befahrene Straße **Bergstedter Chaussee.** 150 Meter nach links könnten wir ins **Restaurant Shin Shin** ❶ einkehren. Unser Hauptweg folgt aber dem Lauf der Saselbek. Wir streifen rechts und links von uns die Wöhlberge, auf denen sich einst die Hünengräber der Bronzezeit befanden.

Wenn der Weg sich gabelt, wandern wir geradeaus. Schöne Sandhügel erheben sich neben uns, und unter uns geht es durch Buchenwald bergab. Wir haben in diesem Abschnitt Höhenunterschiede zu überwinden und kraxeln mal oben, mal unten. Nach einer Rechtskurve treffen wir auf einen Waldkindergarten. Links unter uns an einer Brücke dehnt sich der **Ilandteich** aus, wir setzen unsere Tour aber oberhalb des Tals fort. Gewässer wie die Furtbek, der Mühlenteich oder der eher im Winter wasserführende Haingraben liegen noch auf unserem Weg. Die drei Bachtäler mit ihrem lichten Laubmischwald an Steilhängen bilden ein beeindruckendes Bild auf kleinster Fläche. Wir sind im **Naturschutzgebiet Hainesch/Iland** ❷ angekommen.

*Auf den Wöhlbergen findet sich ein bedeutendes **Hügelgräberfeld** mit Funden aus der Bronzezeit und vorrömischen Eisenzeit (1500 v. Chr.). Leider hat der Zahn der Zeit an den ehemals zwölf Grabhügeln genagt, sodass nicht mehr allzu viel von ihnen zu sehen ist.*

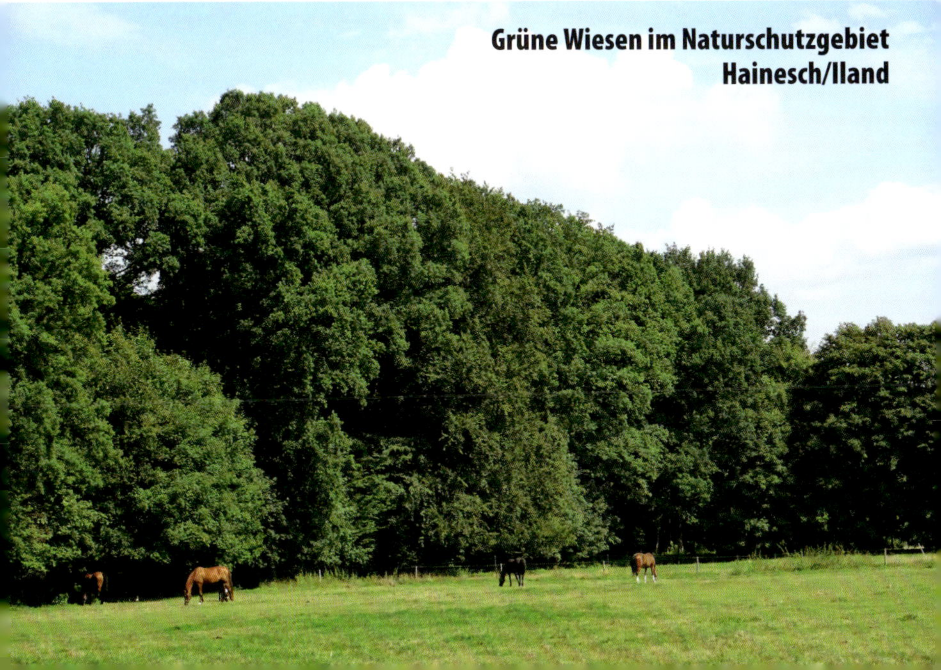

Grüne Wiesen im Naturschutzgebiet Hainesch/Iland

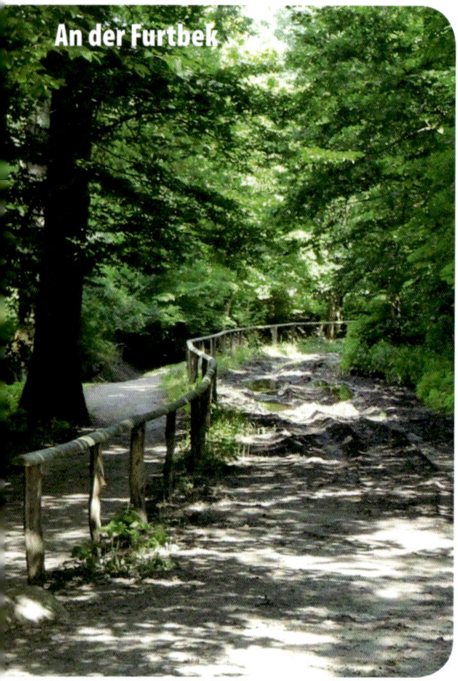

An der Furtbek

Bis zur Saselbek gehört das Gebiet zu Sasel, der größere Teil liegt in Bergstedt. Wir stapfen schnurstracks geradeaus in ein Tal, lassen rechts die Straße Iland hinter uns und erreichen eine saftig grüne Wiese mit vielen Pferden. Kühl und erfrischend ist es in den üppig wuchernden Wäldern an der bäuerlichen Flur und dem Saselbekgrund, der Heimat zahlreicher Wasservögel und Amphibien. Am Fuß der Hänge, im Überschwemmungsgebiet der Saselbek, entwickelt sich ganz langsam wieder ein Auenwald aus Erlen, Eschen und Weiden.

Weiter spazieren wir in einem Bogen nach rechts auf dem angenehmen, mit Blättern bedeckten Sandboden. Links ist der **Haingraben** zu sehen und rechts weitläufige Koppeln. Wir schlendern die mit schönen Holzhäuschen bestückte asphaltierte Straße **Heindaal** 10 Meter nach links, um dann wieder links in den breiten Forstweg abzubiegen. Am Rand einer ausgedehnten Grünfläche, auf der nur Gras und ein bisschen Klee gedeihen, geht es noch mal links. Was früher eine Weide war, sieht heute nach Monokultur-Wirtschaft aus. Eine der Folgen: Insektensterben.

*Das **Hainesch Iland**, 71 Hektar groß, ist eine natürliche Tallandschaft mit den Bachläufen von Sasel und Furtbek. Herrlich sind bewaldete Hänge, Quellgründe, Moorflächen mit Schönheiten wie der Wasserfeder oder dem Mittleren Lerchensporn.*

Westlich von uns erblicken wir einen Steilhang mit einem Staugewässer sowie die Saselbek, die dort den Mühlenteich bildet und dahinter Richtung Poppenbüttel in die Alster mündet. Unsere neue Begleiterin wird an dieser Stelle die **Furtbek.** Der Bach entspringt nahe der alten Bergstedter Kirche. Die Furtbek ist nur etwa 2 Kilometer lang, bringt aber auf kürzester Strecke ihre volle Leistung. Vom Rinnsal schwillt sie zum lebendigen Wasserlauf, dessen Ufer seine Farben aus umliegenden Wiesen mit Wildblumen, Apfelblüten und Kornfeldern schöpft. Direkt hier, wo sich beide Bäche im Mühlenteich vereinigen, gibt es einen erfrischenden **Ausguck** auf wässrige Ebenen.

Im Sumpfgebiet an der Einmündung in den Mühlenteich breitet sich pure Wildnis aus. Im Tal der Furtbek mit seinem dicht bewachsenen Hang atmet die Natur noch so ungestüm wie nach der letzten Eiszeit, als erst die Gletscher und dann ihre Schmelzwasser Täler höhlten.

Wir laufen nun dicht an der **Furtbek,** flankiert von Buchen und Eichen. Früher einmal baute sich in den steilen Wänden des tief eingeschnittenen Tals der farbenprächtige Eisvogel seine Bruthöhlen. Doch ist er lang nicht mehr gesichtet worden.

Der sandige Waldweg bringt uns an eine Kreuzung. Wir wenden uns nach rechts auf einen breiten Forstweg. An einem Findling schwenken wir links in einen kleinen Patt durch Dickicht. Doch gleich wird es urbaner werden. Geradeaus dürfen wir einen leicht zu verfehlenden, sehr schmalen Heckenweg nicht verpassen. Nach diesem „Geheimweg“ betreten wir die gut befahrene **Bergstedter Chaussee,** biegen links ein und zweigen nach ungefähr 300 Metern rechts am **Bredeneschteich** in den **Bredeneschredder** ab (alternativ könnten wir schon bei der Tierarztpraxis Nr. 92 a eine Abkürzung dorthin nehmen).

Wir marschieren links in den **Fischkamp** – ein typischer in den 1980er-Jahren asphaltierter Wirtschaftsweg, neben uns malerische Pferdekoppeln unter strahlender Sonne und alte bäuerliche Kulturlandschaft. Wir schlendern die

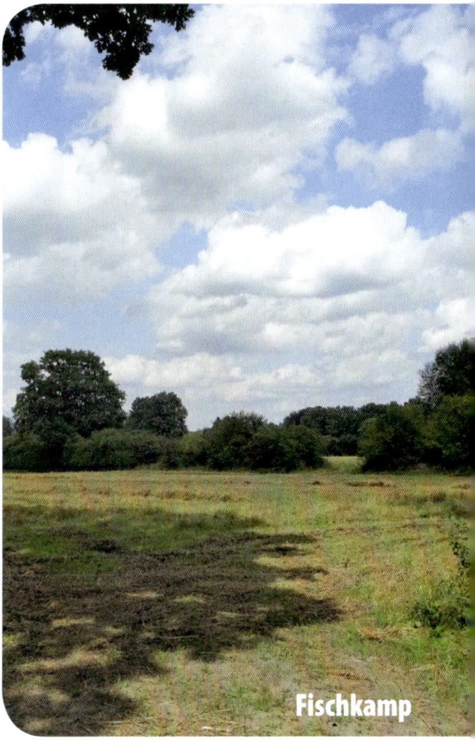
Fischkamp

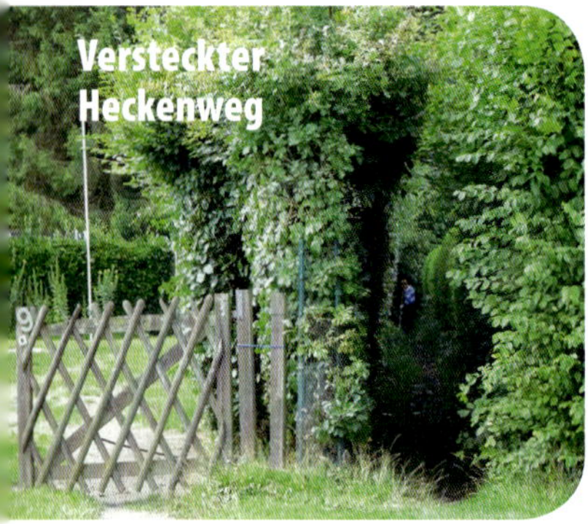

Hamraakoppel rechts hinein, bis wir nach gut 300 Metern am **Naturdenkmal Timmermoor** ❸ angelangt sind.

Bei einem Findling bewegen wir uns links in den Weg **Timmermoor** und merken kaum, dass wir kurz darauf bei der Gabelung links auf unseren Hinweg stoßen. Auf schon bekannten Pfaden gelangen wir zurück zur U-Bahn. Wenn wir auf den **Regestall** stoßen, müssen wir ihn unbedingt weiter geradeaus zum Friedhof gehen, denn **Rielmann's Waldrestaurant** ❹ verwöhnt uns mit köstlicher Kartoffelsuppe oder Wildgulasch über Entenbrust auf Parmesanrisotto bis hin zur Sauerrahmtarte.

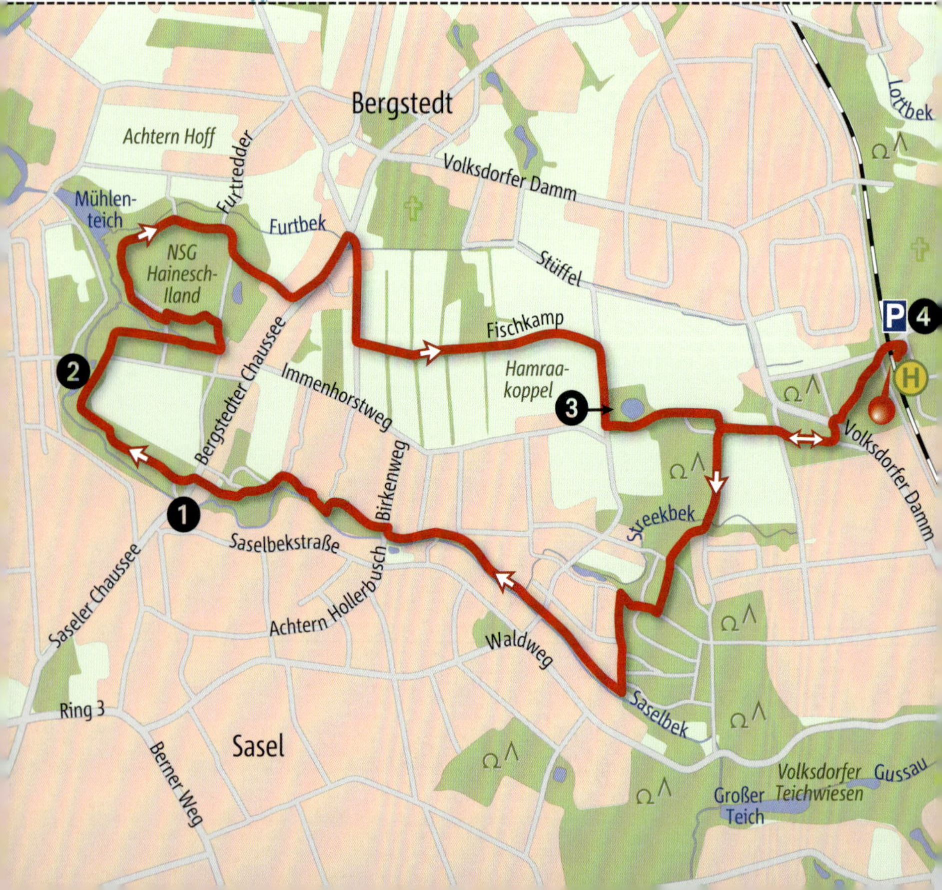

Alles auf einen Blick

WIE & WANN:

Leicht begehbare Uferwege, meist befestigte Waldwege, auch Pfade, Asphaltstraße, Forstwege; beste Zeit April bis Oktober

HIN & WEG:

Auto: Parkplatz Im Regestall 49, 22359 Hamburg (GPS: 53.665948, 10.157103)
ÖPNV: U 1, Haltestelle Buckhorn

ESSEN & ENTSPANNEN:

Chinesisches Restaurant Shin Shin ❶ Saseler Chaussee 254, 22393 Hamburg, Tel. (0 40) 6 01 90 64, www.shin-shin-restaurant.de
Rielmanns Waldrestaurant ❹ Im Regestall 53, 22359 Hamburg-Volksdorf, Tel. (0 40) 46 96 37 07, www.rielmanns-waldrestaurant.de

ENTDECKEN & ERLEBEN:

Naturschutzgebiet Hainesch/Iland ❷
Naturdenkmal Timmermoor ❸

Entspannung ✱✱✱✱✱
Genuss ✱✱✱✱✱
Romantik ✱✱✱✱✱

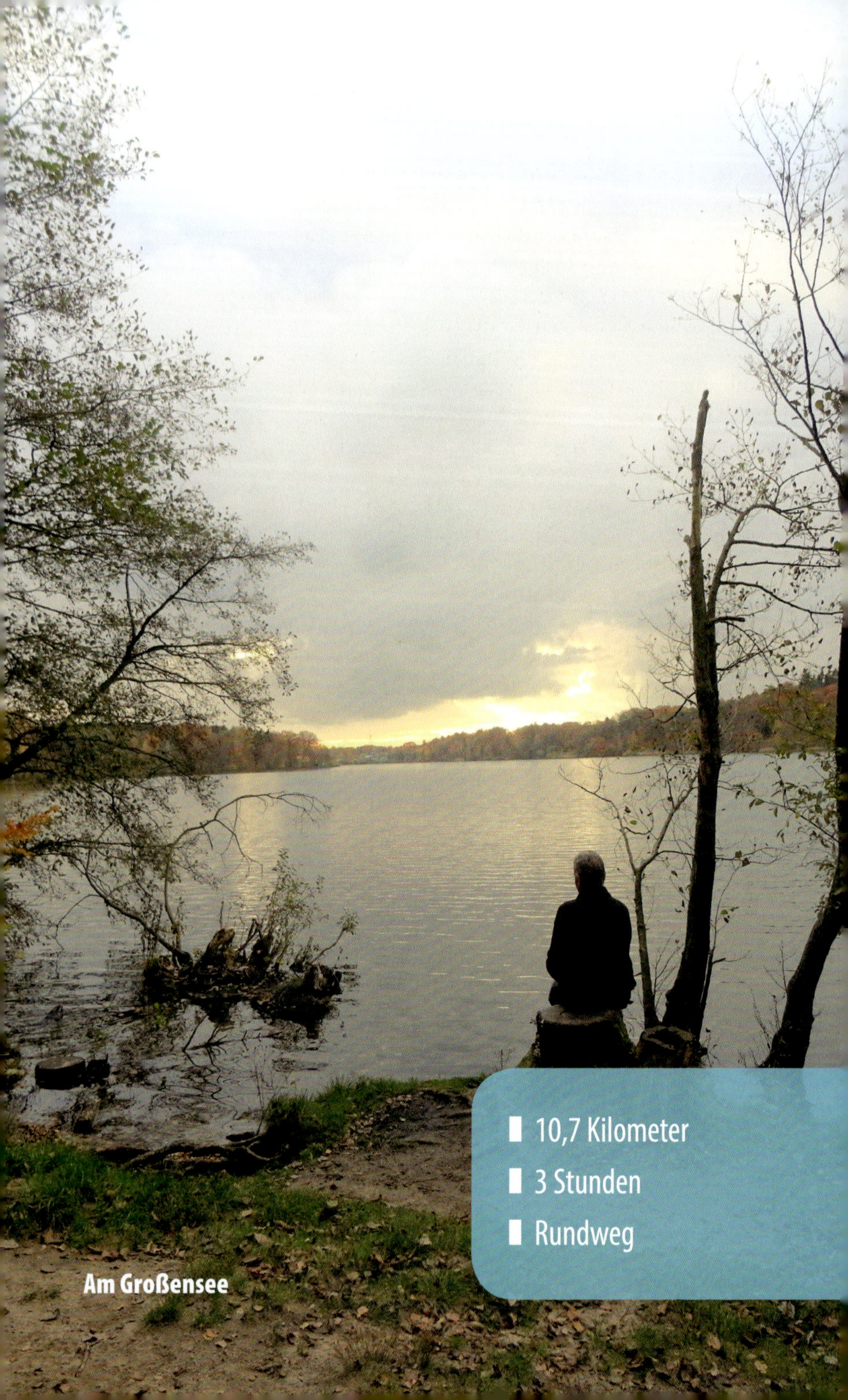

- 10,7 Kilometer
- 3 Stunden
- Rundweg

Am Großensee

Wenige Stunden am Großensee unter dem dortigen grünen Blätterdach wirken Wunder: Stress runter, Stimmung rauf. Das verwirklichen wir jetzt mit unserer Wanderung durchs Unterholz zu den Seen.

Zunächst steuern wir von der **Trittauer Straße** aus links auf dem Kopfsteinpflaster der **Fritz-Berodt-Straße** auf den **Alten Dorfkrug** zu und freuen uns jetzt schon darauf, zum krönenden Abschluss dort einzukehren. Danach halten wir uns beim Schild **Seerundweg** rechts. Wir folgen diesem schmalen Weg, sehen ein schönes Backsteingebäude von 1908 und durchqueren ein aus der Zeit gefallenes Mini-Dorf. Linker Hand, in einiger Entfernung, liegt ein kleiner Campingplatz. Schnatternde Gänse fliegen an uns vorbei, und in der Ferne sehen wir schon den Großensee.

Wir streifen das **Restaurant Piccolino,** erreichen danach die Straße **L 93** und schreiten sie ein kurzes Stück nach links, wo schon das schöne Strandbad mit Stegen und großer Liegewiese zu sehen ist. Hier zweigen wir scharf links zum Eingang des **Freibads** ab.

Wir gehen die **Seestraße** geradeaus, kommen am **Strandhus** vorbei und erreichen eine **Bank zum Entspannen** ❶ mit traumhaftem Ausblick auf das dunkle Wasser. Motiviert spazieren wir nach einer kleinen Rast auf naturbelassenen Lehmwegen weiter und erblicken Kiefern, Eichen und Buchen in den schönsten Spätsommerfarben.

Der Weg gabelt sich, uns lockt rechts ganz unverhofft ein kleiner Wildpfad. Nachdem wir ihn einge-

*Der 17 Meter tiefe **Großensee** liegt zwischen den Gemeinden Großensee und Lütjensee und ist das größte Gewässer der Stormarnschen Schweiz, einer sanfthügeligen, seenreichen Moränenlandschaft mit lauschigen Wäldern. Er geht auf eine eiszeitliche Gletscherrinne zurück.*

Seeblicke

Großensee und Mönchsteich

schlagen haben, schwenken wir an der nächsten Gabelung nach rechts, an Brombeerbüschen entlang. Wir folgen immer dem angenehmen Sandweg und streifen ein moorähnliches Gewässer links von uns. Dann biegen wir links ein in einen schönen herbstlichen Forst. Uns gefallen besonders die Buchenblätter, die von rötlich über bordeauxrot bis hin zu gelblichen Farbtönen leuchten. Auch Bickbeeren entdecken wir.

Wir bleiben auf dem großzügigen breiten Waldweg, auch wenn links und rechts Abzweigungen kommen, und folgen circa 800 Meter dem Wegverlauf. Neben uns stapelt sich eine lange Reihe Baumstämme. Irgendwann haben wir das Gefühl, uns zu verlaufen, so wild sieht es hier aus. An der nächsten T-Gabelung marschieren wir rechts wieder in einen übersichtlicheren, dichten Wald hinein. Zu einer Seite begleitet uns ein in einem regelmäßigen Muster gepflanzter Wald

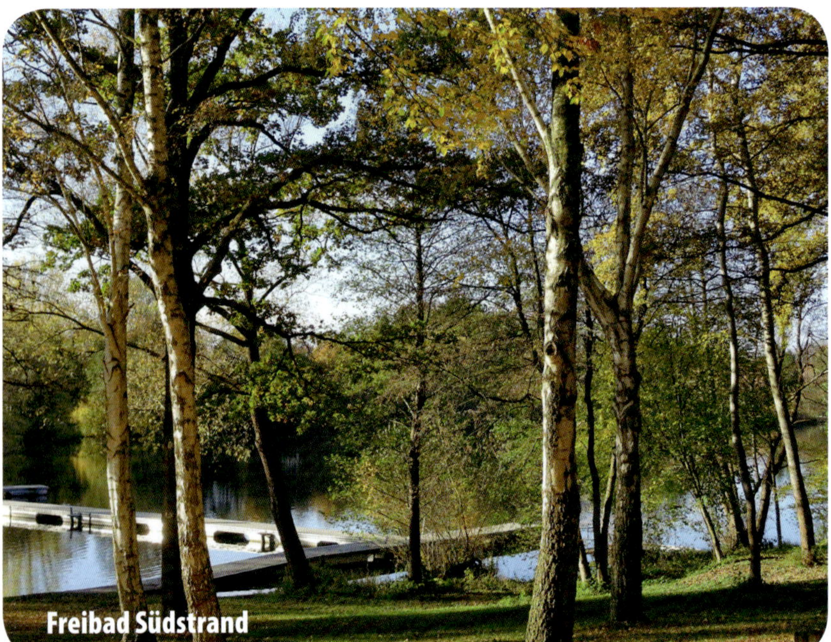
Freibad Südstrand

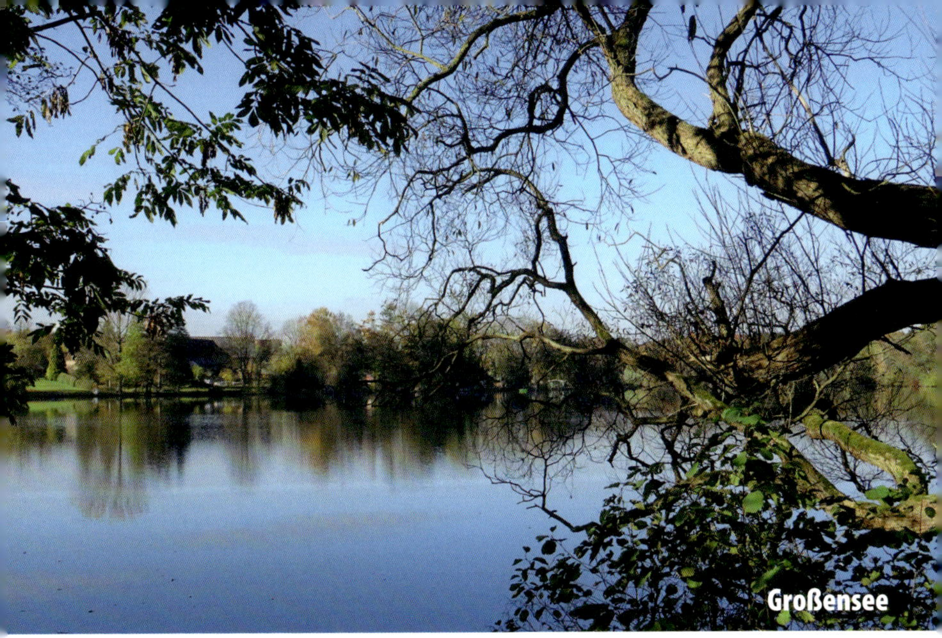

aus Kiefern, zwischen deren Stämmen sich weiches Moos wie ein Teppich ausbreitet. Zur anderen Seite haben wir herrlichen Mischwald. Die Waldluft entlastet besonders im Sommer den Kreislauf, Blätter und Nadeln filtern die Luft, die ätherischen Öle, vor allem der Nadelbäume, die Terpene, regen das Immunsystem an und wirken wie ein Hustenbonbon zum Einatmen. Wir folgen dem Weg immer geradeaus und dann durch eine leichte Rechtskurve. Bei der dritten Möglichkeit wandern wir scharf links und bleiben in nordöstlicher Richtung auf diesem Weg.

Erst an einer T-Gabelung orientieren wir uns nach rechts und schreiten an den nächsten drei Abbiegungen vorbei. Nach rund 1,2 Kilometern kommen wir

Für die Seele

Verträumte Seen wirken beruhigend auf Körper, Geist und Seele. Wir wandeln an weiten Uferzonen und waten barfuß durch das belebende Nass.

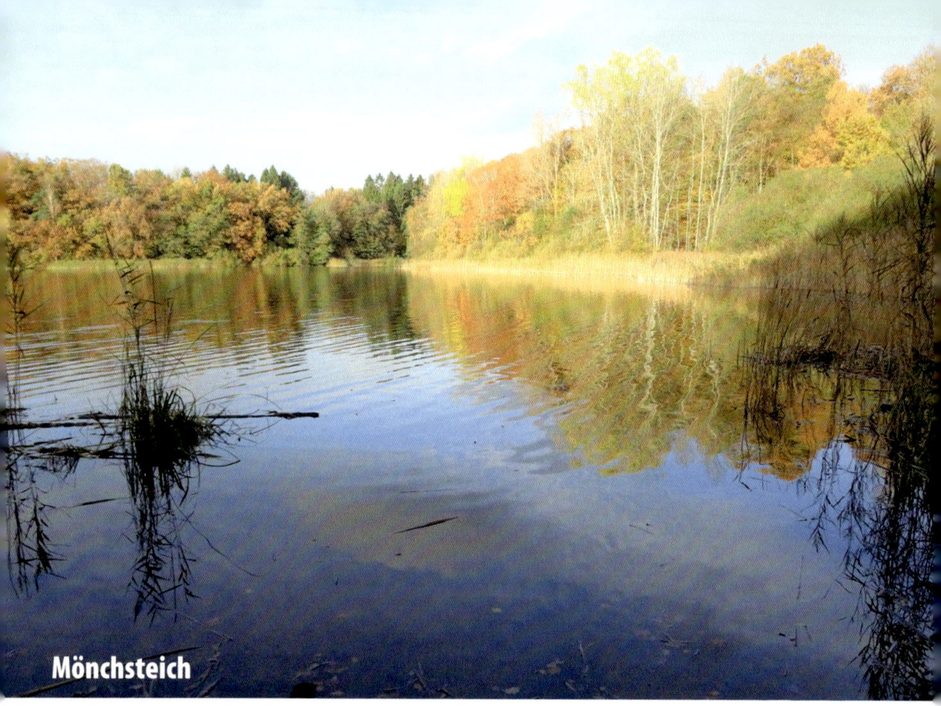

Mönchsteich

Bei stehenden Gewässern kommt es durch Sauerstoffmangel zu Faulschlammbildung (Nitrat und Phosphor), was Organismen ihre Lebensgrundlage raubt. Deshalb legt man den ***Mönchsteich*** *alle zwei Jahre weitgehend trocken. Fische werden dann in großen Aquarien untergebracht.*

auf die Straße **Zum Mönchsteich,** ziehen ein Stück nach links, um dann wieder links einzubiegen. Rechts in einer Senke läge völlig abgeschieden eine Einkehrmöglichkeit: das Restaurant **Moonshiner The American Restaurant ❷.** Wir steuern in einer Rechtskurve ins Tal hinab und direkt auf den 48 Hektar großen, idyllischen **Mönchsteich** zu – ein Relikt der ehemals 60 Karpfenteiche des Reinfelder Zisterzienserklosters. Im Südosten und Westen des Mönchsteiches finden sich ausgedehnte Schilfröhrichte und Bruchwälder, denen lokal Teichbinsen, Rohrkolben und weiße Seerosen vorgelagert sind.

Rings um den Teich sind kleine Anleger für Boote oder freie Badestellen, an denen man ins Wasser springen kann. Der östliche Bereich ist besonders bei FKK-Anhängern beliebt.

Wir nehmen den südlichen **Uferweg am Mönchsteich ❸** und genießen fantastische Ausblicke. An den Uferhängen des Mönchsteichs befinden sich Buchenbestände, Nadelholz-, Laubholzforste und Mischwald. Der teils schmale Pfad ist ab und an etwas sumpfig,

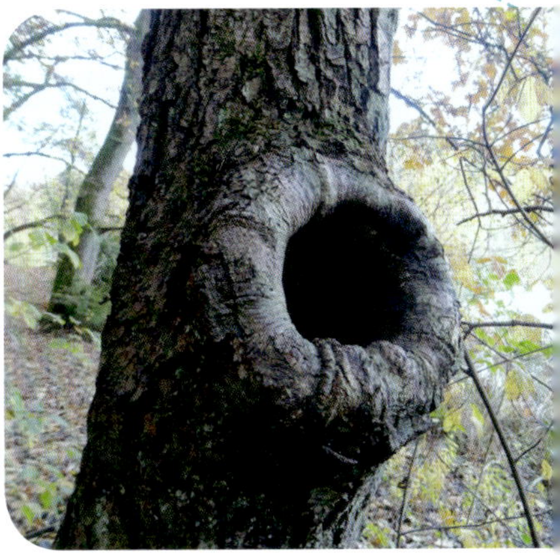

und es gibt am See entlang kleine Steigungen hoch und wieder hinunter. Dabei haben wir eine Landzunge im Blick. Ein kleiner Abstecher dorthin lohnt sich, weil man an diesem Platz hervorragend Vögel beobachten kann. Etwas unwegsam, aber abenteuerlich wird es, wenn wir ganz bis zur Spitze vordringen wollen.

Morastig ist es bis zum Ende des Teichs, dann schwenken wir scharf nach links ab und sehen einige Meter unter uns einen Bach dahinplätschern. Es beginnt ein kurzes, beeindruckendes Naturerlebnis auf diesem **Talweg am Verbindungsbach** 4 zwischen beiden Seen. Der Mönchsteich wird durch diesen Bach, die sogenannte **Stenzenbek,** einen künstlichen Durchstich, vom Großensee gespeist.

Wir wandern in den dichten Wald und folgen dem relativ breiten Weg über ausgeprägte Wurzeln. Es geht durch uralte Eichen-Kiefern-Wälder. Wenn sich die

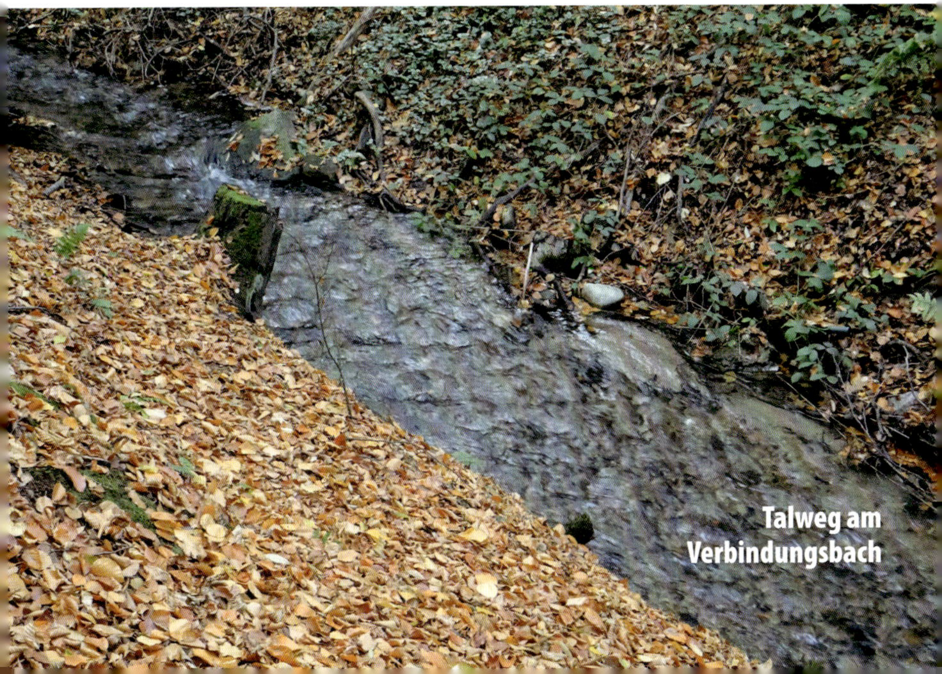

Talweg am Verbindungsbach

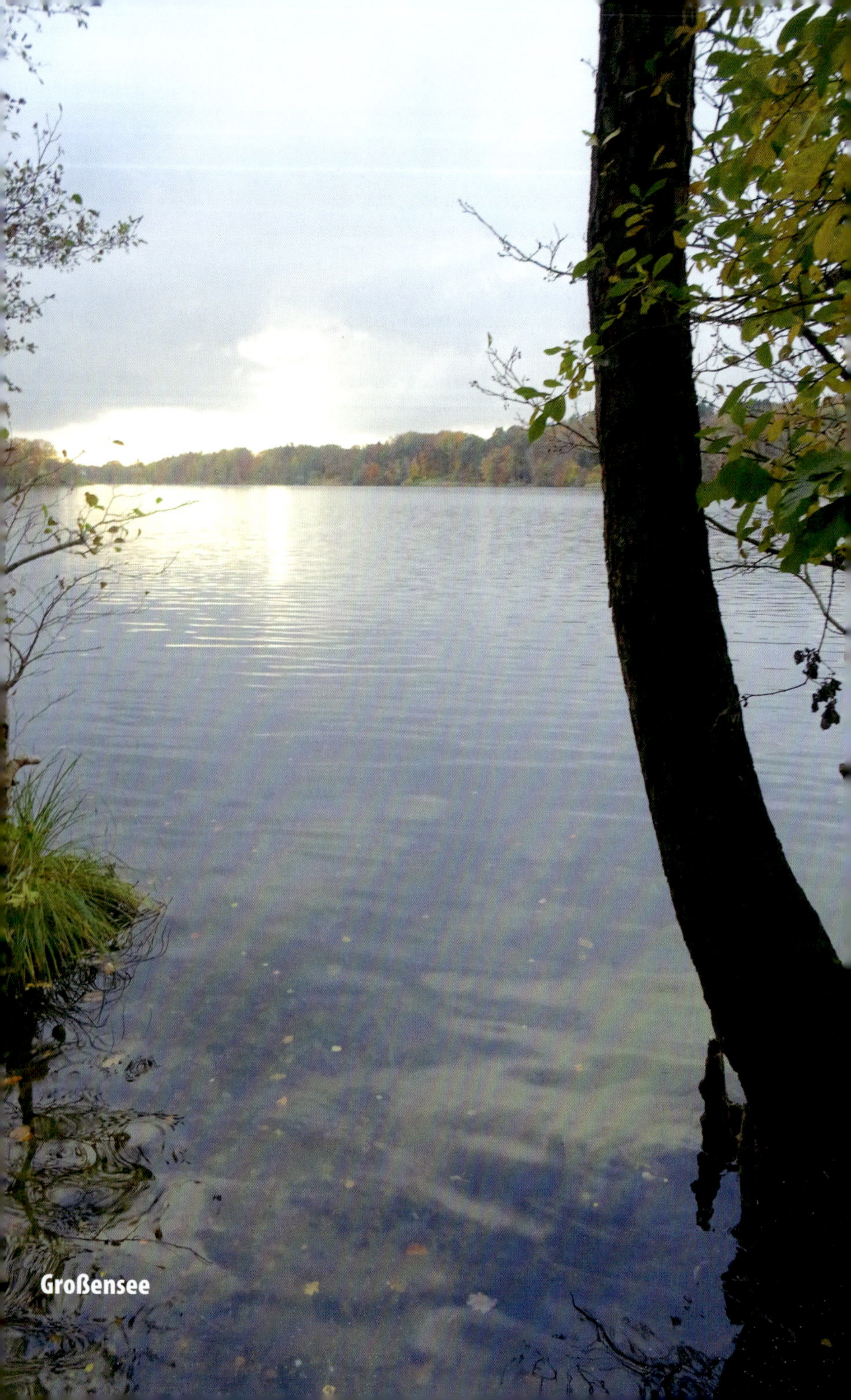
Großensee

Sonne ihren Weg durch die Wipfel bahnt, stehen wir inmitten eines Strahlenkranzes staunend still vor einem Naturspektakel, das das Bild der glitzernden Seefläche abgelöst hat.

Wir bleiben auf dem nicht immer gut erkennbaren, mit Blättern übersäten Weg. Es geht links ab, und wir drehen eine Runde vor einem Gebäudekomplex auf der anderen Seite des Baches, der tief unter uns in der Schlucht aus einem Rohr zum Mönchsteich heraussprudelt. An einem Schild erkennen wir, dass die Gebäude – ein Abenteuergolfplatz und das **Restaurant Schleushörn** – über eine Holzbrücke erreichbar wären.

Wir halten uns aber links, und schon taucht der **Großensee** vor uns auf. Wieder so nah an dem weiten Gewässer entlangzuschlendern, versetzt uns in fröhliche Stimmung. Besonders den gigantischen Ausblick auf tiefdunkles Blau bis hin zur Insel genießen wir. Alles wirkt ein bisschen wie in Schweden. Auf diesem Wegabschnitt können Sonnenuntergänge magisch sein.

Nach ungefähr 1 Kilometer gelangen wir rechts zu einem monumentalen Gittertor, hinter dem sich Privatgrundstücke im Wald verbergen, eines davon fungierte schon als Drehort für Filmproduktionen und Werbespots.

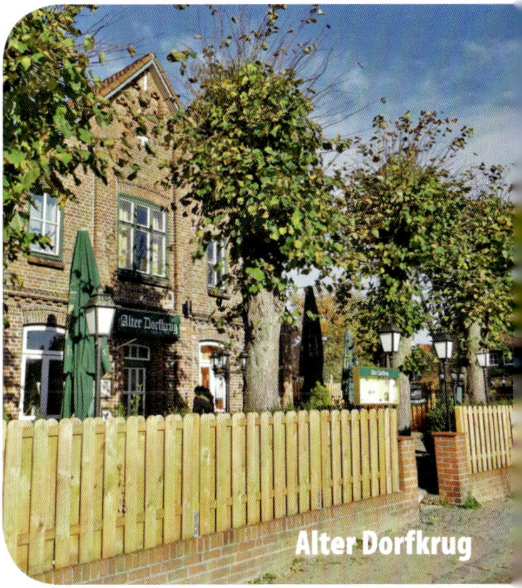

Alter Dorfkrug

Unser Weg führt uns nach links an kleinen Teichen mit teils sumpfigen Abschnitten vorbei, die uns mit ihrem zugewachsenen Morast verzücken – eine wunderbar geheimnisvolle Landschaft mit spezieller Flora und Fauna. Glücklicherweise können wir uns nicht verirren, weil auf der rechten Seite ein Zaun verläuft. Wir gehen einfach den Weg weiter, immer mal wieder an abgeschotteten, Ehrfurcht gebietenden Villen entlang.

Dann stoßen wir auf den Linksabbieger, den wir am Anfang genommen haben. So schließt sich der Kreis. Wir kehren auf unseren ursprünglichen Weg zurück und setzen unsere Tour in Ufernähe fort.

Wenn Sommer wäre, könnten wir den Wandertag mit einem Besuch im **Freibad Südstrand** ❺ abrunden. So gelangen wir ein kurzes Stück an der Straße und dann rechts auf dem schönen Sandweg wieder zur Bushaltestelle zurück. Bevor wir nach Hause fahren, kehren wir aber noch in den **Alten Dorfkrug** ❻ ein. Dem rustikalen Lokal wurde vom dänischen König schon 1843 die Schankgenehmigung erteilt, allerdings befand sich das Gasthaus damals im Bauernhaus gegenüber.

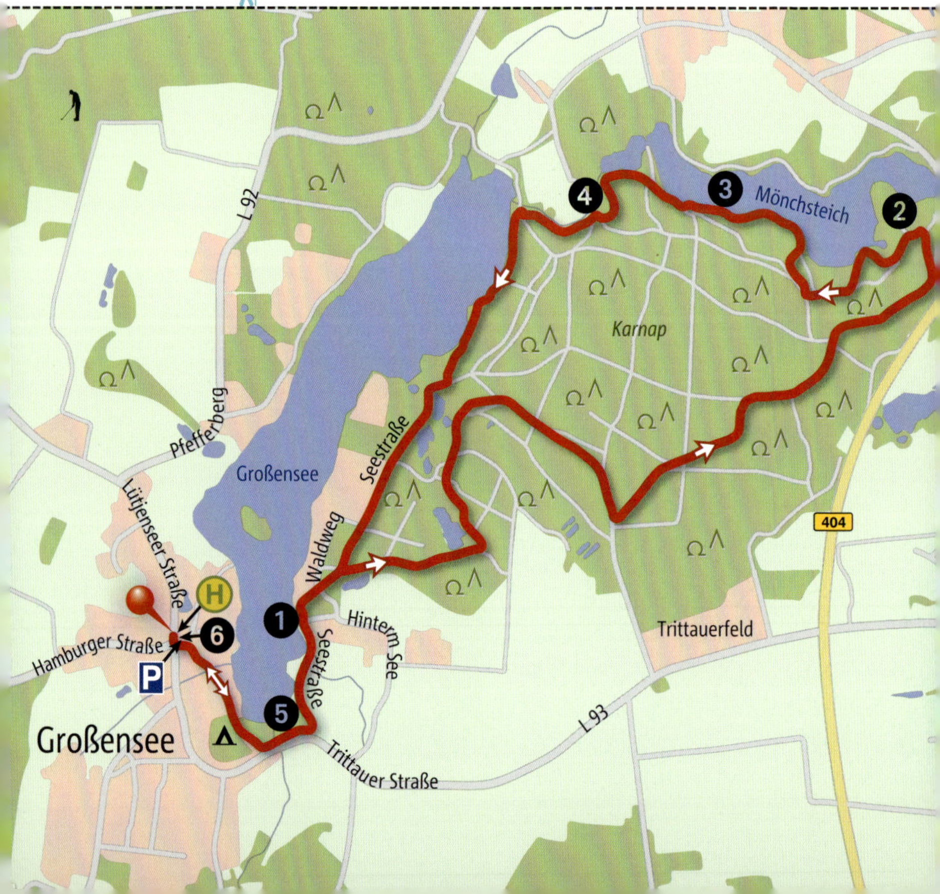

Alles auf einen Blick

WIE & WANN:
Pfade, Wald- und Uferwege, wenig asphaltierte Wege; zu jeder Jahreszeit schön. Fernglas einpacken!

HIN & WEG:
Auto: Parkplatz Alter Dorfkrug, Fritz-Berodt-Straße 1, 22946 Großensee (GPS: 53.615088, 10.341292)
ÖPNV: RB 81, Bahnhof Rahlstedt, von dort Bus 364, Haltestelle Großensee, Hamburger Straße

ESSEN & ENTSPANNEN:
Moonshiner The American Restaurant ❷ Zum Mönchsteich 1, 22946 Trittau, Tel. (0 41 54) 8 98 69 98, www.moonshiner.eatbu.com
Alter Dorfkrug ❻ Fritz-Berodt-Straße 1, 22946 Großensee, Tel. (0 41 54) 66 40, www.alterdorfkrug-grossensee.de

ENTDECKEN & ERLEBEN:
Bank zum Entspannen ❶
Uferweg am Mönchsteich ❸
Talweg am Verbindungsbach ❹
Freibad Südstrand ❺

Entspannung ✱✱✱✱✱
Genuss ✱✱✱✱✱
Romantik ✱✱✱✱✱

Mein besonderer Dank gilt dem besten Begleiter und DAV-Wanderleiter Karl-Michael Kaufmann für seine professionelle Unterstützung. Er hat mir die passenden Strecken und Tracks zu meinen Ideen erstellt.

Ich danke Peter Sieffert von den Wanderfreunden Nordheide, der mich mit großem Fachwissen durch die Sprötzer Fuhren und Heide begleitet hat, ebenso danke ich Tania-Maria Goos fürs wertvolle Gegenlesen.

Die GPS-Daten zu jeder Tour gibt es auf www.droste-verlag.de

Konzeption: Droste Verlag, Düsseldorf
Satz: Vollnhals Fotosatz, Neustadt a. d. Donau
Einbandgestaltung: Britta Rungwerth, Düsseldorf, unter Verwendung von Bildern von © Fotolia.com: Andrey Kuzmin, undrey, dabost, niroworld; © www.stock.adobe.com/Anna
Fotos: Annett Rensing, außer: S. 75: NABU/Krzysztof Wesolowski; S. 166: Karl-Michael Kaufmann
Textlektorat: Bernhard Edlmann, Raubling
Karten: Thorsten David, Bochum
Druck und Bindung: LUC GmbH, Greven

MIX
Papier aus verantwortungsvollen Quellen
FSC® C011279
FSC www.fsc.org

ISBN 978-3-7700-2338-7
www.droste-verlag.de